本书为湖南省高校思想政治工作骨干队伍建设项目（项目号：20GG003）、湖南省普通高校"十三五"专业综合改革试点项目的阶段性成果

行政价值观研究

申永丰 著

中国社会科学出版社

图书在版编目(CIP)数据

行政价值观研究 / 申永丰著. —北京：中国社会科学出版社，2022.8
ISBN 978-7-5227-0428-9

Ⅰ.①行… Ⅱ.①申… Ⅲ.①行政学-研究-中国 Ⅳ.①D63

中国版本图书馆 CIP 数据核字(2022)第 131552 号

出 版 人	赵剑英
责任编辑	刘亚楠
责任校对	张爱华
责任印制	张雪娇

出　　版	中国社会科学出版社
社　　址	北京鼓楼西大街甲 158 号
邮　　编	100720
网　　址	http://www.csspw.cn
发 行 部	010-84083685
门 市 部	010-84029450
经　　销	新华书店及其他书店
印　　刷	北京明恒达印务有限公司
装　　订	廊坊市广阳区广增装订厂
版　　次	2022 年 8 月第 1 版
印　　次	2022 年 8 月第 1 次印刷
开　　本	710×1000　1/16
印　　张	14.75
插　　页	2
字　　数	355 千字
定　　价	128.00 元

凡购买中国社会科学出版社图书，如有质量问题请与本社营销中心联系调换
电话：010-84083683
版权所有　侵权必究

前　言

行政价值观是行政主体在行政实践中评价特定行政思想、行政制度、行政行为是非、好坏、善恶、美丑、荣辱、得失等的心理标尺，是决定行政活动中人的价值取向和行为选择的重要精神力量。行政价值观是行政主体社会意识的集中反映，是行政主体价值认同的高级形态，是行政实践活动的精神凝练，是社会利益关系在公共行政领域的具体表现，具有引导性、统摄性、规范性、可塑性等特点，发挥着利益整合、行为引导、人格塑造、精神凝聚等功能。行政价值观具有完整的结构，行政价值原则是其外表，行政价值规范是其骨架，行政价值理想是其内核。

在公共行政过程中，行政价值诉求是公共行政全面协调社会利益关系的逻辑起点，行政价值取向是公共行政有效配置公共利益的基本依据，行政价值观冲突是公共行政不断协调社会利益关系的内在动力，行政价值观整合是公共行政有效增进公共利益的基本途径。

行政价值观不是凭空出现的，而是按照一定的规律、遵循一定的程序发生、发展的。生长历程就是对行政价值观发生、发展过程的动态展示，作用机制就是行政价值观有效作用于行政生活的内在机理与具体方式。在行政实践活动中，行政价值原则、行政价值规范、行政价值理想等精神要素依次经历萌芽、演进、升华三个阶段，经历一个完整的生长历程，凝练为行政价值观，并通过认同机制、理解机制、支持机制的作用，对行政生活产生影响，影响着行政生活中人的思想和行为。

中国行政价值观是在国内—国际、历史—现实—未来的立体坐标中发展的。哲学价值观、政治价值观、新公共服务理论等是行政价值观的主要理论来源，西方主流行政价值观的中国转换、中国传统行政价值观的现代转型、马克思主义行政价值观的中国转化是当代中国行政价值观发展的实践基础。中国行政价值观的创新，可以通过塑造行政人格、培育公民意识、推动行政发展、繁荣行政文化等具体途径实现。

社会主义核心价值观作为社会主义本质在精神领域的集中体现，是社会主义价值关系最真实的反映。以社会主义核心价值观引领行政价值观的发展，构建更加科学、理性、务实的行政价值观，是当代中国行政价值观发展的内在要求，必将有效推动行政改革和行政发展，有效推动建设职责明确、依法行政的政府治理体系。

目录
CONTENTS

绪　论 ·· 1
 一　走进行政人的精神世界：问题的提出 ································· 1
 二　国内外研究现状及简评 ·· 2
 三　研究思路与方法 ·· 18
 四　研究框架和创新之处 ·· 20

第一章　行政价值观的理论阐释 ··· 23
 第一节　行政价值观的内涵 ·· 23
  一　行政价值观的含义 ·· 23
  二　行政价值观的要素 ·· 26
  三　行政价值观的本质 ·· 29

 第二节　行政价值观的特征 ·· 32
  一　引导性 ·· 32
  二　统摄性 ·· 33
  三　规范性 ·· 34
  四　可塑性 ·· 34

 第三节　行政价值观的分类 ·· 35
  一　个体行政价值观和组织行政价值观 ······························· 36
  二　主导行政价值观和从属行政价值观 ······························· 37
  三　先进行政价值观和落后行政价值观 ······························· 38

  四　传统行政价值观和现代行政价值观 ……………………………… 39
第四节　行政价值观的主要理论来源 ……………………………………… 41
  一　行政价值观对哲学价值观的借鉴 ……………………………… 42
  二　行政价值观对政治价值观的发展 ……………………………… 43
  三　行政价值观对以新公共服务理论为代表的行政学
    理论精髓的提炼 …………………………………………………… 44
第五节　行政价值观作用于公共行政过程的基本逻辑 …………………… 45
  一　行政价值诉求是公共行政全面协调社会利益关系的
    逻辑起点 …………………………………………………………… 45
  二　行政价值取向是公共行政有效配置公共利益的基本依据 …… 47
  三　行政价值观冲突是公共行政不断协调社会利益关系
    的内在动力 ………………………………………………………… 48
  四　行政价值观整合是公共行政有效增进公共利益的基本途径 … 49

第二章　行政价值观的结构与功能 ……………………………………… 51
第一节　行政价值观的结构 ………………………………………………… 51
  一　行政价值原则：行政价值观的外表 …………………………… 52
  二　行政价值规范：行政价值观的骨架 …………………………… 55
  三　行政价值理想：行政价值观的内核 …………………………… 57
第二节　行政价值观的功能 ………………………………………………… 61
  一　利益整合功能 …………………………………………………… 61
  二　行为引导功能 …………………………………………………… 63
  三　人格塑造功能 …………………………………………………… 64
  四　精神凝聚功能 …………………………………………………… 66
第三节　行政价值观结构与功能的统一 …………………………………… 67
  一　结构决定功能 …………………………………………………… 67
  二　功能反作用于结构 ……………………………………………… 70
  三　行政价值观结构与功能有机统一于行政实践中 ……………… 72

第三章　行政价值观的生长历程与作用机制 …………………………… 76
第一节　行政价值观的生长历程 …………………………………………… 76

一　萌芽：个体的行政价值取向转化为群体的行政价值标准……… 76
　　二　演进：群体的行政价值标准转化为组织的行政价值理念……… 79
　　三　升华：组织的行政价值理念转化为社会的行政价值认同……… 81
　第二节　行政价值观的作用机制……………………………………… 84
　　一　理解：行政价值观由价值示范转化为公共行政的价值规范…… 84
　　二　认同：行政价值观由价值标准转化为公共行政的行为准则…… 89
　　三　支持：行政价值观由价值认同转化为公共行政的精神动力…… 91
　第三节　行政价值观生长历程与作用机制的互动关系………………… 95
　　一　生长历程是作用机制的内在条件……………………………… 95
　　二　作用机制是生长历程的客观发展……………………………… 97
　　三　生长历程与作用机制有机统一于行政价值观发展过程……… 99

第四章　行政价值观的发展及其规律 …………………………………… 104
　第一节　西方主流行政价值观的演变及其中国转换………………… 104
　　一　西方主流行政价值观演变的基本历程………………………… 104
　　二　西方主流行政价值观演变的主要特征………………………… 114
　　三　西方主流行政价值观演变的内在规律………………………… 116
　　四　西方主流行政价值观的中国转换……………………………… 119
　第二节　中国传统行政价值观的变迁及其现代转型………………… 121
　　一　中国传统行政价值观变迁的基本历程………………………… 121
　　二　中国传统行政价值观的主要特征……………………………… 125
　　三　中国传统行政价值观变迁的内在规律………………………… 127
　　四　中国传统行政价值观的现代转型……………………………… 130
　第三节　马克思主义行政价值观的中国探索及其中国化…………… 133
　　一　马克思主义经典作家关于行政价值观理论与实践
　　　　问题的探索…………………………………………………… 133
　　二　马克思主义行政价值观发展的内在规律……………………… 135
　　三　马克思主义行政价值观的中国化……………………………… 140
　第四节　传统民本行政价值观与当代民主行政价值观的差异与融合 … 144
　　一　"民"的内涵比较：臣民与公民………………………………… 145
　　二　"民"的价值取向：工具性与目的性…………………………… 146

三 传统民本行政价值观与当代民主行政价值观的融合 …… 148

第五章 行政价值观的创新途径 …… 155
第一节 塑造行政人格，提高行政价值观创新的主体意识 …… 155
一 树立公共利益至上的基本价值理念 …… 156
二 明确公共行政的多元责任 …… 158
三 强化公共权力的公共性 …… 162
第二节 培育公民意识，优化行政价值观创新的社会心理环境 …… 164
一 树立权利意识 …… 164
二 明确参与意识 …… 167
三 强化责任意识 …… 169
第三节 推动行政发展，优化行政价值观创新的制度环境 …… 171
一 彰显行政制度设计的正当性、合理性 …… 171
二 突出行政制度的伦理评价 …… 172
三 加大行政伦理立法力度 …… 174
第四节 繁荣行政文化，营造行政价值观创新的文化氛围 …… 177
一 用正确党史观引领美好行政生活 …… 177
二 凝聚理性社会期待 …… 180
三 保持良好社会风气 …… 182

第六章 以社会主义核心价值观引领行政价值观发展 …… 186
第一节 社会主义核心价值观引领行政价值观发展的内在机理 …… 187
一 社会主义核心价值观为行政价值观发展塑造社会认同的心理环境 …… 187
二 社会主义核心价值观是行政价值观发展的重要思想基础 …… 188
三 社会主义核心价值观是行政价值观凝心聚力的精神纽带 …… 190
第二节 社会主义核心价值观引领行政价值观发展的作用机制 …… 191
一 以社会主义核心价值观的内涵提炼行政价值观发展的核心要素 …… 191
二 以社会主义核心价值观的内容指导行政价值观发展的具体方向 …… 192

三　以社会主义核心价值观的要求规范行政价值观发展
　　　　的制度空间 …………………………………………… 201
　　四　以社会主义核心价值观的实践培育行政价值观发展
　　　　的现实土壤 …………………………………………… 203
　　五　以社会主义核心价值观的理念优化行政价值观发展
　　　　的心理环境 …………………………………………… 204
　第三节　社会主义核心价值观引领行政价值观发展的实践途径 ……… 205
　　一　挖掘社会主义核心价值观的深刻内涵，提升其引领能力 …… 205
　　二　提高社会主义核心价值观的认同度，优化其引领环境 ………… 207
　　三　推动社会主义核心价值观的制度化，夯实其引领基础 ………… 209

结语：认真对待公共行政中精神力量的作用 ……………………… 213

参考文献 ………………………………………………………………… 215

绪 论

一 走进行政人的精神世界：问题的提出

党的十九大报告指出，坚持全面深化改革，"必须坚持和完善中国特色社会主义制度，不断推进国家治理体系和治理能力现代化，坚决破除一切不合时宜的思想观念和体制机制弊端，突破利益固化的藩篱，吸收人类文明有益成果，构建系统完备、科学规范、运行有效的制度体系，充分发挥我国社会主义制度优越性"。具体到深化机构和行政体制改革，就是要"转变政府职能，深化简政放权，创新监管方式，增强政府公信力和执行力，建设人民满意的服务型政府"。[①]《中华人民共和国国民经济和社会发展第十四个五年规划和2035年远景目标纲要》明确提出"建设职责明确、依法行政的政府治理体系"。[②] 加快转变政府职能，建设职责明确、依法行政的政府治理体系，既要大量利用绩效评估、流程再造、电子政务、购买公共服务等先进的政府治理工具、方法等硬件建设，切实提高公共服务共建能力和共享水平，也要重视行政观念、行政制度、行政行为等软件建设，这是实现有效政府治理的重要条件。

思想是行动的先导，先进思想引领先进行动。建设职责明确、依法行政的政府治理体系，同样也离不开行政主体思想观念的进步和创新。行政主体思想观念的进步和创新，其核心是价值观特别是行政价值观的进步和创新。行政价值观是公共行政领域的精神动力，能够凝聚政府治理体系现代化的精

[①] 习近平：《决胜全面建成小康社会 夺取新时代中国特色社会主义伟大胜利——在中国共产党第十九次全国代表大会上的报告》，《人民日报》2017年10月28日第1版。本书出现此报告，均出自《人民日报》2017年10月28日第1版，下文不再赘述。

[②] 《中华人民共和国国民经济和社会发展第十四个五年规划和2035年远景目标纲要》，《人民日报》2021年3月13日第1版。本书出现此规划，均出自《人民日报》2021年3月13日第1版，下文不再赘述。

气神。任何社会的良性运转，都需要公共行政主体在特定价值观的指引下，提高公共服务共建能力和共享水平，维护社会的公序良俗，保持社会的和谐稳定。在价值诉求多元、利益取向多样的现代社会，行政生态环境日趋复杂，行政价值观也亟待发展与创新，以便在社会利益矛盾凸显、社会价值观冲突的生态环境中坚守公平、正义等基本要义，这也是一个负责任的行政体系保持自身生机与活力的重要条件。

因此，在建设职责明确、依法行政的政府治理体系的进程中，构建什么样的行政价值观，如何有效发挥行政价值观的作用，怎样为政府治理提供更多、更好的精神食粮，是新时代公共行政面临的重大课题。深入研究行政价值观的理论和实践问题，具有重大意义。

1. 深入研究行政价值观，探索行政价值观与政府行为的内在联系，有助于回应建设职责明确、依法行政的政府治理体系的客观需要，以社会主义核心价值观引领行政价值观发展，构建更加科学、理性、务实的行政价值观，有效推动服务政府、责任政府、法治政府和透明政府建设。

2. 深入研究行政价值观，厘清行政价值观与行政生活的互动关系，有助于行政主体正确认识行政生活领域的价值与价值关系，强化自身行为的公共利益取向，进而有效协调社会利益关系，提高公共服务共建能力和共享水平，形成和谐的社会利益格局。

3. 深入研究行政价值观，理顺行政价值观与其他价值观的关系，有助于人们合理界定行政与政治、行政与社会、政府与市场等影响行政改革与发展的重大关系，从而在全社会形成理性的行政认知，优化行政改革和行政发展的社会环境。

4. 深入研究行政价值观，探索行政价值观发挥作用的有效途径，有助于凝聚社会共识，增强价值认同，使行政价值观真正成为维护社会公序良俗的有力武器，促使人们在行政生活中更好地提升思想、优化行为、凝聚推进国家治理体系和治理能力现代化的强大正能量。

二　国内外研究现状及简评

（一）国外研究现状

作为一个组织系统，任何政府的运行都需要作为观念上层建筑的行政价值观的指引，也就是说，政府行为都是特定行政价值观发生作用的结果，政府需要在具体行政价值观的指引下，对自身行为进行有效取舍，使公共产品和公共服务的配置朝有利于提升公共治理效能的方向进行。可见，行政价值观与国家、政府一样，都是人类社会存在的客观现象，都具有悠久的历史。但把行政价值观作为专门知识进行研究，还只有100余年的历史，这一历史过程是随着人们对公共行政领域效率、公平、正义、责任、公开、程序、回应等具体行政价值观念认识的深入而不断发展的。西方行政学界对行政价值、行政价值观相关问题的认识，萌芽于古典行政学派对工具理性问题的研究，起源于行为科学对人的问题的关注，发展于新公共行政学派对社会公平、正义等问题的探索。

在行政学发展的早期阶段，大多数行政学家是排斥行政价值、行政价值观等精神要素的，或者将其视为政治领域的问题。1887年，美国政治学家伍罗德·威尔逊在《政治学季刊》上发表《行政学研究》一文，首次提出了"行政学"这一学术概念，但作者更多是从行政法的角度认识行政学的，很明显，法律更多强调事实、规则等物质层面的要素，没有完全认识到精神层面要素的重要性。这一时期，社会化大生产对企业管理提出了新的要求，管理学应运而生，泰罗的科学管理理论、法约尔的一般管理理论、韦伯的官僚制组织理论等经典管理理论成就了管理学发展的第一个高峰。行政学发展深受泰罗、法约尔、韦伯管理思想的影响，强调事实，忽视价值，看重物质技术手段，看轻精神要素；重视制度因素，轻视人性问题。古德诺认为："在所有的政府体制中都存在着两种主要的或基本的政府功能，即国家意志的表达功能和国家意志的执行功能。……这两种功能分别是政治与行政。"[1] 这种认识将公共行政学的基调与注意力放在如何提高政府运行效率上，而将价值、价值观问题留给了政治学。怀特的《行政管理学导论》（1926）也对行政管理领域的效率问题进行了深入探索。沃尔多后来评价行政学发展早期阶段的研究时认为："权衡事实、审察议题并最终为价值目标的实现抉择系列行动方案，这些都被视为政治的功能。……而行政纯粹是运行执行功能。"[2] 持二分法观点的行政学者不承认行政及其研究存在价值问题，因为它在概念界定中就已经被排除在行政之外。这种局限是行政学在起步阶段的正常现象，库珀

---

[1] ［美］弗兰克·J. 古德诺：《政治与行政》，王元译，华夏出版社1987年版，第12—13页。
[2] Dwight Waldo, *The Study of Public Administration*, New York: Doubleday, 1955, pp. 60–61.

认为："在学术环境中公开阐述价值伦理问题被认为是一种冒险，因为它要么会引起持不同伦理观点的人发生难以解决的冲突，要么就是不公正地鼓吹某一方面特定的观点。"①当然，作为一种客观存在，行政价值、行政价值观问题是行政学不能回避的话题，沃尔多认为，尽管传统公共行政时期的学者们试图将价值因素排除在行政学研究之外，但是事实上这种努力并不成功，传统行政学仍然包含着价值承诺、意识形态和哲学基础中的每一项，他还提炼了传统行政学的五项基本特征，其中之一就是对"民主"的基本承诺。②

20世纪20年代，部分学者开始反思传统行政学理论的不足，并从新的视角研究公共行政问题。以霍桑实验和人际关系理论为标志，行政学发展进入了行为科学阶段。强调价值与事实的区分是行为主义的重要特征，马斯洛的需要层次理论、赫茨伯格的双因素理论、麦格雷戈的X理论和Y理论、马奇的理性与组织融合理论、林德布洛姆的渐进决策理论等都是这一时期很有代表性的成果，这些理论对行政活动中人的因素进行了多角度、多层次的探索，自然也包含着行政价值、行政价值观领域的问题。德怀特·沃尔多开创了西方行政学发展的新时代，被普遍认为是西方行政学的重要奠基者，与传统行政学主张"管理主义"和"政治与行政二分"不同，他认为，新公共管理范式下，价值和效率的博弈成为影响公共行政发展的主导力量，"公共行政的背后隐藏着价值或政治哲学"。比如，面对当时不少学者对效率的极力推崇，他明确指出，缺少价值导向的效率是不复存在的，公共行政领域的效率并不能作为一种最终目标，而只是实现公共价值的一种工具化实施手段，行政应在两者充分考量基础上，尽可能缩小现实性与可能性的差距。"公共行政中的效率实非价值的价值，效率只有依据既定的目标才能被测量。"③公共行政价值中的效率只有根据公平才能被测量，脱离公平的效率没有实质性意义，甚至会造成更为严重的公共失灵。这一时期，西蒙以行政决策为重点研究管理学、行政学领域的相关问题，他从有限理性假设出发，关注"价值的共同衡量尺度——效率准则"④，认为机构

---

① [美] 特里·L. 库珀：《行政伦理学：实现行政责任的途径》，张秀琴译，中国人民大学出版社2001年版，第9页。
② 丁煌：《西方行政学说史》，武汉大学出版社1999年版，第218—219页。
③ [美] 德怀特·沃尔多：《行政国家：美国公共行政的政治理论研究》，颜昌武译，中央编译出版社2017年版，第249页。
④ [美] 赫伯特·A. 西蒙：《管理行为》，詹正茂译，机械工业出版社2006年版，第237页。

理性的有限性体现在"注意力方面的限制、多重价值观和不确定性"[①]三个方面，并把决策理论、数学方法、计算机科学融为一个新的研究体系，特别是把心理学与计算机科学结合在一起，揭开了人工智能研究的序幕，有力拓展了行政价值、行政价值观研究的视野。后来，以布坎南为主要代表的公共选择学派，提出了合理界定公共物品、将竞争机制引入公共部门、设计公共物品的偏好显示机制等价值主张，认为"政治是'利益或价值的市场'……政治的职能性任务就是同时在几个层次解决个人利益和价值间的冲突"[②]。"从根本上说，个人必须承认，利益价值，喜爱是个别地获得的，是由私人持有的。"[③] 公共利益至上是现代行政价值观的重要理念，将利益引入公共行政领域是对行政生活认识的深化，进一步拓展了行政价值观研究的理论视野。

20世纪60年代前后，美国乃至整个西方社会风云变幻，经济危机、种族歧视、犯罪率上升等社会问题层出不穷，政府面临社会各界的广泛诟病，"一时间政府成为低效、浪费、官僚主义和繁文缛节的代名词"[④]。民权运动、女权运动、反战运动等社会运动此起彼伏，引起了人们对社会正义问题的深入思考，理论界围绕平等与自由爆发了新保守主义与自由主义的论争，罗尔斯力图协调两者的矛盾，紧扣社会正义问题发表了《作为公正的正义》（1958）、《宪法的自由和正义的观念》（1963）、《正义感》（1963）、《非暴力反抗的辩护》（1966）、《分配的正义》（1967）、《分配的正义：一些补充》（1968）等一系列论文，特别是在其理论著作《正义论》（1971）中，构筑一种理性性质的正义理论，对社会体制分配基本权利与义务、对基于社会合作所产生的利益的分配方式等问题进行了深入研究，成为西方政治哲学领域的标志性成果。同时，随着科技的进步，行政生活领域的技术手段日益发达，人们对行政生活的认识也有了新的提升，行政学发展进入了系统科学阶段。科技发展在推动社会进步的同时，也存在工具异化人的潜在危机，于是，一些有识之士呼吁从更高的层次重视人：关注人的需要，规范人的行为，实现人的价值。新

[①] ［美］赫伯特·A. 西蒙：《人类活动中的理性》，胡怀国等译，广西师范大学出版社2016年版，第96—105页。

[②] ［美］詹姆斯·M. 布坎南：《自由、市场和国家：20世纪80年代的政治经济学》，北京经济学院出版社1988年版，第52页。

[③] ［美］詹姆斯·M. 布坎南：《自由、市场和国家：20世纪80年代的政治经济学》，北京经济学院出版社1988年版，第42页。

[④] 何艳玲：《公共行政学史》，中国人民大学出版社2018年版，第113页。

公共行政学派在这种背景下应运而生。该学派认为，行政学界之前的研究成果不仅存在基本理论上的严重缺陷，并且在行政价值观上过于偏向政府利益，忽视了社会特别是弱势群体的利益与价值诉求，因此，行政学研究应该更加关注平等、公正、责任等行政价值观领域的问题。作为该学派的代表人物，弗里德里克森的正义观对行政学的发展产生了深远影响，他认为"社会正义"是除效率、经济之外的公共行政学的第三个规范性支柱，能够促使"社会公平成为公共行政的精神"，"公平意味着人与人之间的一种公正、正当和公道的精神或习性，……它与自然权力或正义同义"。[①] 他认为，政治与行政并不绝对两分，在一个技术复杂的背景下公平地对公民进行回应，要求具有原则性的思想和负责任的行动，行政学的研究要抛弃逻辑实证主义的方法论预设、关注行政生活中的价值和价值观问题。约翰·罗尔评价弗里德里克森的思想时认为："尽管他没有明确界定社会公正这个词的含义……公正的行政管理人员是指这样一些人，为了纠正社会上的处于弱势地位的各种少数集团在代议民主制国家日常运行程序中所遭受的漠视，他们进行积极干预，以改善这些弱势集团的政治权力与经济福利状况。毫无疑问，社会公正的内容是原则上的平等主义和政策上的重新分配。"[②] 新公共行政学派认识到了价值、价值观的客观存在，认为行政主体需要做出回应的"人民的价值"不是事先规定好的，而是以自己的价值观"预期的东西"。"不管是谁，只要你选择了公务员这一职业就必须准备为公众利益而献身……行政人员个体掌握分析和解决具体伦理问题的技术，以及各组织和管理部门的合作以培养负责任的行为能力。"[③] 为避免公共部门追求私利可能导致的风险，马克·莫尔基于"公共价值管理"视角，秉持行动主义研究路径，对政府进行使命重塑、职能优化，对行政价值观进行价值补充，呼吁赋予公民与政府关系更多灵活性，要求政府部门人员应精确公众偏好并发挥引导作用。[④] 也就是说，在对"人民的价值"做出回应前，行政主体必须合理界定相关价值、价值观的具体内涵。

---

① H. G. Frederickson, *New Public Administration*, The University of Alabama Press, 1980, p. 38.

② John A. Rohr., *Ethics For Bureaucrats. An Essay on Law and Values* (second ed.), New York and Basel: Marcel Dekker. INC., 1989, p. 64.

③ [美] 特里·L. 库珀:《行政伦理学：实现行政责任的途径》，张秀琴译，中国人民大学出版社2001年版，第16页。

④ 郭佳良:《应对"棘手问题"：公共价值管理范式的源起及其方法论特征》，《中国行政管理》2017年第11期。

20世纪80年代以来，科学技术飞速发展，人的个性化趋势日益凸显，人本管理思想大行其道，这深深影响着公共行政学发展的理论走向。[①] 西方行政学界对行政价值、行政价值观相关问题的研究，出现了两大研究热点：新公共服务理论和行政伦理学。以登哈特夫妇的《新公共服务：服务而不是掌舵》为代表的新公共服务理论，对公共服务尊严与价值进行重新认识，传递了民主、公民权和公共利益新型价值观。1988年，以纪念"新公共行政"诞生20周年为主题的第二届米诺布鲁克会议指出，价值观和伦理学现已被视为公共行政领域的核心。1989年，美国公共行政学会（ASPA）举办首次"全国政府伦理学大会"，该会议与1995年召开的"全国伦理学与价值观研讨会"一起，被视为行政伦理学研究发展的两个"主要里程碑"。[②] 行政伦理学关注的重点是公共行政人员如何负责任地履行其行政裁量权，旨在"行政人员个体掌握分析和解决具体伦理困境问题的技术，以及各组织和管理部门的合作以培养负责任的行政行为能力……该传统的核心概念是强调公众利益、公民参与的重要性和最终的民治。公共行政人员就是要将民主社会公民的这些伦理标准作为自己的伦理标准"[③]。伦理问题虽然有别于价值观问题，但二者紧密联系，在公共行政领域，行政伦理观主要涉及廉政、勤政、行政人格等具体内容，显然，行政价值观对其具有重要的导向作用。这一时期，人本、伦理（自然伦理与社会伦理）、治理、政府再造等价值理念深入人心，对西方国家行政改革和行政发展产生了重大影响。

世纪之交，互联网推动了公共行政理论和实践的重大转变，电子政府、网络政府、数字政府、人工智能等逐步从理论变为现实。拉塞尔·M. 林登的《无缝隙政府：公共部门再造指南》（1994）提出了无缝隙政府理论，立足生产者社会向顾客社会转变的客观趋势，结合现代科技手段，探索以顾客为导向、以结果为导向、以竞争为导向的政府再造步骤。第26届行政学国际会议（2004年，汉城）的主题即电子治理（e-government）——给民主、行政和法律带来的机遇和挑战，这表明电子治理、电子政务已引起国际行政学界的高度重视。[④] 这一时

---

① 王乐夫、张富：《公共行政的价值范畴研究》，《安徽大学学报》（哲学社会科学版）2004年第2期。

② ［美］特里·L. 库珀：《行政伦理学：实现行政责任的途径》，张秀琴译，中国人民大学出版社2001年版，第6—7页。

③ ［美］特里·L. 库珀：《行政伦理学：实现行政责任的途径》，张秀琴译，中国人民大学出版社2001年版，第16页。

④ 王浦劬、杨凤春：《电子治理：电子政务发展的新取向》，《中国行政管理》2004年第9期。

期，西方学界普遍重视现代治理战略，从顶层设计、战略规划多方面着手，致力于驱动治理实践发展。Dolores E. Luna 等认为，数字政府主要关注透明化、责任和绩效，通常情况下被认知为和新公共管理理论相关，促成传统公共行政方式向现代公共治理转型。[1] Dan Plesch 和 Thomas Weiss 认为，现阶段网络及非正式组织的全球扩张对于政府间关系带来重大挑战。[2] 弗洛里迪提出"伦理全球化"概念，认为应当建立起全球化、跨文化的通用伦理。[3] Thompson 从纵向性进一步突出历史背景与理解"公共价值观"的相关性，认为行政价值观并非局限于由行政人员阐明，更多应该重视民选官员所阐明的行政价值观。米歇尔·S. 德弗里斯、潘石金在《公共管理中的价值与美德》（2011）一书中，从多学科角度分析价值和美德在公共行政中的作用，呼吁重新发现公共行政中的美德，并探索了使公共部门能够平衡目前占主导地位的价值观与问责制、代表性、平等、中立、透明度和公共利益等经典价值观的方法。劳拉·阿尔凯德·穆尼奥斯、曼努埃尔·佩德罗·罗德里格斯·玻利瓦尔在《国际电子政务发展》（2018）一书中，通过考察世界各国政府的电子政务框架和成熟阶段，证明了成功实施电子政务对于提高管理效率、公共服务提供和公民参与的重要性，并推荐了未来改进电子政务实施的解决方案，从而帮助实现更加透明、参与性和民主的社会。由此可见，西方现代行政价值观研究方向趋向于关注价值观分类的设计和分析框架，主要集中于三个方面：行政价值观的识别、动机与工具。[4]

当前，全球化加速推进，构建人类命运共同体日益达成共识，以"互联网+"、人工智能、大数据为代表的数字技术正广泛融入公共管理领域，深刻影响了公共管理理论发展和实践推进。T. Klenk、F. Nullmeier、G. Wewer 的《国家和行政部门手册数字化》（2019）提出，数字化不仅在塑造市场经济，也在重塑公共部门，并解释了数字国家发展的指导原则、数字化管理工具以及数字控制在各个政策领域的应用。Haroon A. Khan 的《全球化与公共行政的挑战》（2018）呼吁，在快速全球化的环境中，广泛运用现代技术手段，利用统计分析来调查

---

[1] Dolores E. Luna, et al., "Digital Governance and Public Value Creating at the State Level", *Information Polity*, 2015 (2-3).

[2] Dan Plesch and Thomas G. Weiss, "1945's Lesson: 'Good Enough' Global Governance Ain't Good Enough", *Global Governance*, Vol. 21, No. 2, 2015, p. 203.

[3] ［意］卢恰诺·弗洛里迪：《信息伦理学》，薛平译，上海译文出版社 2018 年版，第 429 页。

[4] Eriko Fukumoto, Barry Bozeman, "Public Values Theory: What Is Missing?", *American Review of Public Administration*, 2019, 49 (6).

全球化在人力资源管理、道德和问责制、可持续性、电子政务和公共部门领导力方面的挑战。阿洛伊斯·A. 保林列、奥尼达·G. 安索普洛斯、克里斯托弗·G. 雷迪克在《超越官僚主义》（2020）中认为，在公共治理领域，信息和通信技术（ICT）使公共机构改进其活动并提高其运营效率，能够塑造文化和公民话语并创造产品、服务和工具。立足现代信息技术提供的有利条件，西方行政改革步伐正加速前行，先进技术手段在公共行政的理论与实践领域同步发展，完成了从办公自动化到电子政务再到电子治理的发展过程，地球村、大数据、"互联网＋"、人工智能时代的技术水平、生活方式、行为模式甚至对公共行政提出了全球治理、虚拟治理等要求，预示着公共行政理论体系和实践范式的重大转变。

综上所述，公共行政价值观的转变与管理理论范式的发展紧密相关，公共管理理论和公共管理范式的每次重大变化都和价值观、行政价值观的变革紧密相关。西方行政价值观变迁经历了从"效率至上"到"公平主导"再到效率、公平、责任等多元价值取向良性互动的理性回归过程，体现了公共行政无论理论还是实践均从重视工具理性到工具理性与价值理性有机融合的发展规律，也体现了行政价值观在公共行政领域的重要作用。西方行政学界对行政价值观的研究起步较早，多数研究成果都表现出一种主体价值观取向，在一定程度上把行政价值观等同于行政价值诉求、价值目标、行政价值理想，对行政价值观与行政伦理观、行政利益观、"理性"等其他精神现象的区分还不是很彻底，研究重点是具体行政价值观念或者行政价值观领域的某些具体问题，而对行政价值概念的理解、内涵的界定、研究方法的选择等尚未达成一致，故而该领域尚未形成非常完整的知识体系。

（二）国内研究现状

中国行政学发展起步较晚，对行政价值观的研究相对更晚。在行政学发展的起步阶段，受到西方效率至上行政价值观影响，加之对行政学"补课"的强烈紧迫感，行政学界表现出了强烈的实用主义倾向，对行政效率、行政技术、行政组织、行政制度等物质层面的问题情有独钟，而对行政理念、行政心理、行政人格、行政理性与非理性、行政价值与行政价值观等精神层面的问题没有引起普遍重视。当然，还是有一些学者以超前的学术眼光对公共行政领域精神层面的问题进行了积极的探索，形成了一些理论成果［比较有代表性的成果有：夏书章的《管理·伦理·法理》（1984），唐代望的《现代行政管理学教程》(1985)，黄达强、刘怡昌的《行政学》(1988)，王沪宁的《行政生态分析》(1989)，彭国甫的《行政组织学》(1990)，刘歌宁、彭国甫、颜佳华的《行政文化学》(1992)，张成福的《大变革——中国行政改革的目标与行为研究》(1993)，颜佳华的《行政哲学论》(1998)，张康之的《寻找公共行政的伦理视角》(2002)，徐效俊的《行政伦理学》(2002)]，揭开了中国行政学界对行政价值观理论和实践问题研究的序幕。以2003年首次全国"行政哲学"学术研讨会的举办为标志，学者们将哲学领域的价值、价值观、价值取向、价值理念等的理论、观点和方法引入行政学领域，形成了一系列理论成果。在中国"知网"上对"行政"+"价值观"进行检索，共检索到上百万条文献，具体情况见表绪-1。尽管研究视角、研究方法不同，得出的结论也有所差异，但学者们紧密结合中国公共行政的理论和实践问题进行的积极探索，为我们进一步研究行政价值观提供了很多有益的养分。

表绪-1 "行政价值观"检索结果统计

(单位：条)

资源类型 \ 内容检索范围	全文	主题	篇名	关键词	摘要
中国学术期刊网络出版总库（1915年至今）	460849	5220	225	540	4394
中国博士学位论文全文数据库（1984年至今）	57270	2212	3	13	2173
中国优秀硕士学位论文全文数据库（1984年至今）	427992	8002	30	102	7768
中国重要会议论文全文数据库（1981年至今）	10822	119	5	32	73
国际会议论文全文数据库（1981年至今）	5356	75	1	4	62
中国重要报纸全文数据库（2000年至今）	52816	184	12	98	
中国年鉴网络出版总库（1999年至今）	48199	52	51	52	
合计	1063304	15864	327	841	14470

注：查询日期为2022年3月15日，内容检索条件同时包含"模糊"。

中国行政学界对行政价值观的研究，主要集中在行政价值观的内涵、发展历程、行政价值观与行政活动的互动关系、行政价值观与其他价值观的内在联系、行政价值观自身发展与创新等问题上。

对行政价值观内涵的研究，主要是对行政价值观的概念、要素、性质、功能等问题的探讨，学者们希望借此回答行政价值观是什么、为什么、怎么样等基本问题，以便为行政生活提供有效指导。

对行政价值观概念的界定，是研究行政价值观的前提和基础。彭国甫认为："行政价值观是行政主体对行政价值物、行政价值关系、行政价值创造活动及其结果的反映，以及由此而形成的较为稳定的心理取向、评价标准和行为定势。"① 张治忠认为，行政价值观是"行政主体对于特定行政思想、行政观念和行政行为方式的价值理解和价值追求"②。常锐认为，一切国家治理的行为都是在某种价值观的支配下展开的，行政价值观便是一种与某种国家治理行为结合或依附在一起的文化。③ 王峰认为，行政价值观是一种观念性存在，以理性积累的方式形成，展开自己的丰富内涵，其中价值性和科学性精神以螺旋式结构、交替上升的形式共同对行政管理实践发挥作用。④ 由于研究角度、侧重点不同，几乎每一个研究者都对行政价值观有着自己的看法，学术界尚未形成关于行政价值观概念的一致意见，但这些立足于不同角度的观点，正好为行政价值观在行政生活各个领域作用的充分发挥奠定了认知基础。

对行政价值观要素的研究，是行政学起步阶段探索行政价值观的重要途径。王沪宁认为："在价值观念上，行政活动必然要涉及到民主、互助、服务、自由、平等、人性、善恶、道德、伦理、意识、意识形态等各个因素。"⑤ 张成福认为："公共行政在现代社会很大程度上在于促进公民社会所拥有的基本价值，如自由、秩序、正义、公民利益和公共利益等基本价值的实现。"⑥ 张康之则认为："服务是公共管理的终极价值，在公共管理体系中，公共管理的制

---

① 彭国甫：《论行政文化结构》，《湘潭大学学报》（哲学社会科学版）1995年第5期。
② 张治忠：《新公共服务理论视野下的当代中国行政价值观构建》，《伦理学研究》2009年第2期。
③ 常锐：《论国家治理中的"价值观先导"效能》，《社会科学战线》2021年第3期。
④ 王锋：《论行政精神》，《中共天津市委党校学报》2020年第2期。
⑤ 王沪宁：《行政生态分析》，复旦大学出版社1989年版，第10页。
⑥ 张成福：《论公共行政的公共精神——兼对主流公共行政理论及其实践的反思》，《中国行政管理》1995年第5期。

度、体制、过程等等都还会有着服务价值所派生出来的次生价值,从而构成以服务为核心的公共管理价值体系。"① 还有一些学者对行政价值观的具体要素进行了探讨,竺乾威的互动治理三要素说(意向、工具、行动)②、程国军的四要素说(科学、民主、法制、服务)③、李忠汉的五要素说(公共利益、公共过程、宪政法治、公共官僚体制、公共治理)④、尤光付的七要素说(民主、法治、权力、发展、政绩、人才、群众观)⑤ 等就是比较有代表性的观点。要素是行政价值观结构的基本单位,诸多要素的有机结合形成了立体的行政价值观结构,并不断丰富着行政价值观的知识体系。

对行政价值观性质的研究,主要是探讨行政价值观本身所具有的与其他价值观不同的根本属性,以便更好地发挥行政价值观的功能。彭国甫认为行政价值观实质"就是行政主体需要和利益的内化"⑥,卢斌认为行政价值观是"工具性和终极性的统一"⑦,刘祖云认为行政价值观乃公共行政之"魂"⑧,谭九生则认为行政价值观实际上是一种重点研究"集体行动"的公共性品质⑨,俞可平认为国家治理现代化背景下的行政价值观更具有主体多元性、权力多样性、可协商性的性质⑩。

对行政价值观功能的研究,主要是探索行政价值观对行政生活的有利影响。作为一种上层建筑,行政价值观的作用面是很广的,人们对行政价值观作用的认识也是不断深入的,张美坤认为,行政价值观具有引导行政目标、塑造行政领导素质、影响行政组织结构等九大功能⑪。林炳淦认为,重塑行政价值观,有利于克服不良行政行为的发生,有利于提高行政效率,有利于行政改革目标实现⑫。杨舒涵、刘铮认为,行政价值观具有塑造政府认知、凝聚

---

① 张康之:《政治文明与社会治理体系的核心价值》,《社会科学研究》2004年第2期。
② 竺乾威:《理解公共行政的新维度:政府与社会的互动》,《中国行政管理》2020年第4期。
③ 程国军:《社会转型期行政价值观念的转变》,《中国行政管理》1999年第12期。
④ 李忠汉:《公共行政公共性的构成要素及其逻辑关系》,《福建行政学院学报》2017年第4期。
⑤ 尤光付:《建设小康社会实践中行政价值观的七大取向》,《中国行政管理》2005年第5期。
⑥ 彭国甫:《论行政文化结构》,《湘潭大学学报》(哲学社会科学版)1995年第5期。
⑦ 卢斌:《行政价值观:工具性和终极性的统一》,《中国行政管理》1999年第8期。
⑧ 刘祖云:《行政价值观乃公共行政之"魂"》,《中共南京市委党校 南京市行政学院学报》2003年第6期。
⑨ 谭九生:《公共行政的哲学基础》,中国社会科学出版社2018年版,第29页。
⑩ 俞可平:《论国家治理现代化》,社会科学文献出版社2015年版,第2—4页。
⑪ 张美坤:《行政价值观的结构与功能》,《社会科学辑刊》1995年第3期。
⑫ 林炳淦:《新视阈下的行政价值观研究》,《福州党校学报》2010年第5期。

行政主体信念、引导和规范行政主体行为的功能①。周恩毅、党睿涛认为，行政价值观是政府行政工作、国家治理方向的指向标，是保障国家治理的思想支柱，重塑行政价值观，有利于克服不良行政行为的发生，有利于提高行政效率，有利于治理现代化目标实现②。功能是与结构紧密相连的，对行政价值观功能的深入探索，有利于深化对行政价值观内在结构的认识，从而不断优化其内在结构。

对行政价值观发展历程的研究，主要是探讨不同历史阶段行政价值观关注侧重点的变化及其内在联系，以便总结行政价值观发展的规律，预测行政价值观发展的趋势。颜佳华、王升平将西方行政价值观的演变过程划分为三个阶段：传统公共行政时期的效率至上阶段、新公共行政时期的公平至上阶段、新公共管理时期的行政价值观多元化阶段。③ 金太军将行政价值观的演变历程分为效率至上、社会公平、市场化和企业化三个阶段。④ 何颖在理性分析西方公共行政学的价值观的基础上，主张构建"总体性"行政价值观。⑤

对行政价值观与行政活动内在关系的研究，主要是探讨行政价值观如何影响行政活动过程，以便更好地发挥其"精神的力量"的作用。在第八届行政哲学暨"社会主义核心价值观与行政价值"研讨会上，彭国甫从中国公共行政的实践经验出发，强调行政价值观是行政思想、行政行为的总开关，主张新行政价值观的构建必须坚持以社会主义核心价值观为统领。张康之认为，政府行政观念对人们的行政活动产生支配性影响，必须坚持提升政府自身能力，推动行政现代化进程。⑥ 谭九生认为，公共行政就是一个大写的"人"，无论是人类解决公共问题的集体行动，还是表现为一套分配社会性价值的规则体系，都应高度重视公共行政的人性问题。⑦ 娄成武、董鹏结合中国政府治理主题构建逻辑，认为行政价值观研究必须以多元复合型社会治理为研究主

---

① 杨舒涵、刘铮：《行政价值观：中国特色社会主义国家治理的核心价值》，《黑龙江社会科学》2019年第6期。
② 周恩毅、党睿涛：《国家治理现代化视域下政府行政价值观之重塑》，《西安建筑科技大学学报》（社会科学版）2017年第2期。
③ 颜佳华、王升平：《近百年来西方行政价值观演变的特征、规律及趋势探析》，《中国行政管理》2008年第8期。
④ 金太军：《西方公共行政价值取向的历史演变》，《江海学刊》2000年第6期。
⑤ 何颖：《行政哲学研究》，学习出版社2011年版，第147—152页。
⑥ 张康之：《论社会治理效率观的改变》，《中共浙江省委党校学报》2017年第2期。
⑦ 谭九生：《公共行政的哲学基础》，中国社会科学出版社2018年版，第258—259页。

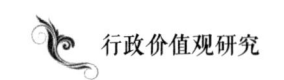

题，以此实现行政活动内部的良性互动关系。①

对行政价值观与其他价值观的关系的研究，主要是探讨行政价值观的思想渊源和理论来源，以便更好地预测行政价值观的发展趋势。2012 年，在第八届行政哲学暨"社会主义核心价值观与行政价值"研讨会上，高小平立足深化对行政管理规律认识的视角，从新行政价值观的高度论证了社会主义核心价值观对行政价值观的统领功能。乔耀章则从行政价值生态维度阐释社会主义核心价值观对行政价值观的统领功能。王升平从行政哲学层次充分阐述了社会价值观与行政价值观之间的相辅相成、同构互益关系。② 段立国则认为价值治理是国家治理体系重要的部分，国家治理体系的构建、改革、发展，必然会触动新时代行政价值观的建构和治理。③

对行政价值观发展与创新的研究，主要是结合当代中国行政改革与行政发展的现实需要，探索行政价值观发展与创新的目标定位、标准确定、内容选择、路径安排等问题。在第八届行政哲学暨"社会主义核心价值观与行政价值"研讨会上，颜佳华指出，行政价值观念变革，不只是观念意识领域内的事，它与社会的政治、经济、文化、伦理，以及行政主体的需要和利益密切相关。何颖认为，行政价值观念的重构标志着中国行政管理走向现代化，在社会转型期，中国行政价值观念的转变主要表现在由经验向理性、由集权向民主、由人治向法治、由权威行政向服务行政转变等方面。④ 张治忠认为，构建当代中国行政价值观，需要借鉴新公共服务理论，立足中国国情，诠释科学发展观与和谐社会理念的行政话语指向，从行政主体、行政相对人、行政制度伦理、行政伦理环境等方面来构建当代中国行政价值观的规范体系。⑤ 谭九生、欧叶荣认为，构建当代中国行政价值观，突出体现秩序效率、公平正义、以人民为中心等不同层次价值，需要以全民共享创新行政价值观的人民性、以全面共享创新行政价值观的公正性、以共建共享创新行政价值观的

---

① 娄成武、董鹏：《中国公共行政学本土化研究：现状与路径》，《公共管理学报》2017 年第 3 期。
② 王升平：《本体论、价值论、认识论逻辑中的本土公共行政——一个行政哲学层面的考察》，《广东行政学院学报》2019 年第 4 期。
③ 段立国：《国家治理现代化与社会主义核心价值观的内在关联》，《湖北社会科学》2015 年第 4 期。
④ 何颖：《论社会转型时期行政价值观念的转变》，《哈尔滨市经济管理干部学院学报》2001 年第 4 期。
⑤ 张治忠：《新公共服务理论视野下的当代中国行政价值观构建》，《伦理学研究》2009 年第 2 期。

秩序性、以渐进共享创新行政价值观的效率性。① 伍玉振认为，基于人民意志和人民愿望的需要，新时代的行政价值观塑造需要赋予更多的开放性、参与性、公共性和法理性，以构建起符合现代公共治理需要的行政理念、行政人格、行政伦理和行政制度等。② 孙维维认为，新时代行政价值观在"整体人"的发展需求基础上，赋予了更多效率取向、协调取向和向善取向等价值内容，以更适应中国特色社会主义的现代发展要求。③

随着信息技术的发展，人工智能、技术治理的理念和方法不断引入公共行政研究领域，对行政价值观发展提出了更高的要求。信息技术等科技的普及使得个人之间、个人与组织之间的连接方式发生了深刻变化，公共领域开始进行结构性重组，这对政府而言是一个行政伦理的反思和行政职能重构的过程。④ 互联网是虚拟社会治理的基础，代表着一种技术力量，成为既有的社会组织形态和管理型社会治理模式中不可或缺的要素，以互联网为基础的网络社会瓦解了传统的政治权威和经济权威，使社会个体有机会在参与公共议题方面实现实质性介入。⑤ 对先进技术作用于公共行政，保守的观点认为，人工智能、技术治理等可能导致物本、异化等风险，对传统公共行政理念、方式和模式提出了挑战，公共行政精神需要应对这种挑战不断吐故纳新。赫郑飞认为，随着科技发展，人工智能技术日渐嵌入行政价值之中，推进行政治理智能化进程，行政价值观应重新确认行政价值取向、有效转换行政价值认知范式和叙事方式、厘清人工智能治理与行政治理边界，满足政府全面深化改革的需要、回应国家治理现代化的诉求。⑥ 唐钧呼吁从治理视角开展人工智能的社会风险的系统应对，构建系统和高效的共治格局。⑦ 激进的观点认为，人工智能、技术治理等提高了社会治理水平，为公共行政精神发展奠定了重要物质基础。李晓方、王友奎、孟庆国从公共价值的角度出发，对人工智能

---

① 谭九生、欧叶荣：《共享发展理念与新时代行政价值观的创新》，《行政论坛》2018年第6期。
② 伍玉振：《以人民为中心：新时代行政文化发展的价值塑造》，《四川行政学院学报》2019年第2期。
③ 孙维维：《新时代背景下行政发展价值诠释》，《行政论坛》2018年第3期。
④ 张康之、姜宁：《公共管理研究的热点与重心——基于人大复印报刊资料〈公共行政〉2014年收录文章的预测》，《中国行政管理》2015年第7期。
⑤ 张康之、姜宁：《社会治理变革中的公共管理研究——人大复印资料资料〈公共行政〉2016年重点及2017年研究预测》，《中国行政管理》2017年第2期。
⑥ 赫郑飞：《人工智能时代的行政价值：变革与调适》，《中国行政管理》2020年第3期。
⑦ 唐钧：《人工智能的社会风险应对研究》，《教学与研究》2019年第4期。

应用所带来的管理挑战进行分析。①燕连福认为，新一轮科技革命和产业变革的推进增加了社会治理难度、考验着政府治理能力，呼吁促进多元主体协商治理，完善网络综合治理体系。②折中的观点认为，在人工智能技术不断进化的同时，要加强对其可能带来的影响进行提前研判和前瞻性研究。叶立国立足约纳斯"责任伦理"理论，分析了科学技术的四种不确定性，呼吁"以理性的态度看待和处理科学技术的不确定性问题"③。杨佳认为，智能化行政管理下的行政价值观更具人本文化，公民被视作智能行政的主体，人成了关键因素，人的智慧和价值得到了更具体的体现，特别是管理者的思想与道德，在智能化行政管理下有了可测度的性质。④颜佳华、王张华认为，未来公共管理者的角色定位，其价值指向是致力于实现人（公共管理者）机（人工智能）和谐共生，继而推动其实践角色由"事务性供给"转向"公共性维护"，促使人工智能场景下公共管理者成为规则制定者、风险防范者以及责任承担者。⑤史军认为，大数据时代下政府治理联动机制以法治保障主体地位平等为基础，从而要求实现政府信息公开法治化、推进大数据外包发展、促进公民意识的觉醒。⑥邹卫中认为，网络自由的急剧放大和异化以及权力主体对网络的过度管制，使得公众与地方政府在网络空间中难以就公共事务达成互利合作和社会共识，导致网络治理陷入"二律背反"的困境，呼吁"保障公民的正当权利、维持网络虚拟社会的活力、维护国家权力的价值维度，实现网络虚拟社会治理的开放性与有效性的融通"⑦。综上所述，国内行政学界从不同的角度对行政价值观的相关问题进行了大量探讨，初步构建了行政价值观的基本知识体系，这是推动行政改革和行政发展的基础性工作，对于推进政府

---

① 李晓方、王友奎、孟庆国：《政务服务智能化：典型场景、价值询问和治理回应》，《电子政务》2020年第2期。
② 燕连福：《新技术变革给社会治理带来的机遇和挑战》，《国家治理》2020年第4期。
③ 叶立国：《科学技术的四种不确定性及其风险规避路径——基于约纳斯"责任伦理"的考察》，《中国石油大学学报》（社会科学版）2018年第2期。
④ 杨佳：《智能行政：行政管理体制改革的巨大动力》，《法制博览》2019年第36期。
⑤ 颜佳华、王张华：《人工智能与公共管理者角色的重新定位》，《北京大学学报》（哲学社会科学版）2019年第6期。
⑥ 史军：《从互动到联动：大数据时代政府治理机制的变革》，《中共福建省委党校学报》2016年第8期。
⑦ 邹卫中：《网络社会开放性与有效性融通的治理路径探析》，《广东行政学院学报》2016年第2期。

治理体系和治理能力现代化也具有重要意义。但总体说来，国内行政学界对行政价值观的研究还带有明显的哲学、政治学、管理学和社会学印记，成果还比较分散，对行政价值观概念、要素、特征、功能、发展与创新等显性问题的研究较多，但对其内在结构、运行机理、作用逻辑等隐性问题的研究还不够深入。

（三）国内外研究现状简要评价

国内外学者的研究成果，构建了行政价值观知识体系的基本架构，梳理了行政价值观发展的基本过程，描述了行政价值观作用于行政生活的基本状态，勾勒了行政价值观发展与创新的初步图景，对于推动行政学理论研究具有重要意义。但是，现有的研究成果大多局限于行政价值观概念、要素、特征、功能、发展与创新等浅层次的、显性的问题，真正深入研究其内在结构、运行机理、作用机制等深层次的、隐形的问题的研究成果并不多见，在研究方法上，较多套用哲学、政治学、社会学、管理学等学科的方法，并没有形成真正体现行政学学科特征的方法论体系，无法真正构建具有行政学学科性质的知识体系。概言之，对行政价值观的研究至少有三个领域亟待拓展。

1. 理顺利益分析与价值分析的关系

价值是客体相对于主体的有用性，利益是客体对主体需要的满足。利益是价值的现实因素，利益关系是价值关系形成的物质基础，"价值关系是主体和客体之间的利益关系，即主体对客体的需要同客体满足主体需要之间的关系"[①]。在公共行政领域，行政主体面临的是现实的、具体的公共问题，其有效解决需要行政主体在坚持体现社会公序良俗的行政价值观的引导下，促进公共物品和公共服务的有效供给，实现对公共利益的权威性配置，这就必须使抽象的行政价值、行政价值观具体化，将公共利益作为行政价值、行政价值观的现实载体，通过行政价值观整合，凝聚全社会的智慧和勇气，在公共行政系统形成共同的理想和精神支柱，从而有效解决中国公共行政的现实问题。

2. 加强与中国国情的结合

目前，国内不少行政价值观的研究成果在一定程度还上存在理论与实践

---

① 李秀林、王于、李淮春：《辩证唯物主义与历史唯物主义》，中国人民大学出版社1995年版，第319页。

脱节、国内与国外脱离、传统与现代分化等弊端。我们必须按照马克思主义价值分析的立场、观点和方法，结合中国行政改革和行政发展的现实，发掘中华优秀传统行政文化的现代价值，借鉴西方国家行政改革和行政发展的有益经验，也就是要把理论的东西实践化，把外国的东西中国化，把传统的东西现代化，把中国的东西具体化。这里，特别要充分发掘中华优秀传统行政价值观的思想精华，发掘马克思主义经典作家关于行政价值观的经典论述，结合西方行政价值观发展的有益成果，古为今用，洋为中用，"推进具有中国特色的行政价值观的历史性建构，为我们党在新时代更好地承担起推动中华民族伟大复兴和构建人类命运共同体的世纪使命提供了价值引领和思想动力"[①]，使中国行政价值观在国内—国际、传统—现实—未来的立体坐标中找准自己的位置、发出自己的声音、发挥自己的优势，为推动国家治理体系和治理能力现代化贡献力量。

3. 加强对行政价值观内涵和外延的研究

一些研究成果对行政价值观内涵与外延的界定还不甚明确，还存在混淆行政价值观与哲学价值观、政治价值观、社会价值观边界的现象，不利于构建系统、科学的行政价值观知识体系。我们需要运用行政学的方法研究行政价值观的要素与系统、结构与功能、生成与实现、发展与创新等深层次问题，使其真正成为推动行政活动有效开展的"精神的力量"。

三 研究思路与方法

（一）研究思路

本书将中国行政价值观置于全面深化改革的背景下，立足于国内—国际、历史—现实—未来的立体坐标，回应建设职责明确、依法行政的政府治理体系的现实需要，探讨行政价值观的深层结构、基本属性、生长历程及其作用于行政生活的内在机理、运行机制，进而分析行政价值观有效发挥其"精神的力量"的应然、实然状态，凸显社会主义核心价值观在坚持和完善中国特色社会主义制度推进国家治理体系和治理能力现代化中的特殊地位，以社会主义核心价值观引领行政价值观发展。

在具体研究思路上，遵循这样一条逻辑线索：紧密结合行政价值观的要

---

① 顾友仁：《中国共产党政治价值观的历史建构》，《湖湘论坛》2020年第6期。

素与系统、结构与功能、生成与实现、创新与发展等深层次问题，探讨行政价值观作用于行政生活的理论基础、实践过程和基本逻辑，结合西方主流行政价值观的演变过程和中国传统行政价值观的变迁历程，把握马克思主义行政价值观的发展脉络及其实践途径，探讨当代中国行政价值观构建的理论源泉、现实基础、目标定位、规范体系和发展路径。这种研究思路的安排是为了更好地凸显行政价值观在行政生活中的地位和作用，增强理论与实践结合的力度，以便从更深层次分析行政价值观的理论和现实问题，从而充分发挥其功能，使其真正成为推动政府治理体系和治理能力现代化的精神力量。研究的具体技术路线如图绪－1所示：

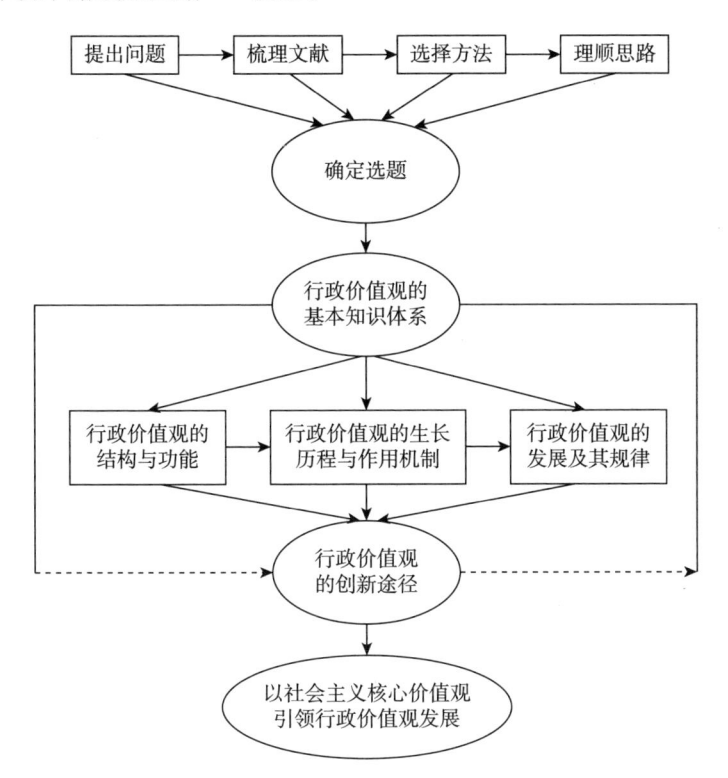

图绪－1 行政价值观研究技术路线

（二）研究思路

本书是以规范分析为主的基础性研究，具体的研究方法包括：

1. 价值分析与利益分析相结合的方法。价值是一种哲学抽象，在公共行政领域，抽象的价值必须立足其现实载体——利益才能有效发挥作用，行政价值观的理论和实践问题既需要从哲学抽象的高度进行理论分析，也需要从具体利益的现实基础进行实践探索。

2. 规范分析与实证分析相结合的方法。分析行政价值观的理论基础和实践范畴，首先要明确行政价值观是什么、为什么、怎么样等基本问题，具有规范分析的特征。行政价值观又具有很强的现实性，其功能的有效发挥，必须紧密结合公共行政领域的现实问题进行，对其进行分析又应该是实证的，本书在研究过程中，结合国家工作人员宪法宣誓、英模精神的现实价值、青岛"天价虾"事件等进行实证分析，以增强理论的说服力。

3. 比较研究与文献研究相结合的方法。行政价值观是兼收并蓄、开放发展的观念体系，立足古今中外的立体坐标，根据现实国情，结合中国传统，借鉴西方经验，才能真正构建当代中国的行政价值观。行政价值观又是一种精神的存在，是内涵在行政思想、行政制度、行政行为中的精神要素，对包含研究对象信息的文献资料（官方文献、个人文献、传媒文献等）进行整理，提炼出其中的精神要素，也是研究行政价值观的重要方法。

四 研究框架和创新之处

（一）研究框架

本书除绪论、结语两部分外，主体部分共六章。绪论部分在阐述选题背景、选题意义的基础上，对国内外研究现状、研究思路、研究方法、研究框架及创新之处作了简要的概述。结语部分主要是对未来的行政价值观研究作了展望。

第一章：行政价值观的理论阐释。行政价值观是行政主体在行政实践活动中形成和积淀下来的对特定行政思想、行政制度、行政行为的价值理解和价值追求，是人通过自我意识对人类社会行政生活的创造性把握。行政价值观是行政主体社会意识的集中反映，是行政主体价值认同的高级形态，是行政实践活动的精神凝练，是社会利益关系在公共行政领域的具体表现，主要由行政价值原则、行政价值规范、行政价值理想等要素构成，可以从个体与组织、主导与从属、先进与落后、传统与现代等多个角度进行区分，具有引导性、统摄性、规范性、可塑性等特征。行政价值观的主要理论来源是哲学价值观、政治价值观和以新公共服务理论为代表的行政学理论精髓。在公共行政过程中，价值诉求是公共行政全面协调社会利益关系的逻辑起点，价值取向是公共行政有效配置公共利益的基本依据，价值观冲突是行政主体不断协调社会利益关系的内在动力，价值观整合是行政主体有效增进公共利益的基本途径。

第二章：行政价值观的结构与功能。行政价值观具有相对稳定的结构：外表是行政价值原则，骨架是行政价值规范，内核是行政价值理想。在行政生活中，行政价值观发挥着利益整合、行为引导、人格塑造、精神凝聚等功能。行政价值观的结构与功能相辅相成，既对立又统一：结构决定功能，功能反作用于结构，二者有机统一于行政实践中。

第三章：行政价值观的生长历程与作用机制。行政价值观是按照一定的规律、遵循一定的程序发生、发展的，也是遵循一定规律对行政生活产生影响的。在行政实践活动中，行政价值原则、行政价值规范、行政价值理想等精神要素依次经历萌芽、演进、升华三个阶段，经历一个完整的生长过程，凝练为行政价值观，并通过理解机制、认同机制、支持机制的作用，对行政生活产生影响，影响着行政生活中人的思想和行为。

第四章：行政价值观的发展及其规律。中国行政价值观是在国内—国际、历史—现实—未来的立体坐标中发展的。西方主流行政价值观的中国转换、中国传统行政价值观的现代转型、马克思主义行政价值观的中国化是当代中国行政价值观发展的实践基础。中国民本行政价值观与西方民主行政价值观的融合在当代中国行政价值观发展领域具有典型性。

第五章：行政价值观的创新途径。创新行政价值观，一是要塑造行政人格，提高行政价值观创新的主体意识；二是要培育公民意识，优化行政价值观创新的社会心理环境；三是要推动行政发展，夯实行政价值观创新的实践基础；四是要繁荣行政文化，营造行政价值观创新的文化氛围。

第六章：以社会主义核心价值观引领行政价值观发展。社会主义核心价值观作为社会主义本质在精神领域的集中体现，是对社会主义价值关系最真实、最深刻的反映，以社会主义核心价值观引领行政价值观发展，构建更加先进的行政价值观，是当代中国行政价值观发展的内在要求，必将有效推动行政改革和行政发展。

（二）创新之处

1. 以"公共利益"为理论基础，较完整地探索行政价值观的理论体系。

一方面，将利益分析与价值分析有机结合，为抽象的"行政价值观"找到"公共利益"这一现实载体，深化行政价值观研究的理论内涵和实践基础。另一方面，把握行政价值观在行政生活中的特殊地位，立足行政价值观的要素与系统、生成与实现、结构与功能等深层次问题，研究行政价值观作用于公共行政过程的理论依据、实践过程和运行逻辑。

2. 立足国内—国际、历史—现实—未来的立体坐标，较全面地探索中国行政价值观发展的实践问题。本书将当代中国行政价值观构建置于全面深化改革的整体布局中进行理性审视，回应经济新常态下创新社会治理模式的客观需要，分析当代中国行政价值观的理论源泉、现实基础、实然和应然状态、目标定位、规范体系和创新途径。

3. 凸显社会主义核心价值观的理论和实践价值，以社会主义核心价值观引领当代中国行政价值观发展。本书立足全面深化改革进程中公共行政的现实需要，回应人民群众的价值诉求，构建更加先进的行政价值观，为推进国家治理体系和治理能力现代化凝聚强大正能量。

第一章 行政价值观的理论阐释

行政价值观是公共行政领域的价值观,是影响公共行政思想取向、制度设计、行为选择与目标追求的重要精神要素,伴随行政实践活动的产生、发展而产生、发展。行政价值观的知识体系涉及行政价值观的概念、要素、性质、特征、分类、理论来源、作用机理等具体内容。

第一节 行政价值观的内涵

一 行政价值观的含义

行政价值观是行政主体关于行政价值的根本观点和根本看法。作为一种观念上层建筑,行政价值观的形成离不开行政实践活动。随着行政实践活动的深入,人们不断追求、创造、实现行政价值,也不断认识和评价行政价值,在这一主观认识与客观实践不断结合的过程中,行政价值观得以形成、发展。行政价值观作为关于行政价值的观念体系,具有稳定的内在结构,并非不同行政价值观念的简单组合,而是行政生活中的精神要素按照一定的层级秩序有机结合的结果。

行政价值观是行政主体在行政实践中评价特定行政思想、行政制度、行政行为是非、好坏、善恶、美丑、荣辱、得失等的心理标尺,是决定行政活动中人的思想取向和行为选择的重要精神力量。体现着人类社会行政实践活动目的的行政价值观,其目标指向行政实践活动的真、善、美,需要解决行政实践活动"应当是什么"的问题。行政价值观的构成是多方面、多层次的,并且具有内在的有机性和功能转换的自主性,包括功利、道德、公正、审美、理想等不同的层面。正如公共行政价值包括公共利益但不等于公共利益,行政价值观也包括公共行政利益观但不只是公共行政利益观。行政价值观犹如一个金字塔，功利的考量处于低层次，在它上面的是道德和公正等价值观，再往上是人的审美、精神信仰和自我实现等精神要素。

行政价值观是行政主体所特有的关于行政价值的根本观点和根本看法，"既蕴含着行政主体对行政价值的反映和评价，又体现着行政主体的行政价值追求、行政价值目标，体现着行政主体自我发展、自我完善的意识和要求等"①。当然，行政价值观也具备一定的社会价值观属性。社会价值观存于社会生活之中，是社会生活中人的价值认同和价值期望。在行政生活中，社会成员对行政系统及其运行会产生一定的价值判断和价值期望，即对行政系统及其行政活动的看法与评价。行政组织是一种社会组织，行政组织中的行政人员本身就具有社会人的属性，因此，行政价值观是一种社会价值观，是基于行政活动的社会属性而形成的观念体系，是社会价值观在行政生活领域的具体化。

对行政价值观的含义进行科学界定，离不开对与之密切相关的一些概念的区分。与行政价值观密切相关的概念主要有行政价值、行政价值取向、行政价值观念和行政利益观，行政价值观与这些概念之间既有联系又有区别。

行政价值观是关于行政价值的观念体系。行政价值是与行政价值观有着紧密联系的一个概念，二者的主体属性、生命源泉不同，但二者对行政活动都能够产生重大影响。首先，行政价值是客观的，行政价值观是主观的。行政价值是关于行政生活的价值，是行政活动对人的需要的有用性，是行政主体与行政客体之间的特定利益关系，即行政客体以自身属性满足行政主体需要和行政主体需要被行政客体满足的利益关系。在人类社会的行政生活中，行政活动由于具备自身特殊属性、功能，能够满足主体特定需要，对于主体具有某种有用性，就被主体认为是有价值的。行政价值是行政生活中的人同满足其特定需要的客体的属性之间的一种关系，是普遍存在于行政生活领域的客观实在。行政价值观是一种精神性的存在，是行政价值主体对行政价值认知的结果，是人们对特定行政思想、行政制度、行政行为进行评价、判断、选择的内在尺度。其次，行政价值与行政价值观的生命力来源不同。行政价值是一个关系性范畴，它通过行政主体的需求和行政客体的属性而获得生命力；行政价值观是一种观念体系，它通过行政生活中主体的能动活动而获得

---

① 颜佳华：《行政哲学研究》，湘潭大学出版社2009年版，第197页。

生命力。行政价值是行政活动中主客体之间客观存在的关系，是体现人的主体性的关系，在行政价值关系中，不是人趋近物，而是物趋近人，通过人的创造性劳动，物不断实现对于人的价值，行政生活也不断趋于真、善、美；行政价值观是一种系统化的、相对稳定的价值评价体系，它通过支配行政主体而对行政实践活动产生影响，促使行政活动求真求善求美。

行政价值观与行政价值取向同属于社会意识范畴，在很多情况下可以通用，但二者也存在细微差别。行政价值观是行政主体对行政价值的基本看法，是由行政价值原则、行政价值规范、行政价值理想等要素有机结合构成的观念体系。行政价值取向更多是一种理性层面的行为选择倾向，它受行政价值观的制约，是行政价值观的外在表现形式。行政价值取向本质上是一种行为倾向，是行政主体在对行政价值进行判断、选择过程中对自身行为方向的把握，是连接行政价值观与行政行为的桥梁。在行政价值观的指导下，行政主体通过判断自身需要、表达自身诉求、筛选实现需要的途径等方式表现出自身的行政价值取向。可见，二者的主要差别是适用语境不同、运用层面不同，行政价值观多应用于描述主体思想观念层面的问题，行政价值取向更适合描述主体行为层面的问题。

行政价值观与行政价值观念也同属于社会意识范畴，行政价值观就是很多行政价值观念有机组合而成的思想体系。行政价值观是一个整体概念，是整体的、抽象的，是很多具体行政价值观念在行政实践活动中基于某种内在联系有机组合而成的，是系统化、理论化的行政价值观念。行政价值观念是一个个体概念，是单一的、具体的，是行政生活中行政主体基于自身对行政实践活动的认识而在头脑中形成的特定观念。可见，二者的差异实际上是整体与个体的差异，行政价值观念是包含于行政价值观之中的。

正如行政价值与行政利益紧密联系一样，行政价值观与行政利益观也是紧密联系的，二者对行政生活都具有深层次的影响。价值观包括利益观但不只是利益观。[①] 在公共行政领域，行政价值观更多从精神层面对特定行政思想、行政制度、行政行为的是非、好坏、善恶、美丑、荣辱、得失等进行判断，这里的"得失"实际上就是从利益层面进行的衡量。可见，行政利益观

---

① 张曙光：《论价值与价值观——关于当前中国文明与秩序重建的思考》，《人民论坛·学术前沿》2014 年第 23 期。

是包含于行政价值观之中的。行政价值、行政价值观更多是一种哲学的抽象，是主体精神层面的因素，在现实行政生活中，抽象的行政价值、行政价值观必须找到其现实载体，才能真正发挥其"精神的力量"，这种现实的载体，就是行政利益、行政利益观。行政利益观更多是关于现实的、感觉得到的"行政利益"（主要表现为公共产品和公共服务）的观念体系，具体表现为对公共利益分配给谁、怎样分配、分配多少等的判断与选择，对公共利益与私人利益的认识与区分，行政利益观有效发挥作用，需要行政价值观的指导，也就是说，公共权力主体在对公共利益进行配置时，需要进行是非、好坏、善恶、美丑、荣辱等价值判断，需要在制度规则与公序良俗之间寻求平衡。因此，行政利益观是行政价值观的具体化，是更现实、更直接、更接地气的行政价值观。

二 行政价值观的要素

要素是构成事物的必要因素，是事物必须具有的实质或本质及其组成部分。行政价值观主要由行政价值原则、行政价值规范、行政价值理想等要素构成。

（一）行政价值原则

行政价值原则是行政主体在行政生活中所持的基本准则，蕴含了行政主体对行政生活的认识、评价以及由此产生的行为趋势。行政态度包括行政行为意向、行政认知和行为意志三个维度。作为公共权力主体，政府公职人员在行政活动中，应该恪守公平、公正、责任等基本行政价值原则，应该尽力做到不受人为主导的消极因素的影响，保持高效的工作效率，追求正常的工作质量，坚持友善的工作作风，也应该互帮互助，同心同德，求进取谋发展，营造良好的工作氛围，凝聚积极进步、求真务实、向上向善的组织文化。

行政价值原则不是先天就有的，而是在特定社会环境下，通过行政实践不断积累、发展起来的。一方面，生活在一定行政环境和行政组织中的行政主体对行政活动的认识及情绪体验，都与一定社会环境条件（如行政技术条件、社会历史背景、政治环境、社会经济发展水平等）有关，这些具有共性的环境要素，是每一个行政主体都必须面对的，这使行政主体在个性心理倾向上也会形成某些共性特征。另一方面，行政主体又是由一个个具体的、鲜活的、具有自身价值取向和利益诉求的个体组成的，每个人的人生阅历、人生感悟、知识结构等都是有差异的，都会表现出一定的个性特征，行政主体的心理倾向也往往带有很强的个性色彩。

行政价值原则作为一种行为准则，深刻影响着行政主体的行为。在行政实践活动中，行政主体往往更容易吸收自己感兴趣的内容或者与个人态度一致的信息，对于自己厌恶的信息则难以消化，这是由行政价值原则的稳定性造成的。作为一种带有习惯性特征的反应，行政价值原则一旦形成，在人的心中便会形成一种先入为主的印象，自然而然会影响到人的知觉、感情与判断。行政价值原则对行政主体具有重要影响。首先，不同的行政价值原则折射出公职人员的个人修养与理想抱负，积极进步的行政价值原则促使公职人员确立远大理想，不断完善自我、发展自我、提升自我。而持有消极行政态度的人，容易以个人的观点将事情定位，容易将个人情绪情感投入工作，这样的人难以承受压力，难以担当重任。其次，拥有积极、进步、乐观行政价值原则也就意味着拥有良好的品质，能做到虚心求教，淡然处事，百折不挠。古之成大事者，没有旷世之才亦必有坚韧不拔之志。最后，拥有积极行政价值原则的公职人员也会热爱生活，乐于奉献。工作是生活的一部分，也是最能体现一个人价值观的部分，能够处理好工作中的大事小情，那么公职人员也会对日常生活中细微的事物表示由衷的喜爱，从而探索发现平凡生活的美，珍惜人与人之间的爱，追求更高境界的真善美。

（二）行政价值规范

行政价值规范是指行政主体在行使公共权力、管理社会公共事务与公共行政系统内部事务的过程中，应当遵循的具有行政职业特征的、能够有效协调主体与客体以及主体与主体之间关系的各类规范的统称。行政价值规范的产生和发展是由社会经济基础决定的，受社会经济条件、生产方式、社会结构、国家政权的性质、行政系统组织形式等的影响。

行政价值规范是一种权力规范。公共行政是行政主体行使行政权力管理社会公共事务的活动，行政权力是公共行政有效进行的保障。行政价值规范在一定程度上就是行政主体对于如何行使行政权力的认知，即行政主体必须在特定行政价值观的指引下，明晰行政权力行使目的，理顺行政权力行使流程，优化行政权力行使方法，确使行政权力成为推动政府治理体系和治理能力现代化的坚强后盾。权力作为一种控制他人的力量，是需要按照一定的规则行使的，否则就会出现"绝对的权力导致绝对的腐败"的恶果。在公共行政领域，如果权力失去控制，很容易成为破坏社会秩序的帮凶，很容易造成社会混乱。行政价值规范是行政主体行使权力时必须遵循的基本准则，体现在行为目标的树立、行为标准的确立、行为方式的选择等多个环节。

行政价值规范是一种高层次的社会规范。行政主体直接代表政府行使公共权力，其行为规范与否关系到公共权力的合理行使，直接影响到政府的形象，对全社会具有极强的示范效应。行政主体的行为规范不仅仅局限于行政领域，而是更高层次的社会规范。行政主体行使权力、履行职责的行为，牵涉面很广，社会影响很大，需要以更高的标准来进行规范，这样才能更好地起到示范和导向作用，才能塑造和保持政府的良好形象，才能增强公众对政府的理解、认同和支持程度。

行政价值规范是一种特殊的职业规范。职业规范是从事特定职业的人在其职业活动中应当遵循的带有职业特点的行为规范和行为准则。行政价值规范是具有自身特殊性质和要求的职业规范，这种特殊性质和要求就是公共行政的公共性。在社会生活中，人们往往会基于自身利益需要和价值诉求而选择行为方式。但在公共行政领域，公共权力主体是一种特殊的社会人，他们具有特殊的社会地位，掌握公共权力，决定公共利益配置的方式，其言行举止不仅属于个人，更属于组织。因此，公共权力主体应该坚持崇高的行政价值规范，树立和发扬好的作风，既严以修身、严以用权、严于律己，又谋事要实、创业要实、做人要实，践行全心全意为人民服务的宗旨，树立实事求是的工作作风，全心全意搞服务，一心一意谋发展，守土有责，守土尽责，打造务实、高效、进取、开放、廉洁的公共行政体系。

(三) 行政价值理想

理想是人类所特有的心理活动，属于精神世界的范畴。通俗地说，理想就是存在于内心深处的愿景，当然，这种愿景是具有现实可能性的。行政价值理想就是指行政主体所追求的价值目标，即他们寄希望通过行政活动来实现的组织行为目标和自身职业发展目标，简而言之，就是行政主体职业理想和人生理想的有机结合体。行政价值理想又是由信心、信念、信仰按照一定的层级秩序有机组合而成的整体，源于行政实践而又高于行政实践。

行政价值理想不同于一般的理想，因行政主体知识、能力、兴趣等主观因素和行政技术、行政环境等客观因素的差异而各不相同。《中共中央关于党的百年奋斗重大成就和历史经验的决议》指出："马克思主义信仰、共产主义远大理想、中国特色社会主义共同理想，是中国共产党人的精神支柱和政治灵魂，也是保持党的团结统一的思想基础。"这种理想信念，就是公共行政主体精神上的"钙"。公共行政主体如果没有坚定的理想信念，精神上就会"缺钙"，就会得"软骨病"，必然导致政治上变质、经济上贪婪、道德上堕落、生活上腐化。行政价值理想不仅仅是一种组织愿景和行为职责，更是一种道德追求，这主要表现在三个方面：一是公共权力主体不能把单纯地谋求权力作为目标。行政主体手中都拥有一定的公共权力，这既是管理社会公共事务的权利，也是为人民服务的义务，不论权力的大小，对人民群众服务的目标、属性、责任是相同的。如果行政权力主体把单纯地追求权力作为自身理想，说明其动机不纯，功利思想严重，为了追逐权力甚至可能不择手段，一旦掌握权力，极可能私欲膨胀，贪污腐败。二是要把承担责任和履行义务置于更加重要的位置。公共权力主体作为国家工作人员，承担着一定的公共职责，相应的也要承担更多的公共义务。尤其是在构建服务型政府的今天，行政主体更应该切实履行为人民服务的义务，并要不断提高自身的服务能力和服务质量。三是要正确处理个人利益和社会利益、国家利益的关系。中国社会正处于深刻转型的历史时期，各种问题和矛盾频发，行政人员要正确处理个人利益和社会利益、国家利益的关系，要以不断为社会、为国家、为人民群众谋利益、促发展为己任，要以不断为社会、为国家的长治久安创造良好条件为使命。

三 行政价值观的本质

价值是"事物（物质的和精神的现象）对人的需要而言的某种有用性"，是"主体和客体之间一种特定的关系，即客体以自身属性满足主体需要和主体需要被客体满足的效益关系"。[①] 行政价值是在行政实践活动中行政主体基于自身需要与行政客体的固有属性之间达成的一种或肯定或否定的一致性关系。价值观是关于价值的观念体系，行政价值观则是关于行政价值的观念

---

① 李秀林、王于、李淮春：《辩证唯物主义与历史唯物主义》，中国人民大学出版社1995年版，第360页。

体系。

(一) 行政价值观是行政主体社会意识的集中反映

行政价值观作为行政主体看待价值问题、处理价值关系时所持的立场、观点和态度的总和，反映了主体内心所相信的、需要的、坚持的、追求的东西，价值观渗透于政治、经济、社会、道德和文化领域以及个人生活的方方面面。价值观是一种社会意识，属上层建筑的范畴，是处于特定社会关系之中的人的需要的反映。行政价值观作为价值观的一种，既具备价值观的共性特征，也具备自己独特的性质。行政价值观是行政主体立足行政实践活动而对特定行政思想、行政制度、行政行为效用的稳定、持续理解。行政价值观作为特定历史条件下的社会价值关系的反映，随社会历史条件的变化而不断发展，比如，西方行政价值观的发展历程整体上就是探索公平、效率等价值理念孰先孰后、孰轻孰重及其如何实现的历程。同样，行政价值观也会伴随社会经济基础的变化而变化，并且，这种观念形态的上层建筑一旦为人所掌握，就会成为行政生活中人的行动指南，成为推动社会发展的重要精神力量。行政价值观也具有相对的滞后性，行政价值观不会时时同步于经济社会发展步伐，这表现在行政价值观有先进与落后、正确与错误、合理与不合理、理性与非理性之分，这就要求主体根据具体行政环境对具体行政价值观进行取舍，以先进、正确、合理、理性的行政价值观武装自己的头脑，指导自己的行动，使自身思想、行为跟上社会发展的步伐。

(二) 行政价值观是行政主体价值认同的高级形态

价值认同是主体对社会生活中特定价值的认可，价值认同是以价值观为本的认知过程，通过价值认同，主体会对自身在社会实践活动中的价值进行定位与定向，并由此形成稳定的思想取向和行为模式。在特定价值观作用下，主体会自觉接受、自愿遵守自身认同的社会价值准则。行政价值观本身又是一种社会意识形态。在行政生活中，行政价值观是一种渗透于社会意识并通过社会意识表现出来的行政价值认同。社会意识的发展程度会对行政主体的价值观产生重要影响，其中以政治意识的影响最为突出。行政与政治是一对孪生兄弟，行政活动承担着执行国家意志的重要功能，为了确保国家的长治久安，政治系统总会通过政治权力的权威影响、通过国家意志将社会主流价值观推及全社会并不断强化其主导地位，从而在全社会形成共同的理想和精神支柱。行政主体正是这一过程的重要参与力量，在这一过程中，行政主体既执行了国家意志，通过行政权力在全社会践行社会主流价值观，也增强了自身对社会主流价值观的认知能力，能够从更宏观的角度思考个人价值与组织价值、当前价值与长远价值、局部价值与整体价值等问题，从而有效理顺公共行政领域公与私、长远与眼前、整体与局部等关系，促进公共行政朝更善更美更圣的方向发展。因此，行政价值观更多是行政主体对美好价值和价值关系的认同，是一种更高形态的价值认同。

（三）行政价值观是行政实践活动的精神凝练

公共行政是人类基于自身对公平、正义、秩序、责任等的价值诉求而产生的。人类希望通过国家、政府等工具为自身带来和谐、稳定、安宁与幸福。公共行政与政治国家同时产生，其有效运行的原始动力是为了维护统治阶级的利益。但是，人类社会又是一个利益共同体，国家、政府在维护统治阶级利益的同时，不可避免地要应对人类社会的公共问题，这就为公共行政功能的充分发挥提供了广阔的舞台。在人类社会的行政实践活动中，人们会形成多种价值观念，这难免会导致公共行政系统内部思想混乱，也必然会加剧公共行政系统外部环境的复杂性程度，这就很可能导致人类社会行政生活陷入无序状态。人是有智慧的社会存在，人们在行政生活中，能够不断判断公共行政的真理与价值，不断追求行政生活的真、善、美。行政价值观正是人们判断公共行政的真理与价值的精神成果，人们在行政生活中，不断改造思想，完善制度，优化行为，推动行政改革与行政发展，从而实现人类的共同利益。

（四）行政价值观是社会利益关系在公共行政领域的具体表现

追求利益的满足是人的基本属性；公共行政作为公共权力主体行使公共权力管理社会公共事务、提供公共产品和公共服务以解决公共问题的活动，与利益密切相关。利益贯穿于公共行政的全过程，公共行政的理想状态是通过促进公共产品的有效供给，有效增进公共利益，不断协调社会利益关系，真正提高公众福祉，使公众利益诉求得到合理、均衡的满足，将社会利益冲突置于可控范围之内，从而形成和谐稳定的社会利益格局。公共行政是一个利益博弈的过程。罗尔斯认为，社会成员通过建立社会来获取共同利益，社会的本质是社会成员以相互协作的方式增加利益的协同体，这说明在社会中存在着相互一致的利害关系；而在社会利益的占有、分配上，因涉及社会成员之间的利害关系，很容易导致他们相互对立的态势。在公共行政中，为有效维护自身利益，不同利益主体都会通过一定途径来表达自身的愿望和要求，对行政过程施加影响，使公共行政对公共利益的配置朝有利于（至少不损于）自身利益的方向进行。公共行政具有对公共产品和公共服务进行权威性配置的重大功能，但公共产品和公共服务总是有限的，而人的需求具有不断发展的内在属性，不同利益主体都会想方设法扩大自身及所代表群体、组织对社会资源的占有比例，于是，主体间的利益博弈行为就成为人类社会的普遍现象。为了使社会不至于在这种利益博弈中陷入混乱状态，公共权力主体就需要发挥其利益整合功能，需要在公平、正义、责任、回应等行政价值观念的作用下，对公共利益配置的方向、途径等进行选择和取舍，保证公共权力运行的公共利益取向，保持社会利益格局的整体平衡。

第二节　行政价值观的特征

行政价值观是行政主体对行政生活中的价值现象与价值关系进行总结、判断、选择的结果，本身就具有评价的属性。一般而言，一个人拥有什么样的价值观就会有什么样的价值取向、价值追求、价值目标和价值标准，从而影响着主体的行为。价值观是人们基于一定的思维感官之上所作出的认知、理解、判断或抉择，也就是人认识与辨别是非、好坏、善恶、美丑、得失等的思维取向，从而体现出人、事、物一定的价值或作用。行政价值观是行政主体在行政生活中形成的价值观，影响着行政主体在特定行政环境中的价值判断与价值选择，具有稳定性、持久性、历史性、选择性和主观性等一般价值观所普遍具有的特征，又具有区别于其他价值观的独特属性。

一　引导性

"任何价值观总是内在地包含着对事物的评价，什么事物具有价值，什么事物不具有价值，什么事物应该选择，什么事物应该避免，从而为个体和群体的行动指明方向。"[1] 行政价值观同样如此，它不仅引导行政主体自身在行

---

[1] 陈章龙、周莉：《价值观研究》，北京师范大学出版社2004年版，第12页。

为准则、道德操守与理想追求方面树立正确的价值观念，也引导行政主体在行政活动中以实现行政目标为指向做出针对性的决策，并采取科学的方式与方法以实现行政目标，还引导作为行政活动客体的人如何更好地参与行政生活。行政价值观的引导性主要表现为思想引导和行为引导。价值观的一个重要功能就是对价值主体的思想观念进行塑造、提升。行政价值观是行政主体在行政实践中的价值判断与价值选择，是行政主体遵循的行为准则。它引导行政主体树立一致的价值观念，从而在行政实践中做出一致的、共性的价值判断与价值选择。行政价值观通过对行政主体思想观念的塑造来影响与控制行政主体在行政实践中的行为。行政价值观影响着行政价值目标的确立，行政价值目标决定行政主体的价值行为。行政价值观从行政主体的思想、观念、意志、精神等方面影响行政主体在行政实践活动中如何确立价值目标、确立什么样的价值目标，进而引导行政主体为实现行政价值目标而对自身精神状态进行调整，对自身行为方式进行选择。

二　统摄性

行政价值观作为行政主体在行政实践活动中的价值判断与价值选择的内在标准，统领着行政主体的价值意识与价值行为。行政价值观是行政主体在行政实践活动中价值行为的取向与尺度，统摄着行政主体的观念与行为。一般而言，行政主体的价值观决定其行为，行政价值观作为行政主体对客观行政生活的根本看法与理解，是与行政主体的政治观念、生活观念、文化观念、经济观念等紧密联系在一起的。由于每个人拥有对事物的不同观念，因此，把人们不同的观念体系囊括起来的总的看法与理解的行政价值观中和了不同的观念体系，形成了一种能够普遍遵从的、兼顾各方利益的观念体系，以指导行政主体在行政实践活动中的行为。在行政生活中，上述各种观念都能够对人的思想、行为产生影响，但行政价值观的影响最直接、最有效。行政价值观的统摄性主要表现在这两个方面：一是统摄行政主体的价值意识与价值认知。"行政主体的欲望、动机、兴趣、情感、意志等心理层面的行政价值意识"[①] 影射到行政主体的价值观领域，影响着行政主体在行政实践中对价值关系的判断与选择。行政价值观将行政主体心理层面的价值意识与对行政主客

---

① 颜佳华：《行政哲学研究》，湘潭大学出版社2009年版，第194页。

体之间的行政价值关系的认知有机统摄起来，成为行政主体的行为准则与规范体系。二是统摄行政主体的价值行为。当行政主体树立了正确的行政价值观，其在行政实践活动中的价值行为便能得到有效约束与控制。在完整的公共行政过程中，计划、组织、指挥、协调与控制等各个环节，都能够找到行政价值观统摄行政主体价值观念的痕迹，行政活动讲究程序，重在执行，追求效率，唯有以科学、理性的行政价值观为指导，行政活动才能高效、有序推进。

三 规范性

行政价值观的规范性是指行政价值观对行政生活中人的思想、行为具有很强的约束力。价值观作为主体社会意识的高层次表现，体现了主体在实践活动中对自身与客体之间价值关系的认知程度。在价值观的影响下，主体的思想和行为会表现出一定的倾向性特征。行政价值观作为行政主体社会意识的高层次表现，以对行政实践的特殊价值关系的认知规范着行政主体的思想和行为。这种规范性一般表现为内在规范性和外在规范性。内在规范性是指行政价值观对行政主体自身固有的思想、行为、意识、观念等进行引导。人的意识能够反作用于人的行为，因此，行政主体的价值观念与价值认知对行政实践活动有着重要的影响。而行政价值观是人的主观意识高层次的表现形式，它能够影响行政主体的价值判断与价值选择，从而约束和规范行政人员在行政实践中的思想与行为。外在规范性是相对于整个行政实践活动而言的，即对行政实践活动的方式、范围、效果等进行指导与控制。在行政价值观的影响下，公共行政会倾向于形成稳定的行为规范和实践模式。这种稳定的行为规范和实践模式能够控制和规避公共行政活动中可能出现的偏差，当多数主体的行政价值观趋于一致时，整个行政系统就会形成一种共同认可的价值共识和共同遵循的价值标准，从而优化行政环境，更好地实现行政目标。

四 可塑性

行政价值观的可塑性是指行政价值观适应主客观条件的变化而发展变化的内在属性。作为一种思想体系，行政价值观具有不断发展的内在属性，会随着行政环境的改变而改变。通常来说，行政主体在行政实践活动中会不断与外界环境进行信息交流，而这种交流会影响行政主体对自身行为价值的判断，会影响到行政主体对自身秉承价值观的认知，从而促使主体不断修正行为、提升思想。"就社会和群体而言，由于人员的更替和环境的变化，社会和群体的价值观念是不断变化着的。"[①] 这样的改变过程也是行政价值观的塑造过程。行政价值观的可塑性一般分为内在可塑性和外在可塑性。内在可塑性是相对行政价值观自身而言的。行政价值观的形成与发展在于行政主体能够将特定行政环境中的各种信息内化于心，外化于行。作为一种社会意识，行政价值观具有一定的能动性，可以随着行政环境的变化而变化，即行政价值观可以在新形势下汲取新的思想精华来充实和完善自身的理论体系与实践模式。行政价值观的外在可塑性是相对于其人格塑造的功能而言的。行政价值观对行政主体的人格塑造是通过价值观的约束功能来实现的，在人类社会的行政生活中，行政权力必须受到控制，这种控制既可以是制度条文的硬性约束，也可以是道德习俗的软性约束，自觉接受这些约束是正常行政人格的理性定位，是行政人有效开展工作的理性选择。通常来说，行政主体的人格取向会与其所持行政价值观保持一致，行政价值观通过对行政主体的人格进行塑造来完善人、发展人，从而推动行政实践活动的有效展开。

第三节 行政价值观的分类

行政价值观是反映行政主体与行政客体之间价值关系的观念体系，是人们在行政生活中遵从的价值原则与价值标准。行政价值观涉及主体对客体的价值判断与价值选择，影响着行政主体在行政生活中对得与失的选择、对善与恶的评价、对美与丑的分析、对合理与不合理的判断、对合法与不合法的界定。行政价值观可以从多个角度进行区分：按照行政主体的组织化程度，可以划分为个体行政价值观和组织行政价值观；按照行政价值观在行政生活中的地位，可以划分为主导行政价值观和从属行政价值观；按照行政价值观的先进性程度，可以划分为先进行政价值观和落后行政价值观；按照行政价值观发展的时间序列，可以划分为传统行政价值观和现代行政价值观。行政

[①] 邱礼俊：《组织行为学》，东北师范大学出版社2012年版，第46页。

价值观的具体分类如图1-1所示:

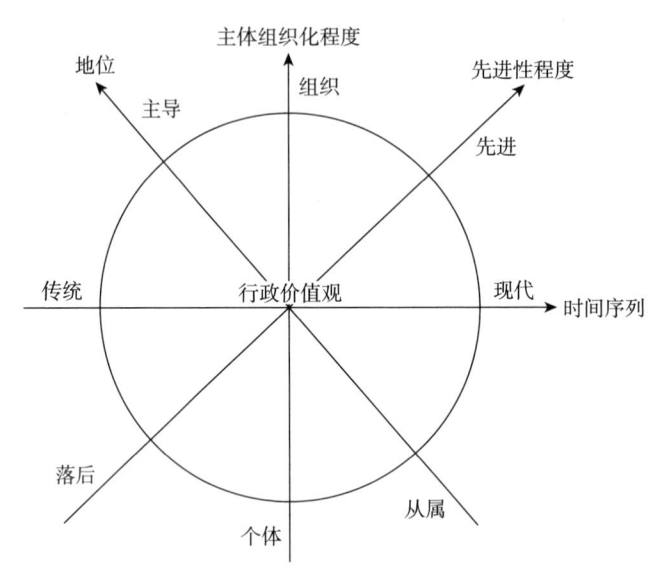

图1-1 行政价值观分类

一 个体行政价值观和组织行政价值观

个体行政价值观和组织行政价值观是立足于行政主体的组织化程度而进行的区分。人是行政生活的主体,人的价值观对行政生活具有重要影响。行政价值观首先体现为个体的行政价值观,体现为具体的人对行政生活行政价值的根本看法和根本观点。在行政生活中,个体是组成形成主体的基本单位。任何行政组织,都是由一个个具体的、活生生的人所组成的整体。作为个体的人,都是有自身价值取向和价值诉求的社会存在,他们的行政价值观对行政活动具有重要影响。在行政生活中,作为行政人,个体应该树立正确的行政价值观,应该正确处理个体行政价值观与组织行政价值观的关系。

个体行政价值观是指行政生活中作为个体的行政主体对周围的客观事物(包括人、事、物)的意义、重要性的总评价和总看法。这种对诸事物的看法和评价在心目中的主次、轻重的排列次序,就是个体的行政价值观体系。个体行政价值观和行政价值观体系是决定行政生活中人的行为的心理基础。个体行政价值观的形成不是一朝一夕的事,而是要经历过一个"认知—自我评估—选择—强化—内化"的过程。个体一旦形成某种行政价值观,就会呈现相对稳定的状态,难以在短时间内发生改变。

从行政学的角度看，行政主体必须具有组织的属性，是行使行政权力、承担行政责任的组织。而组织又是以人为最基本要素有机结合而成的系统。因此，无论是个人还是组织，其行政价值观都在于人以及由人组成的组织所持的价值观念。在行政生活中，由于"行政主体实际上是一个集团，由许多人构成的综合体，也就是一个系统"①，行政主体层面的行政价值观就是整个行政系统在行政实践中的价值标准与价值原则，反映了行政主体的本质性质与价值所在。一般而言，行政主体层面的行政价值观主要包括以下几个基本理念：一是为人民服务理念。人民是国家的主人，全心全意为人民服务是公共权力主体应该坚持的根本宗旨。牢固树立为人民服务的理念，能够使公共权力主体真正保障和维护广大人民的根本利益，真正致力于提高公共服务共建能力和共享水平，从而赢得人民群众更多的理解、认同与支持。二是公共利益至上理念。人类社会是一个利益共同体，公共利益是维系这个共同体良性运转的重要纽带，切实发展好、维护好、实现好公共利益是现代公共行政的内在要求，树立公共利益至上的理念，公共权力主体方能在纷繁芜杂的社会利益矛盾中坚守道德底线，有效发挥对公共利益进行权威性配置的功能，促进社会利益格局的整体稳定。三是责任理念。权力与责任是矛盾的两个方面，公共权力主体行使公共权力就应该承担公共责任，这样才能在权力主体头顶高扬达摩克利斯之剑，营造风清气正的行政文化氛围。四是公共性理念。公共权力来源于人民，也应该服务于人民，公共权力主体必须理性界定自身身份，在个人利益与社会利益、国家利益之间做出正确的选择，从而保证公共权力的公共性。

二 主导行政价值观和从属行政价值观

行政价值观是复杂的观念体系，是由多元价值观组成的有机整体。在人类社会的行政价值观念体系中，有一部分观念是居于支配地位的，在行政生活中发挥着主导作用，而其他观念则虽然处于从属地位，但也能够对行政生活中人的思想、行为产生影响。主导行政价值观和从属行政价值观就是基于行政价值观在行政生活中的地位和作用所进行的区分。

主导行政价值观是属于社会主流意识形态领域的观念体系。任何社会都

---

① 颜佳华：《行政哲学研究》，湘潭大学出版社2009年版，第129页。

有主流意识形态，公共权力主体都会通过主流意识形态规范社会秩序，引导社会生活。奴隶社会的主导行政价值观是维护奴隶制的社会秩序，引导人们适应奴隶社会的生活。封建社会的主导行政价值观是维护封建统治，确保以土地为基础的社会生活秩序。资本主义社会的主导行政价值观是物物交换原则，维护商品经济的主导地位，把一切商品化、货币化。中国特色社会主义社会行政价值观要求公共行政主体始终坚持以人民为中心，不断扩大公共产品和公共服务的有效供给，不断解放人、发展人。以社会主义核心价值观引领行政价值观发展，构建更加科学、有效的行政价值观，推动国家治理体系和治理能力现代化，是当代中国行政价值观发展的重要目标取向。

人类社会的观念体系是非常复杂的。思想、观念也是动态发展的，需要交流与碰撞，在相互交融、碰撞中方能产生思想的火花，不断丰富思想的内涵，提升思想的价值。一枝独秀不是春，百花齐放春满园。任何社会都会有主导的行政价值观，也必然会有从属的行政价值观。主导行政价值观只有在与从属行政价值观的比较中，才能不断显现其优势和生命力，才能更好地为行政改革和行政发展服务，公众才能通过比较鉴别，加深对主导行政价值观先进性、科学性的认识，增强自觉践行主导行政价值观的自觉性，主导行政价值观也就不断内化于心，外化于行，真正成为行政生活的精神准则。同时，任何主导行政价值观都有一个发生、发展、成熟的历程，在这一过程中，主导行政价值观也需要不断吸取其他思想的精华部分。比如，当代中国行政价值观，就吸取了中华优秀传统文化、西方行政价值观以及中国共产党领导中国人民进行革命和建设过程中所形成的先进思想观念，这种吸收也是一个先进的思想体系不断保持自身先进性、科学性的重要条件。

三 先进行政价值观和落后行政价值观

先进行政价值观与落后行政价值观是基于行政价值观的先进性程度而进行的区分。任何行政价值观都是特定社会行政实践的反映，都有其生长的土壤和发展的历程。先进与落后又是相对的，行政价值观又往往处于先进要素与落后要素共存的矛盾状态，一般说来，在其发展的上升期，先进要素会强于落后要素，整体上表现为先进状态，能够指导行政活动有效解决行政问题，推动行政生活求真求善求美。随着行政环境的变化，具体行政价值观念中的先进要素与落后要素呈现出此消彼长的态势，其与行政环境、与行政实践的契合程度也在不断变化。一旦某种具体行政价值观念不能契合行政环境,不能有效回应行政实践需要,就朝落后的方向发展。一个富于生命力的行政价值观体系,应该具有不断发展、不断完善、不断超越的品质,从而在不断回应公众关切、解决公共问题的过程中不断彰显其生命力。

先进行政价值观是一种积极的观念体系,是推动行政实践活动求真求善求美的精神动力。一般来说,先进行政价值观属于行政生活中新生的、积极的观念体系。这些观念萌芽、发展、成熟于行政主体发现问题、分析问题、解决问题的实践活动中,能够促使行政主体不断解决行政问题,并在主体主观能动性的作用下,不断增强自身与行政实践结合的深度与广度,并根据行政环境的变化不断萌生、发展新的思想观念,从而获得持久的生命力。

落后的行政价值观是一种消极的观念体系,是不能够推动行政生活求真求善求美的观念体系。一般来说,落后行政价值观构成行政生活中没落、保守的观念体系。人的思想观念具有一定的惰性,一种思想观念一旦在头脑中形成,往往成为人固定的思维定式和行为模式,对人的思想和行为具有长远影响。在民主、法治不断发展的今天,在现实行政生活中,专制、腐败等落后的现象还时有发生,在一定程度上是因为落后行政价值观影响在一定时间内还没有消除。

先进行政价值观与落后行政价值观是相对的,是能够相互转化的。在任何行政主体头脑中,可能同时存在先进行政价值观与落后行政价值观。一方面,先进的行政价值观在一定社会历史条件下,可能不适应行政环境发展的要求,成为推动行政生活有效展开的阻力,就成为落后的行政价值观。比如,儒家思想在封建社会发展的早期,是一种积极的、进步的思想体系,深刻影响了中国社会的发展进程,为汉唐的繁荣奠定了思想基础。但随着经济社会发展程度的提高,儒家思想一些落后的思想要素又成为推动近代中国资本主义萌芽的阻力,成为一种落后的行政价值观。另一方面,落后行政价值观在一定社会历史条件下,可能经过改造、转换等途径,提炼其先进成分,使其获得新的生命力,成为推动行政实践活动有效开展的积极因素。比如,面对人被异化、环境恶化等发展困局,儒家思想又引起了世界各国的普遍重视,其中的先进思想因子正在为人们所发掘。

四 传统行政价值观和现代行政价值观

传统与现代是基于时间坐标而对人类社会发展历程中的人、事、物等进行的区分。传统行政价值观与现代行政价值观是根据行政价值观发展的时间维度所进行的区分，当然，这种时间维度并不是简单、机械的先后顺序，而是存在于特定时间坐标上的延续过程，这一过程与行政实践密切相关，是人们对行政生活认识不断深化的结果。

传统行政价值观是指一个国家、一个民族在长期的行政实践过程中，形成的对行政生活意义、目标、原则等的惯性认知。传统行政价值观是一种重要的文化积淀，需要通过文化传承、知识积累等途径不断加以积累。"行政文化是行政体系中的成员在一定的社会文化背景下所形成的对行政活动的态度、情感、价值观和信仰，也是千百年来行政活动和实践中形成的制度、原则、习惯、传统、观念、意识等。"[①] 行政价值观是行政主体在行政活动中沉淀下来的一种独特的文化形态，对行政实践活动有着重要的作用。随着行政改革和行政发展进程的加速，公共行政的制度、体系、结构、方式等都在加速发展，行政价值观也随之发生改变。行政价值观的发展与进步，能够促进行政体制改革的深化，提高主体科学行政、民主行政、公正行政的能力。行政价值观以其特定的文化属性和文化功能在行政实践活动中发挥着巨大的能动作用，关系到行政实践活动是否能够高效、有序进行。行政价值观产生于行政实践，又指导着行政实践，必须服从、服务于行政实践的实际需要，并为行政实践活动的有效展开提供精神动力。

现代行政价值观是带有现代生活气息、立足于现代行政生活之上而建立关于行政生活的价值观，是现代人关于现代行政生活的价值观。一般而言，现代行政价值观主要包括以下几种价值理念：一是法治理念。行政客体中存在许多与利益密切相关的要素，行政主体在行政实践中与行政客体之间的信息交流也伴随着利益的分配和利益关系的调整。这种调整和分配只有在制度的约束下才能有序进行，依法行政能够约束行政主体的行为，也能保障行政客体各要素的合理、合法、有序分配。二是科学理念。提高科学管理水平是行政改革和行政发展的客观要求，在行政实践活动中，对行政客体的各要素进行科学配置，使之合理结合，有效耦合，能够促使行政活动更加高效、有序展开。三是整体理念。行政主体与行政客体是对立统一的关系，它们之间相互作用、相互制约，在一定条件下又可以相互转化，行政主体与行政客体

---

① 姚琦：《中西行政文化比较研究》，光明日报出版社2011年版，第34页。

的整体发展,是行政实践活动永葆生机的重要途径,这就要求行政主体以系统的、全局的眼光统筹行政生活,将更多资源整合到公共行政领域,更好地夯实行政实践活动的现实基础。

　　传统是社会发展继承性、延续性的表现,传统与现代是有机统一的,传统行政价值观和现代行政价值观也是紧密联系的,传统行政价值观的现代转化是行政价值观保持持久生命力的重要途径。现代行政价值观是对传统行政价值观的升华,其中必定带有传统的影子。作为一种文化现象,行政价值观必须具有持续性,否则就断了其根本,成为无源之水、无本之木。现代行政价值观既需要立足于现代行政生活,也要考虑一个国家、一个民族的国民心理的历史与现实,需要考虑其文化传统;否则,就可能成为阻碍行政活动有效展开的消极因素。西方民主强加于中东、非洲、拉美部分国家造成的恶果,很大程度上是因为这种民主的实践脱离具体国情,无法解决这些国家的实际问题。传统行政价值观的现代转化,是行政价值观思想体系保持自身生命力的重要途径,需要重点树立以下几个基本价值理念:一是以人为本理念。在行政文化中体现以人为本的行政价值观是落实科学发展观的内在要求。行政价值观的发展要与人民群众紧密联系在一起,公共行政主体要回应人民群众的利益诉求,要树立全心全意为人民群众服务的真情实感。以人为本,一切从人民群众的根本利益出发是公共行政的基本要求,也是行政价值观存在、发展的根基。二是实事求是理念。行政价值观要立足经济社会发展提供的现实条件,立足行政实践活动的实际需求,不断拓展自身的思想内涵,不断完善自身的思想体系,从而更好地推动政府治理体系和治理能力现代化。三是兼收并蓄理念。兼收并蓄是指行政主体在行政活动中要树立学习先进文化与先进管理方式、方法的态度,同时也要汲取传统行政实践活动中有益的工作经验与优秀文化。扎根本民族历史与现实的沃土,吸收其他民族的先进经验,从而发展自身理论体系,创新自身实践模式,推动行政实践求真求善求美。

第四节　行政价值观的主要理论来源

　　行政价值观是一个兼收并蓄、动态发展的知识体系。行政价值观不是凭空出现的,而是立足行政生活实践,不断吸取其他学科、其他理论成果的营

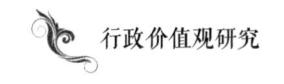

养成分而发展的。

一 行政价值观对哲学价值观的借鉴

作为科学之母，哲学对行政学的发展产生了重要影响。行政价值观知识体系的形成、发展同样离不开哲学价值观的作用，行政价值观对哲学价值观的借鉴具有内在依据和可能性，主要表现在以下三个方面。

第一，行政学与哲学具有相似的学科特征。哲学立足于社会实践，是一门综合性学科，人类社会各种社会现象都可以成为哲学的研究对象。哲学是研究范围很广的科学，纷繁芜杂的社会生活是哲学知识体系不断发展、不断完善的实践基础，哲学知识体系正是在对复杂社会问题的认识中不断丰富、不断臻于真、善、美的，具有整体性、发展性等特征。行政学立足行政实践，与公共生活密切相关，随着社会的发展，公共活动已渗入社会的各个领域，出现了行政国家的现象，因此行政学也是一门综合性学科。行政生活是按照一定的规则展开的社会活动，涉及社会的各个领域，是应对社会公共问题并不断加以解决的行动过程，也具有整体性、发展性等特征。

第二，哲学价值观广泛的研究范畴、丰富的研究成果为行政价值观借鉴哲学价值观提供了可能。早在原始社会时期，人们就尝试着对电闪雷鸣、山洪暴发等自然现象就做出宗教解释，早期的哲学便以宗教的形式萌芽了。后来，社会生产水平不断提高，人的认识不断发展，数学、天文学、物理学等学科从哲学中分化出来；哲学则逐渐浓缩为专门研究世界观的学问。作为一门社会科学，行政学最终可以从哲学找到其知识来源。

第三，哲学对价值观问题的深入探索为行政学研究价值观问题提供了充足养分。行政价值观与哲学价值观都属于意识范畴。价值是指一种事物能够满足另一种事物需要的属性；行政价值观是指基于行政生活实践，行政主体对特定的行政思想、行政制度、行政行为的功效和意义进行理解、评价、取舍的思想体系。哲学价值观是指人们关于什么是价值、怎样评判价值、如何创造价值等问题的根本观点。价值观的内容一方面表现为人对价值的追求、取舍以及设定一定的价值目标；另一方面表现为人所持有的价值尺度与价值准则。显然，行政价值观的内容也必须体现这两个方面。哲学对价值观相关问题的研究内容、方法都为行政学研究价值观问题提供了充足养分。

二 行政价值观对政治价值观的发展

政治价值观是指人们对政治生活、政治系统及其运行状态的一种价值期待和价值评价，是对政治生活实然状态的认识与应然状态的期望，是关于政治系统运行目标及其责任履行机制的一种理想化诉求。行政价值观将政治价值观具体到公共行政领域，这是一个渐进的过程，是随着行政实践的发展而不断推进的过程。

就起源而言，行政学脱胎于政治学，早期的行政学研究主要是理论性的，常与政治学的问题合并在一起讨论，此时，行政价值观与政治价值观界限模糊。后来，人们逐渐认识到行政不仅仅是一种理论性的、思辨的思想体系和思维方式，更是一种方法、程序和具体操作，行政被看成是一个广泛的操作过程，也应将政治与行政分开，行政应独立于政党与政治权力之外，倡导行政中立的价值观。20世纪30年代前后，以霍桑实验为标志，人们开始关注管理中人的问题。第二次世界大战后，行政学对"社会人""非正式组织""个体需求"等领域的问题进行了深入探索。行政价值观逐渐从关注制度、组织机构、组织流程问题转向关注组织成员的人性激励、心理满足等问题。行政价值观的这一发展回应了不断变化的行政环境及社会环境的要求，同时也与政治价值观有了明显的区分，行政价值观慢慢有别于政治价值观。到了20世纪80年代左右，效率优先的行政价值观遭到强烈质疑，行政行为被要求强调价值判断和伦理规范的重要性。这一时期行政价值观被普遍注入公平、正义等要素，这与政治价值观强调民主、公平、正义具有一定的相容性，当然，二者的侧重点是不同的，政治价值观更倾向于公民作为权力主体的权利范畴，而行政倡导的公平、正义更多体现在公共权力的实际操作过程及结果中。

中国特色社会主义进入新时代，党和国家与社会已经并将继续发生深刻变化。面对新时代新任务提出的新要求，公共管理在机构设置、职能配置、履职能力等方面与有效治理国家和社会的要求相比，还存在一些差距，比如，一些领域存在党政机构重叠、职责交叉、权责脱节问题，这些亟待通过行政价值观的发展，为建设职责明确、依法行政的政府治理体系提供强大精神动力。建设职责明确、依法行政的政府治理体系，要始终坚持以人民为中心，将增进人民福祉、促进人的全面发展作为出发点和落脚点。在坚持和完善中国特色社会主义制度、推进国家治理体系和治理能力现代化进程中，中国的公共权力框架的独特性、传统政治文化对我国公共行政公共性的影响和中国所处发展阶段对公共行政公共性的规定，决定了公共性在行政价值观发展中的独特地位。有学者指出，中国公共行政学科建构应以公共性为合法性基础实施再造，以历史逻辑、理论逻辑和实践逻辑为根据，坚持公共性的价值引领，以公共性框定研究对象，建构中国公共行政学的"公共性"话语体系，最终形成"公共性"导向的研究范式，夯实公共行政学科建构的合法性基础。[①]

三 行政价值观对以新公共服务理论为代表的行政学理论精髓的提炼

行政学百余年的发展历程中，产生了一系列反应人类社会行政实践经验的理论成果，这些理论成果又不断适应行政环境的变化而发展，深刻影响着人类社会行政实践不断深入。虽然早期行政学理论排斥行政价值、行政价值观，或者将其视为政治领域的问题，但至少可以追溯到20世纪20年代的霍桑实验，公共行政中价值、价值观等精神层面问题就已经引起了学术界的深度关注，行为科学阶段的需要层次理论、双因素理论、渐进决策理论和系统科学阶段的新公共行政学派、社会系统理论、生态系统理论、Z理论都对公共行政中人的问题进行了积极探索。特别是新公共行政理论，以经济人假设为基础，推崇市场机制，将社会公平提高到公共行政追求的首要价值目标，倡导公共服务的平等性、行政官员的政治回应性、民主行政、社区自治等基本价值理念，极大地丰富、发展了公共行政学，公共行政学自此开始步入"自觉构建公共性"的历史阶段。

20世纪80年代，人本管理理念、社会人理念深入人心。基于对新公共管理理论的反思，以美国著名公共行政学家罗伯特·登哈特为代表人物的新公共服务理论逐步发展起来，其在《新公共服务：服务，而不是掌舵》一书中特别批判了新公共管理理论之精髓的企业家政府理论，从而建立了一种新的公共管理理论，即新公共服务理论。其主要观点是，在公共行政过程中，公共管理者应集中于承担为公民服务和向公民放权的职责，他们的工作重点应该是建立一些具有完善整合力和回应力的公共机构，而不应该作为政府航船的掌舵者，也不应该作为政府的划桨者。

---

① 夏志强、谭毅：《公共性：中国公共行政学的建构基础》，《中国社会科学》2018年第8期。

行政价值观作为公共权力主体精神世界的集中体现，超脱了新公共服务理论的立场、视野和层次，是对新公共服务理论的升华。从立场来说，行政价值观不单单是站在政府组织的立场，而是站在整个国家甚至全世界范围内处理各种利益关系，它通过自身所具备的功能和特性，可以影响全社会的组织及其成员养成以公共利益为奋斗目标的社会心理氛围，而新公共服务理论主要是从某一个单位或者政府组织的利益出发，其奋斗的目标是维护组织及其成员的利益。从视野来说，行政价值观在某种程度上决定着公共行政的发展方向，公共行政发展方向又在一定程度上决定着全社会所有组织及组织成员的公共生活模式，还能凝聚社会组织和组成成员的共同力量，不断去除社会发展的消极因素，最大限度实现全社会的发展目标。从层次来说，行政价值观是全社会组织及其成员价值观通过筛选，在社会共同理想的指引下汇聚而成的，因此，行政价值观是行政生活领域更高层级的价值观。而新公共服务理论从某种程度上说仅仅是单一的组织价值理念，其反映的是比较独立的团体利益。

当然，行政价值观的理论体系吸取了行政学发展进程中一切有益的理论成果，在新公共服务理论之外，行为科学理论、系统科学理论、新公共行政学派、行政伦理观理论等的立场、观点和方法都为行政价值观知识体系的建构与完善提供了大量养分，也都是行政价值观的重要理论源泉，只不过新公共服务理论对公共利益的特别重视更能体现现代公共行政的核心价值，更加贴近行政价值观的核心理念，其对行政价值观知识体系发展的贡献更加具有典型性。

第五节 行政价值观作用于公共行政过程的基本逻辑

一 行政价值诉求是公共行政全面协调社会利益关系的逻辑起点

党的十九大报告指出，人民是历史的创造者，是决定党和国家前途命运的根本力量。必须坚持人民主体地位，坚持立党为公、执政为民，践行全心全意为人民服务的根本宗旨，把党的群众路线贯彻到治国理政全部活动之中，把人民对美好生活的向往作为奋斗目标，依靠人民创造历史伟业。必须多谋民生之利、多解民生之忧，在发展中补齐民生短板、促进社会公平正义，在幼有所育、学有所教、劳有所得、病有所医、老有所养、住有所居、弱有所扶上不断取得新进展，深入开展脱贫攻坚，保证全体人民在共建共享发展中有更多获得感，不断促进人的全面发展、全体人民共同富裕。建设平安中国，加强和创新社会治理，维护社会和谐稳定，确保国家长治久安、人民安居乐业。《中共中央关于制定国民经济和社会发展第十四个五年规划和二〇三五年远景目标的建议》明确要求，"坚持人民主体地位，坚持共同富裕方向，始终做到发展为了人民、发展依靠人民、发展成果由人民共享，维护人民根本利益，激发全体人民积极性、主动性、创造性，促进社会公平，增进民生福祉，不断实现人民对美好生活的向往。"① 可见，人民群众的多元价值诉求是公共行政应该面对的社会现实，是公共行政的出发点和归宿。

公共行政的过程实际上就是不同利益主体把自身利益诉求输入公共行政系统，以政府为代表的公共权力主体从特定价值观出发，对各种利益诉求进行综合平衡的过程。公共行政有一个前提，即政府需要确定哪些利益诉求是合法、合理、可以满足的，哪些利益要求是不合法、不合理、不可以满足的。在现代民主社会，公民参与公共行政的意识不断增强，参与渠道不断拓展，参与方法不断创新，导致多种社会力量交互地向公共行政过程施加影响。公共行政是包括政府利益在内的多种利益通过竞争而达到综合平衡的结果，政府作为公共利益的主要代表者，必须正视多元利益主体的不同利益诉求。《中共中央关于制定国民经济和社会发展第十四个五年规划和二〇三五年远景目标的建议》指出："坚持把实现好、维护好、发展好最广大人民根本利益作为发展的出发点和落脚点，尽力而为、量力而行，健全基本公共服务体系，完善共建共治共享的社会治理制度，扎实推动共同富裕，不断增强人民群众获得感、幸福感、安全感，促进人的全面发展和社会全面进步。"在我国全面建成小康社会、实现第一个百年奋斗目标之后，乘势而上开启全面建设社会主义现代化国家新征程、向第二个百年奋斗目标进军的进程中，公共行政要不断提高公共服务共建能力和共享水平，维护和实现大多数社会成员的利益，以满足人民日益增长的美好生活需要。

---

① 《中共中央关于制定国民经济和社会发展第十四个五年规划和二〇三五年远景目标的建议》，《人民日报》2020年11月4日第1版。本书出现此《建议》，均出自《人民日报》2020年11月4日第1版，下文不再赘述。

民众表达利益诉求的途径有利益团体的结成、利益代表的选举、利益受侵害的申诉等多种形式。在现代民主国家，公共行政过程其实就是民众利益表达和实现的过程，其顺利进行依赖于社会利益机制的有效作用。政府应鼓励建立代表不同利益群体利益的社会团体和社会组织，通过组织的力量和制度的渠道规范公民利益表达和政治参与行为，并制定和完善相关法律法规，为社会利益主体的利益表达和政治参与提供制度依据。

二　行政价值取向是公共行政有效配置公共利益的基本依据

公共行政对公共利益进行权威性配置的过程中，公共政策发挥着主要作用。在如何分配公共利益上，"因其性质所然，公共政策当然要关注合法性、合理性、公正性等社会价值标准"[1]。在公共行政领域，任何行政行为都包含了公共权力主体依据特定伦理标准进行的价值选择。价值关系本质上是利益关系[2]，价值分析的基础是利益分析[3]。公共行政面临的都是具体、现实的公共问题，公共行政领域抽象的价值往往会表现为利益"是什么""为什么""怎样分配""分配给谁""分配多少"等现实内容。因此，公共行政对公共利益的配置是公共权力主体依据特定伦理标准进行的价值选择，必然要表现出一定的价值取向，即公共权力主体对利益标准的确立和利益配置方式的选择，包括对公共产品生产、供给的规模、原则和方式的确立以及对社会成员获利行为的引导和规范，表现为判断民众的利益诉求和利益期望、确定利益评价标准、选择利益分配方式等具体内容。

行政价值取向是一种无形的力量，影响着公共利益配置的目标、标准、方式和途径，构成公共行政的重要精神依据。公共权力主体在对公共利益进行配置时，既要考虑公共资源在全社会的公平、合理配置，又要考虑不同利益主体的具体利益诉求，还要考虑社会公序良俗、公平正义，这些都依赖于行政价值取向的指引。因此，行政价值取向是关系到公共行政人心向背的重大问题，公共权力主体必须在特定行政价值取向的指导下，理顺公与私、利与义、多与少、上与下等多重关系，提高公共行政的效度与信度。

公共行政的根本价值追求在于做好普惠性、基础性、兜底性民生建设，

---

[1] 陈庆云：《公共政策分析》，中国经济出版社1996年版，第7页。
[2] 杨耕：《价值、价值观与核心价值观》，《北京师范大学学报》（社会科学版）2015年第1期。
[3] 陈庆云：《关于"利益政策学"的思考》，《北京行政学院学报》2000年第1期。

健全完善国家基本公共服务体系，全面提高公共服务共建能力和共享水平。在行政生活中，公共行政是致力于实现社会公共利益，还是仅仅为少数人、少数群体、少数组织的特殊利益服务，以及公共行政实现公共利益的程度，是判断和评价公共行政正当性、有效性、科学性的基本标准。在公共行政领域，社会利益经常是以群体利益或集团利益的形式出现的，具体公共行政行为往往只是与社会一定的利益群体，而不是与所有利益群体的利益直接相关。公共行政是否代表和维护公共利益，必须以其是否符合社会一般的、普遍认可的价值标准为判断准绳。

三 行政价值观冲突是公共行政不断协调社会利益关系的内在动力

价值观冲突是主体之间由于价值观的差异，在追求自身价值实现过程中发生的认知分歧，是主体之间价值观矛盾激发的一种状态。社会是由不同利益主体构成的有机体，个人、家庭、群体、社会、国家等主体之间发生着错综复杂的利益关系。不同主体之间存在需要的多样性、个体的差异性等矛盾，这种多样性和差异性最初表现为主体获取利益的量和质的差别，随着社会的发展，最终变成了体现主体政治、经济、社会地位的利益差别（如城乡差别、脑体差别、工农差别）。当这些差别发展到一定程度又得不到有效补偿时，以利益冲突为外在表现形式的价值观冲突就发生了。

利益冲突具有两面性。利益是人类社会生活的根本问题，关系到人类社会的生存基础和发展动力。马克思在《关于出版自由和公布等级会议记录的辩论》中指出："人们奋斗所争取的一切，都同他们的利益有关。"在莱茵省议会关于林木盗窃法的辩论中，马克思进一步指出："利益就其本性说是盲目的、无止境的、片面的，一句话，它具有不法的本能。"冲突在本质上是一种与平衡相对立的状态，利益冲突既是社会利益关系的一种失衡失控状态，又是社会利益整合机能失调的病态反映。"作为社会利益关系的一种矛盾状态，处理不好就可能导致消极的后果；作为促进社会变革的力量，又具有促进社会利益结构向适应社会经济发展的方向进行调整的积极功能。"[①] 人类社会的利益冲突总能控制在一定的范围内，因为人的理性使其意识到为保证自身利

---

① 申永丰：《全面深化改革背景下公共决策的利益冲突与整合》，湘潭大学出版社2021年版，第60页。

益的有效实现，使人类不至于在无止境的冲突中同归于尽，必须通过政治系统的力量对利益冲突进行协调。具体到公共行政领域，由于行政理性的作用，"行政主体与社会组织、社区、公民等公共管理主体之间在法律的框架范围内友好协商、积极协作从而结成良好的公共事务治理网络"①，从而确保行政行为能够得到更多利益主体的理解、支持和认同。

在利益多元的现代社会，公众总会分化为不同的利益群体和利益集团，其利益诉求往往是不一致的，甚至是相互冲突的。"政府强制的利益分配越来越不灵验，人们越来越多地参与到关系切身利益的决策中，表达和维护自身的利益。"② 由于主体追求自身利益最大化的内在张力，公共权力主体对公共利益的界定和行政行为方案的选择往往不会一蹴而就，任何行政行为都不可能达到最优的、人人满意的状态，而只能是不同利益诉求达到某种平衡状态的方案。人的需要是多样的、多层次的，一种利益诉求得到满足，又会产生新的利益诉求，政府又会面对新的利益冲突，又需要实施新的公共政策。公共行政就是在这种循环往复的过程中不断调整利益关系、协调利益矛盾的。

四 行政价值观整合是公共行政有效增进公共利益的基本途径

行政价值观整合是行政主体通过多种方式，在综合不同个体、群体、组织行政价值取向的基础上，使个体、群体、组织合理、有序地组合起来，从而构成一个具有相同、相似价值观念共同体，以提升人们对行政价值观认同、理解和支持程度。公共行政价值观整合就是把不同行政价值诉求转变为公共决策的功能，是把不同行政价值诉求注入行政方案并取得相关政治资源支持的行为过程。在公共行政领域，"各种利益要求得到大量政治资源的支持，就转变成重大的政策选择……要使各种利益要求成为真正的政策选择，必须得到一种政治体系中能够起决定作用的资源的充分支持"③。

公共行政的价值表达是多个主体以不同的方式进行的，各主体都面临其他主体的竞争，其要求成功与否，取决于公共行政的整个过程。在价值表达的基础上，公共权力主体还要以一定的方式在价值取向、价值标准、价值解

---

① 颜佳华、苏曦凌：《行政理性论》，《湘潭大学学报》（哲学社会科学版）2010年第5期。
② 李亚：《一种面向利益分析的政策研究方法》，《中国行政管理》2011年第4期。
③ [美]加布里埃尔·A. 阿尔蒙德、小G. 宾厄姆·鲍威尔：《比较政治学：体系、过程和政策》，曹沛霖等译，上海译文出版社1987年版，第233页。

释等方面进行整合,以使各种价值诉求转换为一致或较为一致的行为选择。为有效整合不同社会主体的价值观,维护公共权威,提高公共行政的效度和信度,必须充分发挥公共行政的价值观整合功能,找准个人利益与公共利益、社会利益与国家利益、当前利益与长远利益、局部利益与全局利益、合法利益与合理利益等的合理契合点,有效化解社会利益矛盾,实现社会利益格局的整体平衡。

公共权力主体在政治法理上可视为公众委托管理社会公共事务的机构,公共权力对公共利益负责构成现代民主国家宪法的重要通则,为公共利益服务相应成为公共行政的出发点和归宿。公共权力主体所能支配的公共资源总是有限的,而公众的利益诉求又是不断发展的,这之间的矛盾为公共行政价值观整合功能的有效发挥提供了可行性空间。在公共行政过程中,不同利益主体为追求自身利益的满足,都会通过积极的行政参与,表达自身利益诉求,促使公共行政对公共利益的配置朝有利于(至少是不损于)自身利益的方向进行。这就使利益矛盾、利益冲突成为公共行政无法回避的客观现实,这也对公共行政提出了利益整合的客观要求。公共权力主体为平衡不同利益主体的利益诉求,使社会不至于在利益冲突中陷入无序状态,就会在特定行政价值观的指引下,通过积极、有效的行政行为,对公共利益配置的方向、方式和途径进行调整,保持社会利益格局的动态平衡。利益是价值的现实基础。公共权力主体利益整合功能的有效发挥,需要其在坚持公正、公开、回应等行政价值观念的基础上,通过行政价值观整合,凝聚共识,在全社会形成共同的理想和精神支柱。

第二章　行政价值观的结构与功能

行政价值观一旦形成，便具有相对稳定的结构，会对行政主体的心理和行为产生长期、稳定的影响，也会对行政组织的运行产生持久、深入的影响。行政价值观作为一种观念上层建筑，反映的是行政客体属性与行政主体需要之间的关系，体现的是行政主体处理行政价值关系时所持的立场、观点和态度。在行政生活中，由于行政主体的主观能动性，多重精神要素不断分化整合，最终分别凝聚到行政意识、行政规范、行政信念、行政信仰、行政理想领域，形成行政价值观的内在结构，同时，这些要素相互影响，相互作用，共同推动行政实践活动有效展开，行政价值观的功能也就得以有效发挥。

第一节　行政价值观的结构

马克思在《评阿·瓦格纳的〈政治经济学教科书〉》一文中指出："价值这个普遍的概念是从人们对待满足他们需要的外界物的关系中产生的。"人的需要的表达和满足需要的过程都是复杂、多样、多变的，这就决定着反映客观事物对人的需要的满足程度的价值也是多元的、发展的。作为人对价值的认识的观念体系，价值观也具有复杂的结构。价值观有如一个金字塔，功利的考量处于低层次，在它上面的是道德和公正的政治观，再往上是人的审美、精神信仰和自我实现等。[①] 行政价值观是关于行政价值的观念体系，也是由不同的要素按照一定的规律所形成的有机整体。如前所述，行政价值观的要素可以归纳到行政价值原则、行政价值规范、行政价值理想等不同层次，每一个层次都是由多种具体要素所组成的。行政价值观基于行政生活中人的知识、

[①] 张曙光：《论价值与价值观——关于当前中国文明与秩序重建的思考》，《人民论坛·学术前沿》2014年第23期。

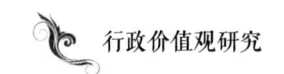

兴趣、理想、目标等的不同而呈现复杂的立体图景。

行政价值观具有立体、多维、多层次的结构：外表是行政价值原则，这是行政主体对于行政生活的直观感受，是行政主体对自身思想、行为的内在规定性的认知，是行政主体言行所坚持的标准、所依据的规矩，是对行政生活实然状态的把握，也是行政主体通过自身言行举止所表现出来的精神风貌，是评价行政生活的显性要素。内核是行政价值理想，这是行政主体对行政生活所要达到的状态的向往与追求，是不断推动行政生活求真求善求美的内在精神动力。中间是行政价值规范，这是行政生活中明文规定的制度规范和约定俗成的精神规范构成的规范体系，是连接行政价值原则与行政价值理想的桥梁和纽带，也是行政价值原则、行政价值理想在行政生活中的集中表现。行政价值观就是由这三个层次的要素按照一定规律有机组合而成的整体，其具体结构如图2–1所示：

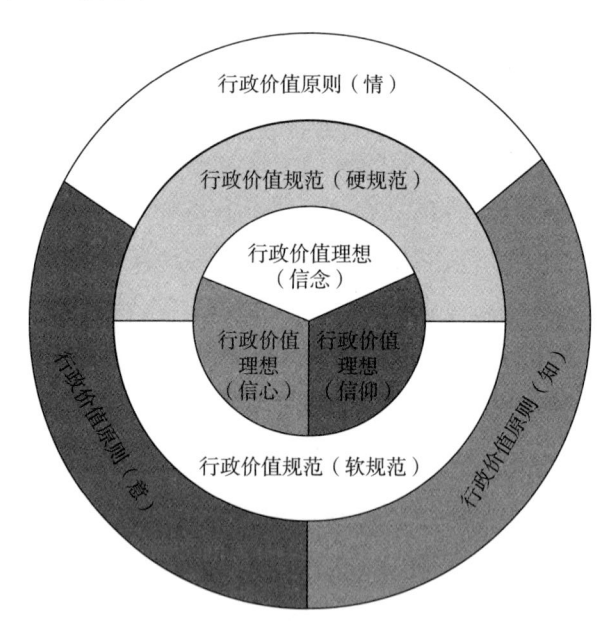

图2–1 行政价值观结构

一 行政价值原则：行政价值观的外表

行政价值原则是行政主体在行政活动中对自身思想、言语、行为和自身所在组织运行应然状态的主观意识，是行政主体应该坚持的基本价值准则。行政价值原则是一种行政意识，是行政主体对行政活动的主观映像。行政意识是人类社会行政实践活动发展的必然产物，是人脑对行政实践活动发展水平及其积极成果的体现和概括。作为人脑的机能，行政价值原则属于精神生活领域，是从具体的行政活动和复杂的行政现象中抽象出来的，是人们能够凭感官和思维感受到的、说得清的精神活动，比如，行政活动是否以人为本，是否维护人民群众的利益，是否回应公众诉求，是否依法依规，是否诚实守信，是否公开透明，是否承担责任，等等，都可以从行政主体的具体行为中表现出来。行政原则是人们能够直观感受的价值观要素，是行政价值观的外表。

意识是"人类在第一信号系统和第二信号系统基础上进行的精神活动"，包含着"知、情、意三者的统一"。[①] 行政意识首先是一种意识，在行政生活中，无论作为行政主体的人，还是作为行政客体的人，为实现自身"知、情、意三者的统一"，都会形成特定的行政意识。人们在行政生活中，基于自身认知水平的高低、情感投入的多少、意志力的强弱、利益诉求的满足程度等因素，会对行政生活的美与丑、善与恶、对与错等形成自己的看法，当社会上大多数人对某种行政现象和行为形成一致的看法时，行政意识就形成了。作为行政主体的人，在行使行政权力、履行行政义务的过程中，就必须秉承社会主流行政价值观，夯实自身行为的合法性基础；作为行政客体的人，在获取公共产品和公共服务、履行社会责任的过程中，也必须与主流行政价值观保持一致，使自身对利益和利益关系的认识符合基本的社会规范，使自身对利益的维护与追求不至于损害他人的利益。

在行政价值观领域，"知"就是行政认知，是行政活动、行政现象、行政制度等在人脑中形成的知识体系，主要包括思维方式、管理技术、智能水平，反映人们的文化素质、教育程度、知识构成等方面的客观状况，是主体对客体带有评价意义的叙述，叙述的内容包括个人对认知对象的了解、理解、相信、怀疑以及赞成或反对，等等。认知因素是行政价值观形成、发展的知识基础，是行政价值观有效发生作用的基础，在行政生活中，行政主体基于自身行政认知，会对具体行政思想、行政制度、行政行为等做出某种价值判断，特别是会对行政行为做出先与后、轻与重、缓与急等选择，从而表现出特定

---

① 李秀林、王于、李淮春：《辩证唯物主义和历史唯物主义原理》，中国人民大学出版社1995年版，第59页。

行政行为的倾向性特征。同时，由于认知的发展，行政主体也会不断调整、修正、完善自身价值观，会根据具体情况选择具体行为，使行政行为能够适应行政环境的变化而不断变化。

在行政生活中，"情"就是行政情感。行政情感是指个人对态度对象的情感体验，如尊敬与蔑视、同情与冷漠、喜欢与厌恶、友善与冷酷等。一般来说，人们往往偏爱于能够帮助自己达成目标的人、事、物，而对于阻碍自己达成目标的人、事、物则会产生排斥感。人是有感情的社会存在，情感因素对行政活动发挥着重要影响。在公共行政领域，行政情感主要表现在两方面：作为行政主体的人，其行政情感主要表现在对行政客体的态度上，这种态度往往内涵在其行为中，如体恤民情、回应民意、勤政廉政就是一种积极的行政情感，视民为草芥、惰政、堕落则是一种消极的行政情感。作为行政客体的人，其行政情感主要表现在对行政系统的态度上，在行政生活中，人们基于自身利益诉求和价值判断，会对行政系统产生某种感情，影响着自身对行政系统认同、理解、支持的程度，这种感情就是行政情感。情感文明是行政文化发展的内在要求。在行政生活中，主体感情因素往往影响到其行为的强度和效度，理性、健康、积极的情感能够促使主体投入更多的时间、精力，可以促使组织形成富有活力的氛围，促使行政活动更好地回应公共需求，更好地解决公共问题；反之，感性、低俗、消极的情感则导致主体情绪低下，思想松懈，行动乏力，还会传播扩散到他人，破坏组织发展的心理环境，影响组织的正常运行。比如，清官能吏往往能够深受老百姓爱戴，贪官污吏则往往为人所不齿；高效廉洁、公开透明的行政行为往往能够得到公众更多的支持，低效腐败、暗箱操作的行政行为则往往为公众所抨击。在行政活动中，情感要素对主体行为的力度、效度能够产生重要影响。积极的情感能够促使主体投入更多的时间、精力，可以促使组织形成富有生机与活力的组织氛围，促使行政活动更好地、更负责任地解决行政问题，进而形成积极向上、团结一心的社会环境，凝聚更多智慧和勇气共同解决公共问题；消极的情感则容易导致主体精神缺"钙"，情绪低下，行动乏力，这种不良情感还会传播扩散，影响组织中的其他成员，导致人心涣散，组织松散，丧失进取心、凝聚力和战斗力。

在行政活动中，"意"就是行政意向。意向因素是主体对客体的反应倾向或行为的准备状态，也就是主体准备对客体做出何种反应。意向要素是一种潜在的心理准备，能够深刻影响主体对行政问题的认知和对行政行为的选择。当主体在潜意识里认准了某一方案时，就会积极为该方案的实施创造条件，就能够争取更多资源来支持该方案的实施，方案顺利实施的可能性就会大大增加。反之，当主体潜意识里否认某一方案时，就会消极应付，敷衍了事，最终错失良机，方案顺利实施的可能性也就大打折扣。行政态度是指国家公务员在行政活动中对某些事物或工作的评价和行为倾向。[①] 行政态度是一种非常重要的行政意向，是行政主体对行政客体所持有的比较稳定的心理倾向，这种心理倾向蕴含着行政主体对行政活动的主观评价以及由此产生的行为倾向性。作为一种心理因素，行政态度深刻影响着行政主体的行为，决定着行政活动的强度和效度。公共权力主体在行政活动中，应该恪守公平、正义等基本价值理念，应该保持积极向上、乐观进取的工作态度，应该有效控制自身情绪、情感，尽力做到不受消极态度影响，保持正常的工作质量和良好的工作效率，也应该互帮互助，同心同德，求进取求发展，营造和谐的工作氛围，凝聚健康的组织文化。

行政意识是行政主体在行政活动中给人的直观印象，也就是人们能够直接感受到的行政价值观，是行政价值观的外表，即人们能够通过对行政主体"知""情""意"的感知，对其中所蕴含的行政价值观做出直接的判断。行政意识属于社会的精神生活领域，是对现实行政生活的反映。意识是人脑的机能，是客观事物在人脑中的主观映像。在行政生活中，人作为一种有意识的社会存在，不仅仅追求对行政生活真理的认识，也追求对行政生活价值的认识，因此，从行政意识角度看，行政价值观在指导行政生活的过程中，隐含着追求行政生活真善美的至上境界。

二 行政价值规范：行政价值观的骨架

行政价值规范是行政价值观诸要素中最为硬性的规定，是行政主体必须遵守的行为准则。行政规范就是通常所说的行政制度，是行政生活中约束人的行为、确定办事方法、规定工作程序的各种规章、条例、守则、程序、标准、办法等的总称，包括两个层级：成文的硬规范和不成文的软规范。不管是法律、法规、政策之类的硬规范，还是道德、习俗、礼仪之类的软规范，

[①] 蔡林慧：《行政态度的特质和表现》，《中国行政管理》2003年第12期。

都具有某种控制力，都是行政主体在社会生活中应该遵守的行为准则，或以国家强制力为后盾，或以社会舆论为后盾，或以自身信仰为后盾，违者就会受到惩罚——或受国家强制力的制裁，或受社会舆论的抨击，或受自身良心的谴责。在行政价值观结构中，行政规范是最为显性的要素，是行政活动中精神的力量转化为物质的力量的保障性因素，是行政价值观的骨架。

依法行政是现代社会的重要行政价值理念。完善的法律法规是依法行政的基础，有效的执行是依法行政的保障。法律法规是以国家强制力为后盾的社会规范，包括法律、行政法规、行政规章等具体内容。因产生主体、途径、适用范围等不同，它们对社会生活具有不同的约束力。法律是国家强制力的直接表现，行政作为国家意志的执行，必须以法律为基本准绳，必须在法律范围内活动。行政法规是最高国家行政机关按照一定程序制定的有关国家公共行政方面的规范性文件，其地位和效力低于宪法和法律。行政规章指中央人民政府相关部门以及地方政府（各省、自治区、直辖市的人民政府和省、自治区的人民政府所在地的市以及设区市的人民政府）根据宪法、法律和行政法规等制定和发布的规范性文件，包括部门行政规章和地方行政规章。与法律相比，行政法规、行政规章更加贴近行政生活，对行政活动的影响更为直接。

行政道德、行政习俗、行政礼仪是在人类社会行政生活中产生并积累下来的软规范，是对人具有潜在影响的深层精神要素，是作为行政主体的人行使行政权力、从事行政活动必须遵守的内在价值标准，也是作为行政客体的人评价行政行为、参与行政生活应该坚持的重要价值标准。行政道德是人们在行政生活中养成的合乎行为规范和准则的东西，是人类社会行政生活中的意识形态，是人们处理自身与工作对象之间、上级与下级之间、同事之间以及公私、得失等关系时，所应当遵循的基本原则。行政习俗就是人类社会在行政实践中形成并传承下来的风尚、礼节、习性。行政礼仪是行政生活中必须遵守的礼节和仪式，是人们由于生活习惯而共同遵守的仪式。

这些不成文的软规范与法律法规等成文的硬规范是有区别的。成文的硬规范是由立法机关、行政机关、司法机关等国家机构制定，由国家强制力保证执行的行为准则，体现统治阶级的意志，是阶级统治的工具。人们对成文的制度规范的遵守，往往基于国家暴力的强制力或者获取利益的内在驱动力，是"显形的手"在指挥着人的行为。而不成文的软规范是人类在长期的社会生活中形成的，通过文化传承方式积淀于心的内在约束，其实现本身不需要国家强制力，更多是依靠人的信仰和自觉。人们对非成文制度规范的遵守，往往基于自身认识、获取社会认可等内在诉求，往往排除了权力、利益等外在因素，是"隐形的手"在指挥着人的行为。

在行政活动中，不成文的行政价值规范是真正深入人心的要素，对行政主体的影响更为深刻。根据马斯洛的需要层次理论，人们对成文行政价值规范的遵守，往往是基于生理、安全等低层次需要的诉求，而对于非成文行政价值规范的遵守，更多体现了社交、尊重、自我实现等高层次需要的诉求。显然，对高层次需要的追求能够促使人们更自觉地投身行政实践活动，促进行政生活求真求善求美。"坚定不移推进反腐败斗争，不断实现不敢腐、不能腐、不想腐一体推进战略目标。"习近平总书记在十九届中央纪委五次全会上深刻阐明新形势下反腐败斗争的新任务、新要求，为深入推进党风廉政建设和反腐败斗争指明了实践方向。坚定不移推进反腐败斗争中，"不想腐"肯定比"不敢腐""不能腐"更有效，而"不想腐"更多依赖权力主体内心深处对于社会主义核心价值观、对于共产党党员标准、对于为人民服务等价值观的信仰和对"路漫漫其修远兮，吾将上下而求索""居庙堂之高则忧其民，处江湖之远则忧其君""先天下之忧而忧，后天下之乐而乐""重义轻利""当官不为民做主，不如回家卖红薯""公生明，廉生威""民贵君轻""文官不贪财，武官不怕死"等优秀传统文化的认同，是一种自觉的道德自律、一种高尚的道德操守。"天网恢恢，疏而不漏""莫伸手，伸手必被捉""人在做，天在看""天知地知你知我知"的畏惧感，则是一种基于不良后果考虑的被动自觉，但这依赖于制度的健全和监督体系的完善，一旦制度的某个方面存在漏洞或者打开缺口，就会滋生"侵欲无厌，规求无度""一人得道，鸡犬升天""三年清知府，十万雪花银"的腐败。

三 行政价值理想：行政价值观的内核

理想是超越现实，对未来美好愿景和远大价值目标的自觉追求，是超越自我、塑造自我、发展自我、面向未来、努力实现更高价值的自我意识。[①] 行

---

① 王玉樑：《理想、信念、信仰在价值观中的地位及其意义》，《光明日报》2000年9月19日第B3版。

政价值理想是行政主体基于自身行政认知而对行政生活未来发展方向、发展状态的主观把握，是行政主体在头脑中勾勒的关于行政生活真善美的状态。行政价值理想是信心、信念、信仰有机组成的整体。在行政价值观结构中，行政价值理想是主体反映自我价值关系、价值追求并努力实现更高价值的精神力量，是行政价值观的内核。三者相辅相成，共同凝聚成行政价值观最深层次的内在结构：信心是信念的基础，信念又是信仰的基础，信仰是在信心、信念的基础上设计的远大目标体系。

信心是主体相信自己的愿望、预期一定能够实现的心理。在行政活动中，行政主体的信心是以特定的行政认知为基础的。行政主体基于对行政实践活动中主客观条件的认知，能够做出行政活动可行性、有效性的分析，决定行政活动的方向与方式，进而决定具体行政行为的力度与效度。信心是主体认识世界、改造世界的重要精神力量，行政主体的信心对行政理想具有直接影响：一方面，行政主体的信心能够影响行政理想的树立，信心意味着希望，能够促使行政主体不断发挥主观能动性，立足现实行政环境提供的可能，结合自身对行政环境发展趋势的判断，树立高于现实又有实现可能的行政价值理想，从而使行政实践活动在理想与现实之间找到合理的平衡点；另一方面，行政主体的信心能够影响行政理想的实现程度，信心是有效行动的精神动力，能够促使主体以饱满的热情、十足的干劲去攻坚克难，从而拉近理想与现实的距离，并使行政主体在行政实践中，不断解决问题，不断实现行政价值理想，并结合自身对具体行政环境的认知，不断树立新的理想，促使行政活动深入展开。

信念就是行政主体对行政活动特定思想、制度、行为、目标、结果等深信不疑的精神状态。信念是主观的，强调的是情感的色彩和意志的坚定性。在行政生活中，信念是以信赖的感情为基础的。行政信念的产生主要源于主体对特定事物的把握感，是主体对特定行政观念相信的状态及其程度，当然，这种把握感和信任度需要依赖于主体经验、知识的积累。通过行政实践，人们能够体验怎样想、怎样做就有益、就有效，在此基础上，就会形成稳定的思想和行为模式。行政价值信念是基于行政实践而做出的价值判断和推论，即人们在行政实践活动中认为"应当"抱有何种态度和"应当"采取何种行动。这种"应当"实际上就是人们对行政生活应然状态的期望及达到这种状态的信心，更多体现了行政主体对于行政生活真、善、美的向往与追求，正因为有这种向往与追求，行政主体才会在行政生活中投入情感，选择行为，实现价值，从而推动行政实践活动不断深入；也因为有这种向往与追求，行政主体才会理性审视自身行为的价值，才会有发现公共问题、面对公共问题、解决公共问题的动力。当全社会大多数人都持相近或者相似的行政信念时，社会各界就会空前团结，行政系统就能更加高效、有序地运行。信念的主体可以以个体、群体、组织和社会的形式存在。个体的信念往往区别于群体、组织、社会信念，个人在经验事实中可能会形成某种信念，这种信念如果与集体信念（包括群体信念、组织信念、社会信念等）相冲突的话，就是一种不良信念，是需要破除的。个人信念应该服从、服务于集体信念。个人信念是直接源于经验事实的，是一种不稳定、不成型的信念，是可以加以塑造、发生改变的。但是，如果集体信念长期得不到重视，个人信念就会不断在人们的意识中沉积下来，并外显为一种行为习惯，进而影响到其他个体。在现实行政实践中，这种现象时有发生。中国传统文化中，"千里之堤毁于蚁穴"、"勿以恶小而为之，勿以善小而不为"、防微杜渐、防患于未然等正是对个人不良信念长期沉积可能导致的不良后果的深刻认识。

  信仰是指主体将自己极度相信、尊敬的某种主张、主义、思想奉为自己的行为准则，而这种主张、主义、思想统称为主体的信仰。信仰赋予规则以自律的力量，是人对自身行为进行道德选择的坐标指向。行政信仰是行政主体对于行政活动所要达到的目标、所要取得成绩的极度相信，是人们所表示出的对行政理想的认同和确信，同时，行政信仰更是主体思想的殿堂、情感的皈依、精神的家园，是行政主体最高价值追求的表现。在现实生活中，人们信仰的对象往往也是其崇拜的对象。人的知识、能力总是有限的，但人总希望对自身的有限性进行超越，信仰就是为了超越现实、弥补人自身有限性而生的。信仰作为一种精神力量，是弥补人类已知和未知、有限和无限之间矛盾的重要精神寄托。在行政价值观领域，行政价值信仰更加注重求真务实。比如，坚定马克思主义信仰是当代中国的重要行政价值观，"马克思主义"是一个涵盖面十分宽广的体系，具体到公共行政领域，就是要求公共行政主体运用马克思主义的世界观和方法论，提升思想，净化灵魂，完善方法，更好地解决公共问题，更好地提高公共管理绩效水平。行政信仰是一种法律信仰，行政主体作为公共权力的行使者，作为公共利益的权威性配置者，其言行举止具有很强的示范效应，应该在法律范围内活动，依法行政，真正将权力装进制度的笼子。行政信仰在一定程度上也是一种对民主的信仰，民主就是人民当家作主，行政主体应该坚持为人民服务这一基本价值准则，不断回应人民群众的诉求，有效满足人民群众的需要，自觉接受人民群众的监督，真正做到权为民所用、情为民所系、利为民所谋，切实提高公共行政的民主化、科学化水平。

理想是人对未来事物的美好想象和希望，是人最高的、终极的精神追求。"理想是人们超越现实、超越自我、追求未来远大价值目标的高度自觉的自我意识，是对经过预测而设计的人们为之而奋斗的未来最完美的远大价值目标体系或模型。"① 理想对人的思想和行为具有很强的引导作用，心有多大，舞台就有多大，人们树立了某种理想，就会将其作为自己的目标导向，将其当成一种价值尺度和行动指南，进而激发自身不断坚守这种价值尺度、采取这种行动的精神动力。理想作为一种精神现象，是人类社会实践活动的产物。在改造主客观世界的过程中，人们既追求眼前的生产生活目标，又憧憬未来的生产生活目标，既渴望眼前的物质和精神需求得以满足，又期盼未来的物质和精神需求能够得以满足。对现状永不满足、对未来不懈追求，是理想形成的动力源泉。因此，理想是人们在实践中形成的、有可能实现的、对未来社会和自身发展的向往与追求，是人们的世界观、人生观和价值观在奋斗目标上的集中体现。理想是一个多层次的系统，不同层次的理想追求为不同层次的价值观的形成奠定了基础。求真、求善、求美是人们对美好行政生活的向往与追求，行政价值理想要真正发挥其精神力量的作用，就需要找到其现实载体。2021年4月25日至27日，习近平总书记在广西考察时指出："革命理想高于天，理想信念之火一经点燃就会产生巨大的精神力量。"《中共中央关于党的百年奋斗重大成就和历史经验的决议》明确指出："马克思主义信仰、共产主义远大理想、中国特色社会主义共同理想，是中国共产党人的精神支柱和政治灵魂，也是保持党的团结统一的思想基础。""党提出和贯彻新时代党的组织路线，明确信念坚定、为民服务、勤政务实、敢于担当、清正廉洁的新时代好干部标准，突出政治素质要求、树立正确用人导向，坚持德才兼备、以德为先。"这对于公共行政主体解决好世界观、人生观、价值观这个"总开关"问题具有决定性作用。共产主义理想是当代中国行政价值观的

---

① 王玉樑：《论理想、信念、信仰和价值观》，《东岳论丛》2001年第4期。

终极目标追求，但这种理想只有体现在具体行政行为中，才能成为推动行政改革和行政发展的重要精神力量，在现实行政生活中，需要提升为"富强、民主、文明、和谐"的社会主义现代化国家建设蓝图，需要落实为"自由、平等、公正、法治"的美好社会发展蓝图，需要内化为"爱国、敬业、诚信、友善"的公民基本道德规范。

第二节 行政价值观的功能

功能是对象能够满足某种需求的一种属性。行政价值观是由多层次的结构组成的复杂体系，是由不同层面的要素有机组合而成整体。"行政价值观作为一整套评价体系和行为模式，对行政生活有着极为重要的作用。它不仅影响行政效能的发挥、行政机制的完善，而且直接影响着行政活动的成败。"[1] 行政价值观的功能和意义主要体现在能够对社会利益进行整合，对价值主体的人格进行塑造，对行政生活中人的思想、行为、精神、情感、言论等进行约束、引导、凝聚。

一 利益整合功能

利益、公共利益、利益关系是公共行政过程必须考虑的重要因素，公共行政能够对公共利益配置产生重要影响。"由于行政价值观是其内在的价值选择与判断，且主要是从利益得失的视角来分析行为的方向、力度与效果，因此行政价值观将通过利益判断来约束其行为，同时价值评价机制主要是对利益预期的评价，进而约束其利益追求的动机、思想、行为。"[2] 价值判断是价值选择的前提，没有做好价值判断，价值选择就无法实现。当然，如果仅仅只有价值判断却没有价值选择，一样是毫无意义的。在行政生活中，抽象的"价值"要有效发挥作用，就必须有其现实载体，这个载体就是"利益"。所谓的价值判断就是指帮助人们对一定的事物或对象做出其是否能够满足人的需要的评价，也即是否符合人的利益需求。人的利益需求可以做出合理与不合理、理性与非理性、合法与不合法等多种界定，对人的利益需求的合理界

---

[1] 张美坤：《行政价值观的结构与功能》，《社会科学辑刊》1995年第3期。
[2] 柴世钦：《行政价值观的结构与臻善》，《求索》2009年第12期。

定是公共行政配置公共利益的前提和基础，公共权力主体在价值判断与价值选择中，满足个人合理、合法利益需求和不损害他人合理、合法利益需求就显得尤为重要。

行政价值观具有一系列的原则、标准和规范体系，它能够促使行政主体按照行政价值观的基本要求和原则选择公共行政行为，解决公共行政问题，并有效协调公共行政过程中出现的政府间、部门间、政府与第三方间的利益关系，约束假公济私、谋取私利的行为，促使行政主体真正贯彻全心全意为人民服务的宗旨，为国家和人民谋取最大利益。

在公共行政领域，利益整合是指公共权力主体为实现公共利益，对不同利益主体的利益诉求进行确认、选择和综合的功能，是公共权力调整社会利益关系、实现公共利益、促进社会和谐稳定的重要途径。利益整合需要以行政价值观为指导，即公共权力主体在对公共利益进行确认、选择和综合的过程中，需要明确公共利益分配的基本导向，需要在公平、正义、效率、效益等多元价值取向之间找到合理的平衡点。

利益整合是主体通过多种方式，在保证各群体利益的基础上，使群体的各组成部分以及不同群体合理、有序的组合起来，构成一个利益共同体，以达到社会利益结构的整体平衡。公共行政利益整合就是把各种利益诉求转变为重大政策选择和行为取舍的功能，是把不同主体的利益诉求注入公共行政过程并取得相关政治资源支持的过程。"各种利益要求得到大量政治资源的支持，就转变成重大的政策选择……要使各种利益要求成为真正的政策选择，必须得到一种政治体系中能够起决定作用的资源的充分支持。"①

公共行政的利益表达是多个主体以多种的方式实现的。在公共行政中，各利益主体都可能面临其他主体的竞争，其要求成功与否，取决于公共权力主体对公共利益配置途径的安排与配置方式的选择。在利益表达的基础上，公共权力主体还要以一定的方式在利益取向、利益标准、利益解释等方面进行整合，以使各种利益诉求转换为一致或较为一致的行为选择。为有效整合不同利益主体的利益，维护公共权威，就必须充分发挥行政价值观的利益整合功能，通过行政系统的导向，让不同利益主体找准个人利益、共同利益、

---

① ［美］加布里埃尔·A. 阿尔蒙德、小G. 宾厄姆·鲍威尔：《比较政治学：体系、过程和政策》，曹沛霖等译，上海译文出版社1987年版，第233页。

公共利益与国家利益、当前利益与长远利益、局部利益与全局利益、合法利益与合理利益等的合理契合点，从而有效化解社会利益矛盾，实现社会利益格局的整体平衡。

公共权力主体在政治法理上可视为公众委托管理社会公共事务的机构，为公共利益服务是公共行政的出发点和归宿，公共利益至上是现代政府应该坚持的基本行政价值观。在现实行政生活中，政府所能支配的公共资源总是有限的，而民众的利益诉求是不断发展的，这之间的矛盾为行政价值观利益整合功能的发挥提供了空间。在公共行政过程中，不同利益主体为追求自身利益的满足，都会通过积极的行政参与，对公共行政过程施加影响。公共权力主体为增强自身合法性基础，就必须认真平衡不同利益主体的需要，使社会不至于在利益冲突中陷入无序状态，其基本途径就在坚持公平、正义、效益等行政价值观的基础上，对社会资源进行有效配置方式，保持社会利益格局的动态平衡。

二 行为引导功能

行政价值观是行政主体在行政生活中遵从的价值观念和规范体系，是行政主体的行为准则和评价尺度，具有特殊的行为引导功能。"行政价值观体现着公共行政主体的价值取向，是公共行政主体行政行为的出发点和归宿，决定并制约着行政主体的欲望和行为方向。"[1] 行政价值观的行为引导功能不仅包括对正确行为的引导，也包括对错误行为的纠正。"不同的行政价值观念，往往会基于不同的行政主体需要，表现出不同的行政价值目标，产生不同的期望。不同的行政主体出于不同的需要、追求，其行政活动往往表现出不同的性质和特色。"[2] 行政主体的不同需要以及不同的价值观念决定其在具体行政事务上会采取的不同行为，而基于这些需要和观念上的行为可能是正向的，也可能是负向的。行政价值观与行政行为往往具有某种对应关系。行政价值观会指导行政主体做出价值判断和价值选择，而价值选择本身意味着定向，不然选择就没有意义。价值判断和价值选择是影响价值目标和价值追求的重要因素，价值目标和价值追求又是影响行政主体在行政事务中对行政对象、

---

[1] 梁丽芝、彭海军：《行政价值观对公务员创新的影响研究》，《湖北社会科学》2007年第12期。

[2] 颜佳华：《行政哲学研究》，湘潭大学出版社2009年版，第198页。

行政手段、行政方法、行政结果等进行选择的重要依据,在这一过程中,行政价值观的行为引导功能得以充分体现。行政主体具有正确的行政价值观,会促使其做出正确的行政行为,在行政活动中约束和规范追求自身非法利益需求的动机和目的,从而真正为人民群众谋取利益,从而切实保障人民群众的权益。这样的行为会提升行政主体的整体素质和形象,会得到人民群众更多的理解和支持。正确行政价值观的行为指引功能还在于促使行政主体明白"应该怎么做""不应该怎么做""应该做到什么程度",从而使行政主体的价值确立、行为选择方向更明、动力更足。行政主体在行政活动中能够恪守全心全意为人民服务的根本宗旨,切实保障人民群众的根本利益,维护好、发展好、实现好人民群众的合法权益。

行政价值观的行为引导功能主要表现为以下三个方面:一是引导行政价值目标的设定。在行政生活中,行政价值观作用的真正发挥,关键在于行政价值目标是否符合社会发展要求,即是否具有可行性。正确的行政价值观符合整个社会的价值评价标准和价值目标,能够指导行政价值目标的构建,使行政价值目标更好地契合社会需求,更好地应对社会公共问题。二是引导行政价值标准的制定。正确的行政价值观会为行政主体提供合理的行政价值标准,使行政主体能够在行政活动中按照统一的价值标准去处理行政事务,使行政系统具有统一的意志和行为,确保行政行为的高效、统一。三是引导行政主体言行标准的确立。正确的行政价值观能够指导行政主体合理定位自身职责,有效规范自身言行,克己奉公,大公无私,从而在全社会树立良好的榜样,营造公共行政良性发展的社会环境。

三 人格塑造功能

行政价值观的人格塑造功能"首先表现在它对行政主体人格结构的影响上,有什么样的行政价值观念,就会有什么样的人格取向"[1]。行政价值观是行政主体在行政活动中需要遵守的规范体系和评价标准,是行政主体在行政活动中提升思想、规范行为、塑造人格的重要依靠。行政价值观能够深刻影响行政主体的人格塑造,有什么样的行政价值观,就会有什么样的人格取向。行政价值观影响着行政主体的行政价值观念、行政价值意识、行政价值认知,

---

[1] 颜佳华:《行政哲学研究》,湘潭大学出版社2009年版,第198页。

而这些观念、意识、认知都会体现在行政主体的行政实践活动中,并逐渐形成一种文化常态,逐渐凝练为隐形的行政原则。在这样的文化与原则的作用下,行政主体的人格就会逐渐定型,行政价值观对行政主体的人格塑造功能也就得以有效发挥。行政文化是行政价值观念的母体。"一定的价值观总是通过文化表现出来,而一定的文化总是内含一定的价值观。"[①] 行政文化作为行政主体在行政活动中实现行政价值目标和本质要求的行为规范和观念的精神浓缩,体现了行政主体在行政活动中的价值选择和价值判断,囊括了行政主体的行政观念、行政意识、行政思想、行政理想、行政道德、行政心理、行政原则、行政价值、行政传统等精神要素。行政文化能够使行政主体在行政活动中明确价值目标、确立价值原则,能够让行政主体明确可以做什么,应该做什么,应该做到什么程度。行政文化的人格塑造功能一般是通过对行政组织和行政人员作风的改造实现的,通过这一过程,行政主体能够在潜移默化的行政文化影响中自觉对自身人格、形象等进行反思,促使行政主体的人格取向能与行政价值观相符。

  行政价值观对行政主体人格塑造的功能一般通过以下三个途径来实现:一是价值观思想灌输。通过运用思想教育、政治学习等方式将先进的行政价值观念渗透到行政主体内心深处,提升其思想水平。对行政主体进行思想政治教育是一种常见的行政人格塑造方式。行政主体通过对行政价值观的深入认识,对行政活动中应该遵循的行政价值观进行直观感受,能够使其在行政活动中做出正确的价值判断和价值选择,从而能够影响其人格取向,进而塑造其行政人格。二是制度规范约束。行政价值观是行政主体行使公共权力、履行公共责任的行为准则和评价体系。行政规范是行政价值观的内在结构要素。行政规范把行政主体应该具备的相关价值观念外化为规章制度,这是行政主体在行政活动中必须遵守的,也是保证行政价值目标得以实现的制度基础。系统的、完善的行政规范能够使行政主体增强对行政价值观的认同程度,从而恪守行政原则,履行行政义务,完善行政人格。三是榜样示范。通过树立标杆,将美好行政人格树立为行政主体的榜样,充分发挥榜样的示范力量,引导行政主体求善求美,进一步完善行政人格。

[①] 王惠岩:《行政管理学》,吉林大学出版社 1996 年版,第 113 页。

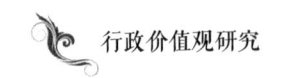

四 精神凝聚功能

行政价值观是行政主体在行政活动中对行政客体所采取的行政思想、行政观念和行政行为方式的综合形式，能够将行政主体的思想、观念、意志等精神要素凝聚在一起，形成推动行政实践活动有效开展的强大力量。行政价值观一旦进入主体头脑，就能对主体的言行产生影响，促使主体在行政生活中不断发现公共问题，不断解决公共问题，主体在行政生活中，又会不断验证、评价自身行政价值观的科学性、可行性程度，不断完善自身对行政价值的观念体系，不断将行之有效的行政价值观念内化到自身头脑，不断摒弃自身头脑中过时的、落后的价值观念，从而使自身行政价值观凝聚更多智慧，臻于完善。这一吐故纳新的过程也是行政主体价值认同的过程，可以把人心、智慧、力量内化为一种更先进、更有效的行政价值观，"它在个体心中内化，构成每一个个体的心理定势，使人们在现实生活过程中，以它为尺度去量度、评判、裁定现实事物和现象，审视实际生活"[①]。行政价值观将行政主体在行政活动中的言行举止与人民群众的期望相对照，促使行政主体对行政生活中的具体事务好与坏、善与恶、美与丑等进行价值判断，进而表现出相应的行为反应和情绪体验。经过这一过程，行政价值观就会更加有效地作用于行政生活，使行政主体的思想和行为保持一致，使公共行政系统更能发挥感召力和凝聚力。从心理学的角度看，人都有一种趋同心理，即希望与多数人的思想观念保持一致，这也是少数服从多数原则得以实现的心理基础。正因为人的趋同心理，一旦某种行政价值观念为多数人所接受并付诸实践，那么就会有更多人认同这种价值观念，这种价值观念就会提升为全社会认同的行为标准。同时，通过榜样的示范作用，使正确的行政价值观成为一种精神食粮，将多种价值观念凝聚在一起，使之相互作用，取长补短，吐故纳新，臻于至善。

行政价值观的精神凝聚功能的有效实现通常需要以下几个辅助因素：一是价值认同。行政主体对某一价值关系具有相同的价值观念是行政主体精神要素得以凝聚起来的前提条件。价值认同意味着行政主体在思想观念上对某

---

① 黄进：《价值冲突与精神皈依：社会转型期新生代农民工价值观研究》，南京师范大学出版社2010年版，第38页。

一事物达成共识，这样的共识能够促使主体形成共同的理想信念、采取相似的行为、树立一致的目标。二是人格感召。人格感召在行政主体的精神凝聚过程中发挥着重要作用。榜样人格的示范给他人树立了一种理想人格，能够引导人们更好地认识自身在行政生活中的地位与作用、权利与义务，从而做自己该做的、能做的事，确保公共行政体系有效运行，确保公共行政目标有效实现。三是培训学习。通过对主体进行政治、道德、文化、思想等方面的培训、学习，使先进的行政价值观念深入人心，全面提升主体对行政价值观的认同、理解、支持程度，进而凝聚社会共识，构筑全社会共同的理想和精神支柱。

第三节　行政价值观结构与功能的统一

功能与结构具有天生的内在联系。"事物的内容总是和一定的结构相联系的，而一定的结构又具有一定的功能。"[1] 从哲学的角度看，事物是普遍联系的，任何事物都是由不同要素按照一定的秩序结构而成的系统，而系统的结构又从根本上决定了其功能。结构是"系统内部各组成要素之间在时空方面的有机联系与相互作用的方式或排列组合的顺序"[2]。功能是指具有一定结构的物质系统对其他系统发生作用或影响的能力。行政价值观的结构与功能相辅相成，既对立又统一。

一　结构决定功能

根据系统论的观点，要素组成结构，结构决定功能，功能反作用于结构，物质系统有什么样的结构，就会有与之相适应的功能。事物的结构制约着、规定着其功能的性质和水平，也制约着、规定着功能有效作用的范围和程度。事物的结构发生变化，其功能也会随之变化。行政价值观具有多层次、多角度的复杂结构，这决定了行政价值观也具有多方位、多角度的功能，行政价值观功能的充分发挥，又能够推动其结构的进一步完善。

（一）行政价值观的结构决定行政价值观功能的作用层次

行政价值观是一种具有特定结构的观念存在，也同样发挥着特定的功能，

---

[1] 何怀远：《马克思主义哲学教程》，国防大学出版社1998年版，第152页。
[2] 吴勤堂、吴义：《管理学》，武汉大学出版社2010年版，第50页。

体现出特定功能的性质。行政价值观由行政准则层面的价值观、道德操守层面的价值观与理想追求层面的价值观相互联系、相互作用而成。不同层面的价值观发挥着不同的功能。行为准则层面的行政价值观限制和约束着行政主体在行政活动中所采取和使用的行政方式、行政手段和行政行为。道德操守层面的行政价值观通过道德操守潜移默化的作用影响行政主体的道德观念,使其在行政活动中坚守社会的公序良俗。理想追求层面的价值观是行政主体对理想信仰的看法以及对追求理想目标的方式、方法、态度的选择与判断,能够促使行政主体用正确的方式和途径就进行行为选择。

(二) 行政价值观的结构决定行政价值观功能的范围

功能可以分为以下几种:"'元功能'——一个要素在孤立状态下不依赖整体而具有的功能。'本功能'——系统内各个要素'元功能'的机械和。'构功能'——由系统的结构所形成的功能。"① "不同功能的事物是由不同性质的要素构成的,所以事物的功能首先取决于组成该事物的要素之性质。在元功能和其他情况不变的情况下,事物的功能又会随着构成事物的要素的数量的增减而发生变化。"② 上述所说的是"元功能"与"本功能"的关系,然而"构功能"并不是单纯的"本功能"之和,它是事物内部各要素相互作用、有机结合而产生的功能,是比"本功能"更强的功能。三种功能由于事物内部各要素的性质、数量和结构方式不一样而显现出不同的功能作用。由于事物的结构是事物存在和发展的基础和前提,因此,结构直接决定功能的范围大小。元功能与本功能是由组成事物的各个要素的性质和数量多少来决定功能的大小,而事物的结构是由各要素在性质、数量的基础上通过不同的结合方式而形成的整体,这意味着形成的整体在性质上会发生改变,在功能上也具有"1+1>2"的特点。一般而言,该功能对事物的影响要通过构功能表现出来,构功能的作用范围比其他两者要大得多。

行政价值观由行政价值原则、行政价值规范、行政价值理想三个层面的要素有机结合而成,其作用范围比三种要素各自的作用范围要大得多。行政价值观具有多层次的复杂结构,它包含了行政主体在行政行为、道德操守以及理想追求层面所应该遵循的价值观念,"犹如'灵魂'渗入行政活动的各个

---

① 李国士:《智慧与超越:哲学对话与心得》,陕西师范大学出版社1997年版,第74页。
② 徐朝旭、陈宣明:《哲学基本原理》,福建教育出版社1997年版,第185页。

层面，指导和规范行政活动，使行政活动各环节、各要素相互协调统一，发挥出良好的整体功能"[1]。行政意识层面的价值观是人们对行政生活直观印象的价值观要素。行为准则层面的价值观是指导和控制主体行为选择的制度要素。理想追求层面的价值观是体现人们对行政生活高层次目标追求的价值观念。这三者及其功能如同行政价值观的组成要素及其发挥出的元功能与本功能，而由三者结构而成的整个行政价值观是一种构功能，它最终决定行政价值观的功能性质和水平，决定功能的范围与大小。行政价值观整合了行政意识、行政准则与行政理想层面的不同观念要素，这些要素在不同的层面影响人们在行政活动中的价值选择与价值判断，影响着人们在行政生活中的思想和行为。

（三）行政价值观的结构决定行政价值观功能的效果

由于系统的结构决定系统的功能，系统的结构发生改变必定会使系统的功能发生变化，同时也会使系统功能的作用效果发生相应变化。即使在系统的组成要素没有发生变化的情况下，通过调整系统要素的组成顺序也会造成系统功能的变化，从而影响系统功能效果的好坏。因此，对于某一种事物来说，如果它的结构或者组成结构的各个要素的组成形式发生变化，它的性能也会发生变化，进而影响到其功能的变化。

行政价值观的结构同样也是由各种要素以一定的方式排列组合而成的，各要素按一定的秩序与规则形成各种相互关系和相互作用，这种普遍的、稳定的相互关系和相互作用使行政价值观的结构也具有一定的稳定性特征。在这样的结构下形成的功能也具有一定的稳定性特征。行政价值观的结构之所以决定行政价值观功能的效果，是因为行政价值观结构一旦形成，形成结构的各要素及其组合方式也就会确定下来，这种稳定的结构决定了其功能也会保持某种稳定状态。行政价值原则、行政价值规范、行政价值理想等层面的价值观分别是行政价值观在某一层次的具体价值观念，它们发挥的功能及其效果也主要在这一层面。"如果说，系统的每一个要素或构件，都趋向使由这些要素或构件整合成的系统，具有某种功能的话，那么，结构便是使这些要素和构件的功能，通过系统整体功能得以有效发挥的中介和纽带。"[2] 因此，

---

[1] 颜佳华：《行政哲学研究》，湘潭大学出版社2009年版，第199页。
[2] 司汉武、付朝荣：《结构与功能的哲学考察》，《汉中师范学院学报》2000年第4期。

如果系统的构功能无法得到发挥,那么系统的功能及其效果也得不到体现。也就是说,行政价值观作为一种思想观念上的系统,其结构决定了其功能的发挥及其效果。

二 功能反作用于结构

结构与功能的关系是双向的、互动的。在特定行政环境中,行政价值观功能的有效发挥,会对行政结构提出相应要求,也就是说,随着行政环境的变化,行政价值观作用于行政生活的外部条件也发生了变化,这必然会要求行政价值观自身根据外部条件的变化而调整自身内部要素的组织形式、作用方式,从而使自身适应行政生活的要求。

(一)保持行政价值观的正常功能是保持行政价值观结构稳定的基本要求

行政价值观是动态发展的,其发展的活力来源于实践,行政价值观在作用于行政生活的过程中,会根据行政环境的变化,不断优化自身内部结构,使自身更加适合行政环境的要求,从而获得持久的生命力,更好地解决公共问题。否则,行政价值观的功能就得不到正常发挥,行政价值观也就与实践脱节了。例如,如果行政价值观行为准则层面的功能得不到正常发挥,那么行政主体就会对价值规范层面的价值观念持轻视甚至忽视态度,它在整个行政价值观体系中扮演的作用也会随之减弱,该要素在整个结构体系中的地位就会降低,行政价值观结构体系的稳定性程度就会降低。

保持行政价值观的功能,正常发挥其不同层面的功能,是保持行政价值观结构稳定性的内在要求。这要求我们在行政活动中,充分发挥行政价值观的功能,使之真正成为行政生活的精神指导。一些党员领导干部贪腐堕落,非常重要的原因就是他们没有树立正确的价值观或者行政价值观的功能在他们身上未能得到正常的发挥,以至于把个人的利益凌驾于集体利益、国家的利益之上。

(二)行政价值观功能优化能够推动行政价值观结构完善

行政价值观功能要有效发挥,就必须与外界的环境进行物质、信息、能量交换。在这一过程中,行政价值观的功能会影响其结构的稳定性。"结构的稳定性控制着功能的大小、强弱、功率高低和变化程度;反之,功能在环境协同下,所具有的多样性、活跃性又反过来影响了结构的稳定性、甚至冲破了原有结构的控制与束缚,从而使旧事物转化为新事物。"①

行政价值观功能优化对其结构完善的影响主要体现在三方面:一是由于行政价值观的功能具有多样性、活跃性,其结构就会由于功能的改变而进行适当的调整以达到预期的效果。这就好比生物体在外界环境的影响下,其机体会随着环境的改变而发生改变。"物竞天择,适者生存"正是说明生物体在环境发生改变情况下,其机体功能也会发生变化以适应环境要求,从而引起生物体本身组织或机体的变化,并将这些适应环境而做出的改变遗传下来,使物种能够得以继续生存。同样,行政价值观功能的发展也影响其结构的优化。二是行政价值观在行政活动中发挥着越来越重要的作用,对行政主体的约束和控制能力越来越强,在有些具体行政活动中甚至会有着决定性的作用。三是行政环境的变化更加需要行政价值观对主体的价值判断与价值选择做出正确的指导。随着行政环境的变化,行政价值观的功能也会随之不断优化。

(三) 行政价值观功能弱化往往会导致行政价值观结构僵化

行政价值观功能能否正常发挥以及发挥的效果受制于行政环境。"系统为了适应环境的变化而要不断地调整所处的状态,这是通过改变功能来实现的。功能的改变也会影响到系统内部各要素之间的关系,从而反作用于结构。"②系统为了适应环境的改变会对功能进行调整,势必会带来系统部分功能的退化、弱化,这些变化会影响到系统部分结构要素的退化甚至消失。当某一系统的功能消退时,该系统内部的组成要素会随着发生变化,先前所按照一定规律和相互作用力而形成的要素之间稳定的关系会被打乱,从而使系统结构的某部分消失。20 世纪 80 年代兴起的改革政府热潮,正是由于政府在新政治经济环境下,政府的功能得不到有效发挥,官僚主义的弊端越来越暴露出来,为了提升政府的工作效率,保持政府功能的有效发挥,西方国家开始行对政体制进行改革,"它一方面涉及到政治权力机关和行政执行机关的决策权分配,另一方面涉及到行政体制内部各级机构之间的决策权分配"③。这样的调整使政府机构的功能也随之改变,政治权力机关的功能以及上级机构的权力较以前明显减小,它们的控制功能也在一定程度上弱化了,在这样的情况下

---

① 康振黄:《自然辩证法概论》,成都科技大学出版社 1987 年版,第 376 页。
② 杨德才:《自然辩证法导论》,湖北人民出版社 2002 年版,第 74 页。
③ 吴佩伦、齐明山:《当代西方行政改革的理论与实践》,改革出版社 1993 年版,第 184 页。

机构组织也发生了改变，政治权力机关和上级机构的结构得到了简化，部分机构由于权力的下放而消失。

三 行政价值观结构与功能有机统一于行政实践中

"系统的结构与功能是使得系统既不同于组成系统的要素、又不同于各部分简单相加的聚结体的两个重要侧面。"[①] 行政价值观的结构决定其功能，行政价值观的功能反作用于其结构，两者的辩证统一关系推动了行政价值观的发展。行政价值观的结构与功能并不是相互独立的两个体系，而是有机统一于行政实践中，在行政实践中发挥着重要的作用。

（一）行政价值观的结构与功能有机统一于行政计划活动中

计划活动是行政活动的起点。行政计划是为了实现公共行政的目标而对公共行政事务进行的有前瞻性、意识性的活动，是为了在行政活动中控制总体的趋势和变化的规律，使行政活动能够保持预期的目标。在公共行政过程中，计划通过对实现行政目标的各项资源进行整合和分配，使财力、物力、人力等得到合理的安排，为实现行政目标创造良好条件。计划虽然是一种意识性的活动，以其主导性、战略性、总体性、长远性、制约性和可行性等特性对行政实践活动产生持久的影响，贯穿于行政实践的始终，并将行政认识与行政实践结合起来，通过制定公共政策、选择行政行为作为行政实践的目标和依据。

行政价值观对行政主体制订行政计划有着直接的影响。一是行政价值观影响行政主体在制订行政计划时对行政目标的价值判断与价值选择，从而影响整个行政实践活动的发展。行政价值观的结构和功能作为行政价值观存在的表现方式，对行政主体制订行政计划有着直接的影响。二是树立正确的行政价值观是做出正确合理行政计划的前提。行政计划是一种意识性的活动，行政实践目标和行政实践方案是抽象的。行政计划很容易受到内外界因素的影响，正确的行政价值观能使行政主体在制订行政计划时摒除私心杂念，对自己的行为和私利欲求进行制约，从而制定出保障和谋取全体人民利益的正确的行政计划。

---

① 冯契：《马克思主义原理教程》，上海人民出版社1988年版，第443页。

（二）行政价值观的结构与功能有机统一于行政组织活动中

行政组织活动是指行政主体在确立行政实践目标之后对各项行政资源（人力、物力、财力等）进行安排和组织，以调动各方力量实现行政目标的活动。行政组织活动对于实现行政目标具有关键的作用，它对资源的合理分配直接影响整个行政实践过程，影响整个行政目标是否能够得到有效实现。在行政组织活动中，行政主体直接面对利益博弈取舍的现实，面对理智与非理智行为的判断与选择，必须与来自本身和外界的不良思想意识进行斗争。因此，优化行政价值观的结构与功能，充分发挥行政价值观中先进的、积极的因素的价值，是保证主体先进性的重要途径。

行政价值观包括了行政意识、行政规范、行政理想等不同层面的价值观念，这些层面的价值观念囊括了行政主体思想、行为、意志、情感、信仰、理想等多方面的价值选择与价值判断，对行政主体发挥着约束、控制、监督等重要功能。这样的结构与功能使行政主体在行政组织活动中避免错误的价值判断与价值选择，保证行政主体在安排机构与人员、人力与物力、权力与责任时能够公平公正，做出正确的价值选择与行为举止，不至于在利益面前失去分寸，动摇了自己的基本原则。

行政价值观的结构与功能有机统一于行政组织活动中，多层次的结构体系涵盖了行政主体行为、道德与理想的方方面面，从而使行政主体在行政实践中需要考虑全方位的价值关系来做出正确的行为选择，特别是在行政组织活动中，任何一个行为选择或安排都对接下来的行政实践产生直接的影响，如果行政主体忽视了行政意识、行政规范、行政理想层面价值观的任何一个，都会对行政活动中资源的组织与安排产生直接的影响。

在行政组织活动中正常发挥行政价值观的功能是保障行政组织活动有效推进的重要方法。行政价值观的功能在行政组织活动中能否得到正常发挥关系到行政组织活动的实际效果。行政价值观的功能如果能够得到充分的发挥，行政主体就能够得到有效约束、控制与监督，有利于公共权力的合理行使。

（三）行政价值观的结构与功能有机统一于行政协调活动中

行政协调是行政主体对行政生活中的各种关系进行调整的活动，其目的在于通过对要素、流程等的优化组合，形成合力，更好地解决公共行政问题。行政协调需要在不同的环境下对不同的行政关系进行调整，其方式方法对于是否能够协调好不同环境下不同行政关系的矛盾与分歧显得尤其重要。一般而言，行政协调方法的恰当与否关系到行政协调活动的成败。因为行政协调活动中涉及与上级、同级、下级等多方面的行政关系。运用正确的行政协调方法处理好这些关系是行政协调活动能够为实现行政目标而做出积极贡献的前提。行政主体在与上级、同级、下级的协调活动中，所持有的行政价值观对其采取的方式方法有着重要的影响。例如，一般在与同级的行政协调活动中，行政主体要"以事业为重，分工协作；要顾全大局，平等相待"[①]。而如何取得这样的效果需要行政主体树立正确的行政价值观。在与同级的行政协调中，势必会有利益与观点上的分歧，会容易陷入本位主义的弊端。正确的行政价值观以其特有的结构与功能能够使行政主体约束与控制自己的行为，在利益关系面前能够以大局为重。

行政价值观三个层次的具体价值观念使行政主体能够在行政协调活动中兼顾不同利益主体的利益诉求，选择正确的行为方式，从而推动行政协调活动圆满完成。行政价值观利益约束、行为引导、人格塑造、精神凝聚等功能的有效发挥，能够使在行政协调活动中出现的矛盾关系得到协调解决，又能使整个行政组织体系紧密团结起来，共同为整个长远的行政实践目标而做出自身的贡献。

（四）行政价值观的结构与功能有机统一于行政控制活动中

行政控制是对行政主体在行政实践活动过程中出现的偏差进行调整与纠正的活动。行政控制的过程一般有以下几项内容：一是确立控制标准。控制标准是随着行政计划而产生的，当行政计划产生时，行政控制标准也应该随之产生。二是获取偏差信息。这是通过对实际行政活动与计划中的组织安排间的偏差进行分析，明确偏差大小以及出现的原因和出处。三是采取措施。立足于获取的偏差信息，制订相应的措施来规避与消除偏差，使行政实践按计划顺利进行。四是监督。这意味着对整个行政实践活动过程进行有效的监督，以防止出现偏差导致行政系统无法正常运转，从而影响行政目标的实现。

在这一过程中，行政价值观对行政主体产生着重要的影响。控制标准是整个控制过程的基础，"若没有一套完整的具体的控制标准，便无法衡量和检查工作的成效和偏差，更无法采取正确的纠正措施"[②]。确立行政控制标准是

---

① 林修果：《行政管理学》，长征出版社2000年版，第193—194页。
② 肖尚弼：《行政管理学》，哈尔滨出版社1991年版，第129页。

行政控制产生整体效果的关键，行政主体确立行政控制标准必然会受到行政价值观的影响。行政价值观影响着行政主体的思想取向与行为选择，在行政控制标准的制订过程中，行政主体的主观因素会很明显地表现在行政控制标准中。行政价值观结构与功能的互动能让行政主体在制订行政控制标准的过程中理智、客观地做出判断与选择。在公共行政过程中，行政主体在正确的行政价值观指导下才能做出正确的行为选择，从而能够确立正确的任务目标、做出正确的政策安排、设计出正确的行政计划。只要是行政主体参与到的任何环节，行政价值观结构与功能互动的作用便会体现出来。行政控制活动同样是行政主体起主导作用的行政实践，行政主体的行政价值观融合在行政控制活动中，对行政主体进行监督和控制，以确保行政实践活动沿着正确的轨道顺利运行。

第三章　行政价值观的生长历程与作用机制

行政价值观不是凭空出现的，而是按照一定的规律，遵循一定的程序发生、发展的，生长历程就是对行政价值观发生、发展过程的动态展示，作用机制是行政价值观有效作用于行政生活的内在机理与具体方式。研究行政价值观的生长历程和作用机制，弄清其来龙去脉，理顺其与行政活动的内在联系，对于把握行政活动的内在规律，充分展示行政活动中"精神的力量"，优化行政行为，推动国家治理体系和治理能力现代化，具有重要的理论价值和实践意义。

第一节　行政价值观的生长历程

研究和分析行政价值观，要在把握行政活动的基础上进行。在公共行政领域，任何行政活动都是具体的、现实的，是主体在一定行政价值观的指导下作用于客体的活动。主体是行政活动中积极、能动的要素，行政价值观只有通过主体真正的"内化于心、外化于行"，才能切实发挥作用，使行政价值观从理论形态转化为实践的行政行为，实现行政活动的有效性。生长历程就是行政价值观发生、发展的过程，是行政价值观潜移默化影响主体心理和行为的真实记录。

一　萌芽：个体的行政价值取向转化为群体的行政价值标准

行政活动是行政主体行使行政权力、解决行政问题的行动过程。行政主体是由人组成的，可以以个体、群体、组织等形式存在。在行政实践中，作为行政主体的人首先是以个体的面貌出现的，他们都是活生生的、具有特定需要的人，基于自身认知、情感、利益等因素的考虑，往往会表现出追求某种行政价值实现的倾向性特征，这就是行政价值取向。个体的行政价值取向首先表现为对特定需要的满足，包括薪酬、晋升等自我需要和社交、认可度、满意度等社会需要，在二者的共同作用下，个体的思想、行为都会表现出特定的行政价值取向，即个体在思想上要恪守与社会主流价值观一致的价值观念，在行动上要奉行与社会主流行为准则一致的行为规范，使行政活动为推动社会发展、改善民众福祉提供强大正能量。在行政实践中，个体的这种自我意识是个体在行使行政权力、履行行政职责、承担行政使命过程中对自身思想状态、行为方式等的认识，能够引导个体行为朝着一定的方向发展，并不断强化个体行为趋势的稳定性和持久性。比如，在现代社会，行政主体在特定行政价值观的作用下，往往会表现出践行行政道德操守、增强依法行政能力、提升行政职业素养等行为趋势。

从心理学的角度看，个体行为既是个体自我需要和自我意识的产物，也是个体应对外界刺激的结果，"是对被个体心理系统接收的外部环境系统中的刺激信息，经个体心理系统加工后，根据输出信息（即特质），选择相应的行为，给予外环境反应，并且个体行为系统本身不表现出行为，只有当它作用于外环境系统时，行为才会外显"[1]。在行政实践中，个体行为趋势的发生、发展均离不开心理系统的作用。一方面，个体对于特定行政价值取向的认识和追求，会促使个体对自身行为目标进行定位，对自身行为方式进行取舍；另一方面，个体建立于特定行政价值取向基础之上的行为方式又能够强化其行为趋势，显然，与社会主流价值取向相一致的行为能够给个体更多实惠，个体能够从看得见、摸得着的现实利益中感受到坚持这种行政价值取向的好处，从而不断增强选择特定行为方式的自觉性、能动性。个体单一的、零散的行为通过多次选择后，就会固化为其行为模式，与之相应的行政价值取向最终就内化为其行政价值标准。

人不能离群索居，个体的力量也是有限的。在行政实践中，任何个体的思想和行为都不能单独存在，都会带上群体和社会的印记，行政活动也需要借助群体的力量才能有效展开。行政活动对群体力量的借助，既可以通过行政权力的约束功能来实现，也可以通过行政行为的示范效应来实现。层级节制是行政权力的内在属性，服从权力约束，提高行政执行力，是行政主体应坚持的基本行政价值观。树立标杆是重要的行政艺术，吸取榜样的力量，提高行政绩效水平，是行政主体应坚持的重要行政价值观。行政活动涉及公共

---

[1] 吴沙、曹贵康：《人格理论的系统发展观初探》，《心理学探新》2005年第1期。

利益的权威性配置，公众对行政系统寄予了厚望，希望自身利益得到有效维护，积极向上、公道正派、雷厉风行的行政主体及其行为能够获取广泛的拥护。这种拥护是行政系统公信力的重要基础，对其他行政主体具有很好的示范效应，能够引起他们的效仿。效仿的人多了，具有相近价值取向、相似行为倾向的行政群体就形成了，个体的行政价值取向也就转化为群体的行政价值标准了。这种价值标准可以从静态、动态两个维度来考量。

行政主体在行政实践中表现出来的能力、气质、性格等个性心理特征形成其价值标准的静态结构。能力是顺利完成某一活动所必需的主观条件，是直接影响活动效率并使活动顺利完成的心理特征。行政能力是行政主体行使行政权力、履行行政职责、选择行政行为过程中体现出来的素质，包括观察力、记忆力、想象力、注意力、判断力、表达力等一般能力和执行力、亲和力等特殊能力。气质是表现人的心理活动强度与速度、灵活性与指向性等动力要素的心理特征。行政气质是行政主体通过自身言谈举止给人的感受，是行政主体人格魅力的集中体现，是主体权威的重要来源，是行政权力更好发挥作用的重要保障。性格是表现人对现实的态度和相应的行为方式的个性心理特征，主要体现在对自己、对别人、对事物的态度和所采取的言行上。行政主体的性格往往形成其常态的行为特征，成为其稳定的处事态度，深刻影响着行政行为的深度、广度和效度。

行政主体在行政实践中由需要、动机、情感、意志上升为理想、信念、信仰的心路历程形成其价值标准的动态过程。行政行为的产生源于行政主体的需要，行政主体基于特定需要的满足引发了工作动机，形成了工作情感和意志，产生了行政行为。一种需要得到满足后，又会产生更多、更高层次的需要，并引发更多、更高层次的动机，进而激发更强烈的情感、更坚定的意志，推动行政实践活动不断发展。同时，主体对自身行为及其意义的认识也会不断深入，会从理想、信念、信仰的高度来思考自身行为的意义、价值和目标，这就大大提升了认识和实践的层次。理想、信念、信仰是超越现实、对未来美好愿景的自觉追求，是超越自我、塑造自我、发展自我、面向未来、努力实现更高价值的自我意识，是在各种价值观念中居于支配、统摄地位的价值观念。① 理想、信念、信仰对行政主体的思想和言行具有决定性的影响，

---

① 王玉樑：《理想、信念、信仰在价值观中的地位及其意义》，《光明日报》2000年9月19日第B3版。

是最重要的行政价值观念，是主宰主体灵魂的精神支柱，是决定主体思想高度、行动力度的基本因素。可见，行政主体的价值观形态由需要、动机、情感、意志上升为理想、信念、信仰的心路历程，既是人类认识活动的客观规律，也是行政实践发展的必然结果。

二　演进：群体的行政价值标准转化为组织的行政价值理念

行政价值理念是行政价值观在语言上的凝练，是成文的行政价值观，是维系行政关系的基本法则。行政活动是有组织的社会活动，行政主体具有很强的组织色彩，单个的、自然的、不具备组织身份的"人"是无法真正成为行政主体的。行政主体更多具有组织的属性，其作用的有效发挥也离不开组织的力量。同时，群体的行政价值标准在一定程度上还带有自发、松散的特征，对行政主体思想、行为的影响还有一定的局限性。群体的行政价值标准转化为组织的行政价值理念，能够充分发挥行政价值观的功能，是行政价值观发展对其承载主体、表现形式的必然要求。

行政行为具有公共性、服务性、综合性等内在属性。公共性指行政行为是行使公共权力的活动，必须致力于扩大提高公共服务共建能力和共享水平，不断满足公共需求，不断提高公众福祉。服务性指行政权力来源于公众，必须服务于公众的需要，行政行为要有效回应公众利益诉求，为其提供优质高效的公共服务。综合性指行政主体服务对象的多元性和面对利益诉求的多样性，要求主体通过利益整合，综合出不同利益诉求的共同点，以此作为提高公共服务共建能力和共享水平的立足点。这些内在属性表明行政活动是非常复杂的社会活动，要求行政主体认真培育和践行先进行政价值观，推动群体的行政价值标准向组织的行政价值理念转化，完善自身行为标准，恪守职业道德操守，提升自身能力、水平和形象，增强自身公信力、凝聚力。

群体的行政价值标准转化为组织的行政价值理念是行政活动中精神要素"内化于心、外化于行"的过程，是在行政主体内生动力和社会环境外来压力的共同作用下实现的，具体表现为主体认知水准、行为方式、实践模式等方面的发展。行政主体内生动力是主体随自身知识积累主动提升认知水平和行动能力的力量，社会环境外来压力是主体适应环境变化主动提高自身思想、行为与环境契合程度的力量。

内生动力对行政价值观生长的促进作用，主要表现在三个方面：一是行政活动群体性的认知水准转变为组织化的认知水准。在由不同个体松散、非正式组织起来的群体中，主体的认知水准由于仅仅代表群体的认知程度和价值诉求，难免会有局限，甚至会对行政实践产生消极影响，地方保护、行业壁垒、部门隔阂等就是明证。而组织化的认知水准是多层次、多尺度的综合体系，能够整合不同个体、群体认知水准中积极的、先进的要素，使主体的行政认知具备更加广泛的社会基础，能够更好地指导行政活动有效开展。二是行政活动群体性的行为方式转变为组织化的行为方式。在价值多元、利益多样的现代社会，不同行政主体对相同行政事务会选择不同的行为标准和处理方式，那些具有相同、相似行为标准和处理方式的主体往往会形成群体，其行为标准和处理方式就成为群体性的行为方式。但是，群体性的行为方式可能不利于行政系统形成稳定、可靠的行为模式，甚至可能成为行政活动有序开展的障碍，非正式组织、小道消息、流言蜚语等就是明证。行政主体通过制度创新、文化积淀、价值整合等途径，把分散化、个性化、情感化的群体行为方式提升为集中化、共性化、理性化的组织行为方式，能够大大增强行政系统的生机与活力，增强行政活动的整体性与稳定性。三是行政行为群体性的实践模式转变为组织化的实践模式。行政环境具有多变性，行政行为具有多样性，无论作为个体还是群体的人，其认识和行为都会带有局限性，可能导致行政行为公私难断，也可能导致主体把自身价值偏好、利益诉求、情感情绪等带入行政活动，对行政活动造成消极影响。组织化的实践模式能够将行政活动置于更加宏观、整体的环境中进行立体考虑，能够调动更多资源应对行政问题，充分发挥集中力量办大事、办公事的优势，提高行政效能。

外来压力对行政价值观生长的促进作用，主要表现在两个方面。一是行政组织本身的同质性转化，即组织长期积淀的价值观能够深刻影响组织成员的思想和行为，那些积极、健康的立场、理想、信念、态度、制度规范、人际关系准则等能够深入人心，得到更多人的理解、认同和支持，进而形成组织稳定的行为模式。二是社会环境的倒逼性转化，即公共需求增长、社会矛盾暴露、社会利益关系调整等要求行政主体秉持先进的价值观，摒弃落后的价值观，使自身思想、行为更好地适应社会发展需要。任何国家的主流政治系统都有将自身价值观推及全社会的内在动力，会努力促使行政主体树立并践行与主流价值观相适应的行政价值观。在行政实践中，由于行政理性的作用，"行政主体与社会组织、社区、公民等公共管理主体之间在法律的框架范围内友好协商、积极协作从而结成良好的公共事务治理网络"[①]。也就是说，行政主体会对那些体现行政本质要求和行政环境需要的思想、观念、准则等从价值层面做出话语解读并从实践层面进行行为选择，使自身思想和行动统一到社会主流价值体系，并通过自身的率先垂范，在全社会积极倡导这些思想、观念、准则，使之成为公众推崇的价值观，从而提高政府公信力和凝聚力。

三 升华：组织的行政价值理念转化为社会的行政价值认同

价值认同是指人们对某种或某类价值予以认可并形成相应的价值观念。行政价值认同包括两部分：一是组织价值认同，是行政系统内部人员对组织自身价值观的认同；二是社会价值认同，是行政系统外部人员对行政组织所持价值观的认同。社会价值认同可以从狭义和广义两个方面进行理解，狭义的社会价值认同是"社会群体中的成员产生一致性的看法以及感情"[②]，具体到公共行政领域，这种"一致性的看法以及感情"是人们在获取公共产品和公共服务、参与公共管理、监督公共权力的过程中产生的，主要表现为对行政权力合法性的肯定、对行政组织核心价值观的拥护以及对行政组织主流行为模式的认可等。广义的社会价值认同包括两层含义：一是人们在对行政价值观认可的基础上形成趋同的价值共识，并随着实践的发展进行价值观的塑造，这是行政价值观发挥凝聚社会价值共识功能的重要条件；二是人们在行政实践中主动调整和完善自身价值观的内容和结构，以达到融入主流价值观、锻造个人价值观的目的，这是人在价值认可基础上的自我提升，是行政价值观不断发展的重要因素。

价值认同在公共行政领域最终的归宿，是"共同体成员通过不断调适自身的价值结构，最终实现在社会实践活动中能够以某种公共利益的价值要求作为标准来规范自己的活动，并使之内化为自己的自觉的价值取向"[③]。社会价值认同既是行政价值观发展的社会心理环境，也是行政价值观发展的目标追求。行政价值观是随着行政实践的发展而发展的，这种发展是行政主体把行政价值观内化为自身价值标准、外显为自身行为方式的过程，其结果是行

[①] 颜佳华、苏曦凌：《行政理性论》，《湘潭大学学报》（哲学社会科学版）2010年第5期。
[②] 刘易斯：《文化的冲突与共融》，新华出版社2002年版，第17页。
[③] 陶蕾韬、路日亮：《试论公共领域中的价值认同》，《理论与现代化》2013年第1期。

政活动凝聚了更多力量，更好地实现了公共利益。

行政价值观是行政组织行为模式有效运行的内在条件和心理基础，行政组织行为模式就是行政价值观在行政主体行使行政权力、处理行政事务过程中的体现和外化。行政价值观由组织的行政价值理念转化为社会的行政价值认同，主要是通过以下三个途径实现的。

一是通过促进行政组织与社会的价值交流和观念碰撞来转化。行政价值观的生长开始于行政主体对社会价值观进行鉴别、取舍的过程中去伪存真、求同存异的认知活动。在追求社会价值认同的过程中，"一方面，我们不能把价值认同理解为无条件的普遍有效的绝对真理或真理的表达形式，认为价值认同就是追求一种绝对的价值观念上的'同一'。另一方面，我们的价值认同也不是放弃一切内在规定性的无条件的对各种价值观念的接受与肯定"[1]。这就要求行政主体不能将自身的价值观强行加于社会，盲目追求行政价值观的大一统，而只能通过自身的示范作用来获取公众的认同、理解、支持；社会主体也不要盲目顺从，更不要不顾自身情况、不管社会环境全盘接受行政主体的价值观，尤其是对个别行政主体在扭曲的价值观作用下谋取私利、不管大局、不顾公共利益的行为要通过正当途径和程序进行反对。社会价值认同的实现应该建立在行政主体与社会主体价值交流和观念碰撞的基础之上，行政主体要通过搭建交流平台、完善信息渠道、加强公众监督等方式提高社会主体的参与度，社会主体也要及时、合法、有序地表达自身诉求并在促进社会公平正义等方面与行政主体进行沟通与合作。双方需要允许不同的价值主张和价值观念共存，尤其是在社会转型期，"伴随着价值范式的重建，由此便引起普遍性的价值观念的震荡与困惑"[2]，更加需要双方站在公共利益的角度对自身所秉持的价值观进行理性审视和有效交流，"辩证地看待理想与现实、道德与利益、统一与选择等诸种关系，并在理想主义与功利主义、期待道德与义务道德、统一规范与多样选择等等之间保持一种'必要的张力'"[3]，从而找准契合点，凝聚共识，使行政价值观获得更多、更广、更深的认可，进而转化为全社会的价值认同。

---

[1] 冯达成：《论和谐社会构建中的价值认同》，《思想政治教育研究》2008年第5期。
[2] 孙正聿：《哲学通论》，人民出版社2010年版，第332页。
[3] 孙正聿：《哲学通论》，人民出版社2010年版，第332页。

二是通过凝聚行政组织与社会的价值共识来转化。价值共识是指不同主体对某种价值观形成一致的观点和态度，价值共识是在价值认可的基础上进行的。行政组织和社会的价值共识不是社会主体单方面对行政价值观的接受、内化并付诸实践，而是双方在行政领域寻求一致的看法、实现共同的目标、选择统一的行为。行政组织和社会的价值共识主要表现在两方面：一是对什么是公共利益、为什么要追求公共利益、怎样实现公共利益的共识；二是对双方权责关系的共识，即行政组织应该履行怎样的职责来服务社会、社会应该树立怎样的权利义务观念并采取怎样的行为来配合行政组织的工作。通过凝聚价值共识来实现行政组织行为模式向社会价值认同的转化，一方面要依靠行政组织和社会之间通过交流、对话、协商等方式找到双方价值认同的契合点，找到双方价值认异的分歧点，求大同、存小异，为凝聚双方的价值共识奠定基础；另一方面要依靠利益关系的调整、意识形态的教育、思想文化的宣传等方式对行政组织和社会的价值观进行整合，使双方在提高认知水平的基础上凝聚更多共识，这不仅有利于行政价值观自身的完善，也有利于夯实行政体系的合法性基础，对于促进公正、统一、规范的社会秩序和社会制度具有极大的促进作用。

三是通过推进行政组织与社会的互动实践来转化。行政组织与社会的价值交流、观念碰撞和价值共识既来源于实践，也服务于实践。行政实践活动是行政价值观由精神力量向现实力量转化的过程，通过行政实践推动行政组织与社会的互动，是行政价值观由组织的行政价值理念转化为社会的行政价值认同的必然要求。一方面，行政组织要吸纳社会主体积极参与行政生活，不断拓展社会主体对行政组织价值观认同的深度与广度，加大行政价值观转化为社会价值观的力度；另一方面，要构建行政组织与社会的新型互动关系，促进行政组织与社会的良性互动，深化行政组织价值观在社会实践领域的作用力度。行政组织和社会的合作实践是经济、政治、文化等诸多领域全方位、多层次的实质性合作，这种合作既依赖于行政组织职能健全的程度、权力监督和制约的效果以及对先进行政价值观的培育和践行，也依赖于社会主体的不断发展、壮大以及社会制度的不断健全、规范。通过合作实践来推动组织的行政价值理念转化为社会的行政价值认同，有效发挥行政价值观的功能，从而在全社会形成共同的理想和精神支柱。

作为一种观念形态的上层建筑，任何行政价值观都有其发生、发展的现实土壤，也会随着社会环境的变化而不断发展。当一种行政价值观不能适应社会环境时，必然会面临冲击与挑战，必然要选择变革与创新，民意的诉求、组织的变革、社会的变迁等，都可以成为推动行政价值观发展的动力。变革与创新也是一个开放的行政体系保持自身生命活力的重要条件。面对行政环境的发展，任何负责任的行政主体，都会积极完善行政价值观的结构和内容，努力增强其张力和活力，自觉提升环境适应力，以先进的、科学的行政价值观引领社会潮流，鼓舞社会成员，并通过自身思想、行动的进步，使行政活动更好地服务于公共利益，使行政系统获得社会更多的理解、认同和支持，于是，行政价值观进入了新一轮的发展历程。行政价值观就是在这种螺旋式上升、波浪式前进的循环中，完成了吐故纳新的过程，从而保证其理论之树长青，思想火花长闪，精神力量长存。

第二节　行政价值观的作用机制

研究和分析行政价值观，需要在有效把握行政活动的基础上进行。在公共行政领域，任何行政活动都是具体的、现实的，是主体在一定行政价值观的指导下作用于客体的活动。主体是行政活动中积极、能动的要素，作为一种观念形态的存在，行政价值观只有通过主体真正的"内化于心、外化于行"，才能切实发挥作用，使行政价值观从理论形态转化为实践的行政行为，增强行政活动的有效性。因此，行政价值观"内化于心、外化于行"是主体理解度、认同度、支持度逐步上升的过程，包含价值示范转化为价值规范、价值标准转变为行为准则、价值认同升华为精神动力等具体内容，其结果是行政实践活动不断臻于真、善、美，是公共服务共建能力和共享水平不断提高，是政府治理体系和治理能力现代化程度不断提高。理解、认同、支持三个相辅相成的环节既是对行政价值观作用机制主要内容的静态描述，也是对行政价值观作用机制功能有效发挥的内在机理的动态展示。

一　理解：行政价值观由价值示范转化为公共行政的价值规范

理解是认知过程的关键环节，是主体对认知对象做出相信或怀疑、赞成或反对等的态度辨别，以及对行为做出先与后、缓与急、轻与重等的判断和选择。在行政实践活动中，随着行政主体认知的发展，他们会对自身行政价值观不断进行调整、更新，进而不断修正、完善自身行为。思想引领行动，行政价值观作为一种观念形态的存在，只有获得行政主体真正的理解，才能有效作用于行政实践活动，这就是行政价值观的理解机制作用于行政实践活动的过程，这里的理解既包括对行政价值观念的理解，也包括对行政活动的理解，是行政价值观由价值示范向公共行政的价值规范转化的关键环节。

理解行政价值观首先要理解其产生过程。行政价值观的培育主要有两个途径：一是个体从实践活动中获取直接经验，再由直接经验发展为个体的价值观；二是通过借鉴社交网络中的间接经验获得，其途径主要是价值观的学习、传承、内化。任何个体都是处于特定社会关系之中的，在人类的社会关系中，合作与竞争是人与人相互关系最重要的表现形式，要想促成个体在实践中协同合作，思想、观念、价值观等的相互理解必不可少。价值观不仅可以通过实践直接获得，也可以通过学习间接获得，随着社会分工的细化和社交网络的拓展，"经验习得"已经成为一种普遍、高效的价值观获取方式。在行政价值观的形成、发展过程中，间接经验发挥着重要影响，行政价值观需要通过不断总结行政活动中的间接经验，形成能够引领社会发展潮流的价值示范。

价值示范是通过树立积极向上的、符合社会主流价值观的典型和榜样供人们效仿、学习、践行，进而实现特定价值观的传承、发展。习近平在《之江新语》中指出，要像领导干部的好榜样焦裕禄、孔繁森、郑培民等英模人物那样，做一个亲民爱民的公仆，做一个忠诚正直的党员，做一个靠得住、有本事、过得硬、不变质的领导干部。在公共行政领域，价值示范就是通过行政主体的身体力行、率先垂范、树立标杆，引导大多数社会成员做出正确、积极的价值判断和价值选择，并以其卓有成效的行政实践活动证明特定行政价值观的科学性、可行性与先进性，从而发挥标杆对公众的激励、教育和引领作用。榜样的力量是无穷的，道德楷模能够为人民群众提供精神动力和智力支持，英模人物在引领时代精神过程中发挥的巨大作用就揭示了这一规律。在全面深化改革进程中，公共行政领域的价值示范是通过行政主体践行社会主义核心价值观、倡导主流行政价值观形成示范效应，进而影响和带动全社会朝真、善、美的方向发展。

行政价值观具有很强的示范作用。一方面，国家会通过特定的方式和途径将有利于社会发展及社会治理需要的主流行政价值观上升为国家意志,并通过国家强制力在全社会推广。另一方面,自觉践行主流行政价值观且成效突出的行政主体往往会得到公共行政体系的肯定,会成为标杆在全社会宣传、推广,以此告诉公众什么是公共行政体系提倡、鼓励的,什么是公共行政体系摒弃、反对的,进而引领社会潮流,诸葛亮、魏征、包拯、海瑞等清吏能臣之所以千古流芳,正是其思想取向、言语表达、行为模式等符合其所处时代的国家和社会管理需要。在公共行政领域,行政主体由于其公职身份,在某种程度上代表着政府乃至国家,其秉持的价值观能够深刻影响公众,大多是公众出于对国家和政府的信赖,也会按照行政系所倡导的价值观生活,以便更好地融入社会生活。

行政价值观的示范作用主要是通过两个途径表现出来的:一是行政道德楷模的引领,行政道德楷模是在践行主流行政价值观的过程中涌现出来的先锋模范人物,他们高尚的品德、感人的事迹、先进的行为成为广大公职人员的标杆;二是行政理想人格的感化,行政理想人格是由一大批优秀公职人员塑造出来的具有稳定特质的优良作风和思想道德体系,是行政主体树立正确行政价值观的"教科书",其内涵包括"革命战争时期不怕牺牲、视死如归的民族精神,改革开放新时期高度负责、博大无私的时代精神"。[①]《公民道德建设实施纲要》指出:"建国以来特别是改革开放和社会主义现代化建设中涌现出来的先进集体、先进人物是实践社会主义道德的榜样。要广泛开展向先进学习的活动,善于发现和运用先进典型……使先进典型的高尚情操成为社会的共同财富。"因此,"要及时发现先进人物和先进典型,总结群众在现代化建设和改革开放中创造的新鲜经验,教育、鼓舞、引导群众前进。"[②]

行政价值观的示范作用主要表现在三个方面:一是标杆作用。公共行政系统通过树立标杆并将其典型化,意在加强主流行政价值观的示范、引导作用,让广大公职人员见贤思齐,积极向典型学习,用主流行政价值观武装自身头脑,在公共行政系统形成全面"创先争优"的积极氛围,打造干劲十足的"学习型"组织,使公职人员积极投身于为人民服务的行政实践活动。二

[①] 柳礼泉、庞申伟:《英雄模范与先进典型人物价值示范作用研究综述》,《湖湘论坛》2013年第4期。

[②] 中共中央文献研究室:《十三大以来重要文献选编》,人民出版社2011年版,第341页。

是引导作用。行政价值示范具有宣扬真善美、鞭挞假恶丑的指向效应，它将抽象的说理变成鲜活的事例，是更接地气、更具活力的行政价值观，更容易深入人心。行政道德楷模和行政理想人格是时代的产物，是主流行政价值观的重要载体，它直接或间接地反映了公共行政系统的人文精神和价值取向，应该择优而学、择善而从。三是动力作用。英雄模范的崇高精神和先进事迹能够更容易引起人们情感、思想的共鸣，把英模和典型的崇高精神转化为推动实际工作的强大动力，能够产生巨大的社会效益。①

价值示范是行政价值观理解机制发生作用的逻辑起点，这种示范主要是通过引导行政主体的思想和行为实现的，属于精神层面的软规范，在公共行政领域，行政价值观作用的充分发挥，还需要实现其从软规范向硬规范的发展。价值示范向价值规范的转化就是由软性引导向硬性规定转化的过程。规范意指明文规定或约定俗成的标准，是群体行为标准的制度化凝练。价值规范是具体行政价值观念制度化的存在，它把行政价值原则、行政价值规范、行政价值理想用可操作的、规范化的形式表达出来，承载并传递着行政价值观的内涵，是行政主体进行价值选择和价值评价的重要标准。

行政价值规范是行政主体对行政价值观理解不断深化的结果，行政价值观由价值示范转化为公共行政的价值规范，需要重点把握以下三点。

第一，合理引导行政主体自觉接受行政价值规范的心理预期。行政价值规范是公共行政领域的规矩，"无规矩不成方圆"，行政主体要正确行使行政公共权力，必须正确定位自身"公共人"的角色，不断强化规矩意识。人心是最大的政治，办实事出实绩、守纪律讲规矩的行政主体才能真正赢得人心。"其身不正，虽令不行；其身正，不令而行。"习近平总书记指出："治理一个国家、一个社会，关键是要立规矩、讲规矩、守规矩。"人心是最大的政治，守纪律讲规矩的政府才能得民心。当前，改革步入了深水区和攻坚期，能不能革除体制机制弊端，能不能突破利益固化的藩篱，逐步形成合理的发展格局和利益结构，是全面深化改革面临的主要挑战和重大难题，决定着全面深化改革能否继续深入推进。② 公共行政领域的规矩，就是以行政价值观为主要

---

① 柳礼泉、庞申伟：《英雄模范与先进典型人物价值示范作用研究综述》，《湖湘论坛》2013年第4期。

② 罗来军：《"坚持全面深化改革"的内涵和实质》，《前线》2017年第12期。

载体的软规矩和以行政法纪等为主要载体的硬规矩，要让规矩成为铭刻行政主体心底的信仰，真正成为其情感的皈依、精神的家园，进而形成相互支撑、相互制约的行政价值规范体系，以此引导行政主体的价值选择，维护和保障高效有序的行政秩序。

第二，有效强化行政主体主动遵守行政价值规范的行为趋势。行为是思想的延续。行政价值规范进入行政主体头脑后，需要通过意识的能动作用，转化为主体的行为选择，这就是精神的力量转化为物质的力量的过程。这一过程是通过单个的、具体的行政行为延续的，行为延续的强度和效度，取决于主体的认知水平和理性发展程度。在行政实践中，由于行政认知和行政理性的作用，行政主体会在"价值判断、事实认知、目标规划、工具选择等方面进行合理权衡、理智取舍、客观分析、冷静思考"[1]，会基于自身良知和职责，对那些体现行政本质要求和行政环境需要的行政价值规范从价值层面做出话语解读并从实践层面进行行为选择，使自身行为符合社会主流行政价值观的要求，并在全社会积极倡导这些行政价值准则，使之成为公众接受、推崇的价值观，从而提高公共行政体系的公信力和凝聚力。

第三，不断完善外力助推行政主体践行行政价值规范的作用机制。在价值示范向价值规范转化的过程中，除了激发行政主体内生动力外，还要注重发挥外部力量的助推作用。一方面，要重视行政理想人格与行政道德模范的推动作用，优化行政价值观发展的社会心理环境，要充分发掘社会主义现代化建设进程中先进人物、先进事迹所凝聚的正能量，并使其在全面深化改革的实践中获得新的生命力，不断发扬光大，为行政主体塑造精神生活领域的标杆，进而在全社会营造"学先进、争先进、当先进"的良好氛围。另一方面，要强化对行政权力的约束。行政价值规范是一种权力规范，公共行政是行政主体行使行政权力管理社会公共事务的活动，行政权力是公共行政有效进行的保障因素。行政价值规范在一定程度上就是行政主体对于如何行使行政权力的认知，即行政主体必须在特定行政价值观的指引下，明晰行政权力行使目的，理顺行使流程，优化行使方法，确保行政权力成为推动政府治理体系和治理能力现代化的坚强后盾。权力作为一种控制他人的力量，是需要按照一定的规则行使的；否则，公权力的拥有者一旦大权在握，就自然而然

---

[1] 颜佳华、苏曦凌：《行政理性论》，《湘潭大学学报》（哲学社会科学版）2010年第5期。

地实际性地把公权力变成个人的私权力，利用手中的公共权力设租、寻租，导致腐败，甚至与资本共同瓜分资金，造成"前腐后继"[①]，这是对公共权力公共性的严重亵渎。行政价值规范是行政主体行使权力时必须遵循的基本准则，体现在行为目标的树立、行为标准的确立、行为方式的选择等多个环节。党的十八大以来，公共行政系统认真开展党的群众路线教育实践活动，自觉践行"三严三实"，切实贯彻落实"八项规定""六项禁令"，不断强化规矩意识，让公共行政主体真正做到心中有党、心中有民、心中有责、心中有戒，真正做到敢为、能为、善为，带来了党风政风社会风气的新气象，这正是内力驱使与外力助推共同作用的良好结果。

二 认同：行政价值观由价值标准转化为公共行政的行为准则

认同是指个体在心理上对其所接收到的价值理念、所观察到的行为方式和所接触到的同类个体持肯定、赞同的态度，并在模仿、学习和实践过程中产生意识与感情上的归属感。在公共行政领域，行政主体对行政价值观的认同实质上是一种政治认同，包括对意识形态、行政理念、行政制度、政策内容等的接受、认可和赞同，且只有当行政主体将自身置于一定的社会环境之中时，这种认同感才能体现出来。行政价值观的认同机制受到认同对象的影响，认同对象本身的内涵越丰富、形象越高大，主体的价值认同感也就越强。同时，行政价值观认同还受到主体所处的社会地位和所扮演的社会角色的影响，中国传统文化"不在其位，不谋其政"、"当官不为民做主，不如回家卖红薯"、"居庙堂之高则忧其民，处江湖之远则忧其君"等信条就形象地印证了这一点。

行政价值观认同是行政主体对特定行政价值原则、行政价值规范、行政价值理想的接受和认可，是行政主体在行政实践活动中产生的心理归属感，可以从理论和实践两个层面进行解读。行政价值观的理论认同包括对崇高行政目标的追求、对先进行政理念的认可、对优秀行政人格的崇敬等，实践认同包括正确认识行政主体身份、积极参与行政实践活动、努力实现行政组织目标等。根据强度差异，行政价值观认同可分为三个层次：本能的认同、情感的认同、理智的认同。本能的认同，是指主体对某一行政价值观念具有天

[①] 薛宝贵、何炼成：《公共权力、腐败与收入不平等》，《经济学动态》2015年第6期。

然的、下意识的归属感；情感的认同，表现为主体对某一行政价值观念产生的热爱、信赖、追随、亲近等情感体验和行为取向；理智的认同，即主体在长期的行政实践中对共同行政理想的不懈追求和对行政事业的自觉投入。但这三个层次的认同在作用方向上并不总是一致的，要通过行政价值观认同所衍生的热忱和忠诚来维持公共行政系统的有序、高效运转，促使行政主体真正致力于提高公共服务共建能力和共享水平，就必须实现本能认同、情感认同、理智认同的有机统一。

行政价值观的认同机制动态地表现为行政价值观由价值标准向公共行政的行为准则转化，顺利实现这一转化需要重点把握以下三点。

第一，树立正确的行政价值标准，夯实行政价值观认同的思想基础。行政价值标准是以依法行政、民主行政、科学行政等为基本要求的特定原则和规范，其功能在于告诫行政主体该做什么、不该做什么，该如何做、不该如何做，以此来影响行政主体的思想取向和行为选择。在行政实践活动中，由于角色冲突、制度缺失、环境变化等因素的影响，行政主体可能会面临"犯错""犯规"的风险，不能确保其完全按照主流行政价值观的要求履行职责。同时，在价值多元、利益多样的社会环境下，不同道德规则、价值标准之间还存在相互矛盾、冲突的可能，更增加了行政主体"犯错""犯规"的风险。因此，确立权威的、普遍认可的行政价值标准，才能奠定行政价值观认同的思想基础。"为了个人也为了组织，有必要澄清和整理基本的价值观、准则、目标和宗旨，然后确立一个可接受的行为规则。"[①] 要以价值观认同为基础，促使行政主体树立正确的行政价值观，以此作为自身思想指南和行为依据，进而将价值评判转变为具体的行为选择，落实到具体的行政实践活动中。

第二，正确认知行政价值标准的效力，强化行政价值观认同的功能。行政价值标准是公共行政的行为依据，是行政主体必须遵守的规矩。提倡规矩，其本质就是为了维护公共权威，保持行政体系的有序运行，重塑行政系统内部的纪律性和约束力，净化行政生态环境，增强政府的公信力、凝聚力。在行政实践活动中，抽象的行政价值标准必须具体化，必须内化为行政主体讲得清、道得明的意识，具体来讲，就是政治意识、团结意识、程序意识、组

---

① [美] 特里·L.库珀：《行政伦理学：实现行政责任的途径》，张秀琴译，中国人民大学出版社2001年版，第17页。

织意识、原则意识。当前,"多元文化共存的现实,或多或少地致使人们的终极道德价值失去依托,出现思想道德观念选择的迷茫"①,打上极端个人主义、享乐主义、利己主义烙印的落后价值观,如果不能得到有效根除,将导致社会精神生活领域邪不压正的恶果,从根本上侵蚀社会的思想和灵魂。这种可能的恶果对公共行政系统提出了强化全社会价值认同的迫切要求。

第三,不断拓展行政价值标准的内化路径,实现行政价值观认同目的与手段的良性互动。行政价值观内化到行政主体的精神世界,可以通过主体对现实行政生活的直观经验,也可以通过主体理性归纳、升华间接经验,其目的在于提升主体自身的思想境界和行为能力。在这一过程中,行政主体对于目的与手段关系的处理,直接决定了行政价值标准内化的效度和信度。黑格尔认为,"只要目的正当,可以不择手段"这一恶名昭著的命题,自始至终是庸俗的、毫无意义的。② 马克思主义从矛盾普遍性的视角出发,认为行政目的和手段没有明显的界线,之所以要选择正当的手段去达成正当的目的,是因为行政行为的目的和手段是有机统一的,二者可以在一定的条件下相互转化,某个阶段性目的有可能成为完成更高层次目标的手段;反之亦然。因此,在行政价值观认同过程中,行政主体无论是基于二者孰先孰后抑或二者综合平衡的考量,都要使自身行为具备合法性与合理性,要以行政主体对手段、目的合法性和合理性的全面认同为基础,将行政价值标准内化为公共行政的行为准则,成为公共行政的强大精神动力。

三 支持:行政价值观由价值认同转化为公共行政的精神动力

支持是在理解、认同的基础上,进一步内化并力求付诸实践的心理状态和行为取向。在行政价值观发生作用的过程中,经历了理解与认同两个阶段后,行政主体对行政价值观的认知有了进一步深化,价值示范、价值规范和行为准则均已确立起来,要使行政价值观真正融入行政主体的精神世界,还需实现其从价值认同向精神动力的转化。价值认同是价值认知的深化,可以从两种视角加以理解:从静态角度来看,价值认同是个体在社会关系网络中通过思想交流、观念共享形成的对特定价值观的理解与肯定,其表征是共同

---

① [美]特里·L.库珀:《行政伦理学:实现行政责任的途径》,张秀琴译,中国人民大学出版社2001年版,第17页。
② [德]黑格尔:《法哲学原理》,商务印书馆1961年版,第151页。

价值意识和价值观念的塑造，从某种意义上说，还是人们对自身在社会中的价值定位和定向。①从动态角度来看，价值认同是个体在社会实践中主动适应主流价值观，不断完善和调整自我价值观内容与结构的过程，具体表现为个体对社会价值观的主动接收和自我转化。因此，价值观认同的核心是主体对于某种价值观形成一定的意识，进而在头脑中形成与之相适应的价值观念并付诸实践。

行政价值观转化为行政实践的精神动力主要依靠两大机制：一是来自行政价值观内在要素、结构和功能有机组合而成的动力机制，这是行政价值观本身具有的内生动力；二是来自行政主体对行政价值观的理性掌控而形成的控制机制，这是行政价值观的外部推动力。在两种力量的共同作用下，行政价值观方能真正实现从精神到物质的转化。而行政主体对行政价值观的掌控是促使精神力量转化为现实动力最有效的推动力，是公共行政的内在动力。人类社会是高度组织化的存在，"国家的出现本身就蕴涵和寄托着人类社会对公共行政的理想价值的索求，人类社会的这种希冀和期待折射到现实的公共行政之中，便体现为从内心深处对公共行政的自觉参与、服从和信任"②。正是这种自觉参与、服从和信任，强化了行政主体对行政价值观的支持，生成了助推行政价值观发展的精神动力。

行政价值观是推进政府治理体系和治理能力现代化的重要精神动力。推进政府治理体系和治理能力现代化，必须有效发挥行政价值观的作用，为公共行政系统提供更多、更好的精神食粮。完善行政价值观的支持机制，使其由价值认同转化为公共行政的精神动力，需要重点把握以下四点。

第一，完善行政价值观支持机制的大背景是现代化与全球化。现代化、全球化使中国传统行政价值观受到极大冲击。现代化源自西方，但现代化绝不是全盘西化的代名词，完全的西化不是解决中国价值认同问题的正确路径。全球化是现代化的必然结果，全球化表现在人类社会生活的各个领域，当前，全球化对公共行政提出了全球治理、虚拟治理等重大课题。行政价值观是一种行政文化。文化的力量主要在于通过渗透于日常生活与社会交往以涵养、

---

① 贾英健：《认同的哲学意蕴与价值认同的本质》，《山东师范大学学报》（人文社会科学版）2006年第1期。

② 张富：《论公共行政价值实现的动力》，《理论与改革》2006年第2期。

凝聚、提升民族精神。① 针对中国的现实国情，套用西方现代化程式最不能解决的一个问题便是价值观认同问题。西方社会的现代化，更大程度上是物质与经济的现代化，以至于价值、价值观问题在物质的掩盖下变得更加虚无、缺失。在现代化、全球化进程中，中国传统行政文化面临现代转型、国际转化的重大任务。习近平总书记指出，一个国家的治理体系和治理能力是与这个国家的历史传承和文化传统密切相关的。② 我们要正视现代化、全球化兼具契机和阻滞的双刃剑效应，树立文化自信，不断发掘中国优秀传统文化治国理政的养分。

第二，完善行政价值观支持机制的思想基础是要坚持一元主导的基本导向。推进政府治理体系与治理能力现代化，必须高举中国特色社会主义伟大旗帜，以马克思列宁主义、毛泽东思想、邓小平理论、"三个代表"重要思想、科学发展观、习近平新时代中国特色社会主义思想为指导。当前，中国社会呈现出物质满足丰富化、精神需求多样化的发展趋势，这反映到公众的精神生活领域，便是价值观的多元化。在重塑行政价值观、增强社会价值认同的过程中，一元导向和多元并存的矛盾将长期存在，客观认识和正确处理这一矛盾是全面深化改革的重要任务。根据中国的现实国情，坚持马克思主义行政价值观的主导地位才能真正推进政府治理体系和治理能力现代化。马克思主义行政价值观反映的是当代中国行政系统最显著、最独特的精神状态，凝聚了中国深化行政体制改革的强大正能量，必须贯彻落实党的十八大关于全面深化改革的战略部署，高举中国特色社会主义伟大旗帜，紧紧围绕建设社会主义核心价值体系，坚持党的领导，贯彻党的基本路线，不走封闭僵化的老路，不走改旗易帜的邪路，坚定走中国特色社会主义道路，始终确保改革正确方向。

第三，完善行政价值观支持机制要时刻提防西方资本主义价值观的"引诱认同"。中国目前的政治—行政文化是由主流意识形态、传统儒家文化和西方文化共同影响而形成的。③ 历史经验表明，"与国际接轨，向先进文化看齐"旗帜下出现的对西方思想文化全盘肯定的"全盘西化"观点，对深化改

---

① 蒋璟萍、袁媛淑：《论礼仪文化促进社会治理创新的机制和路径》，《湘潭大学学报》（哲学社会科学版）2015年第6期。
② 《牢记历史经验历史教训历史警示 为国家治理能力现代化提供有益借鉴》，《人民日报》2014年10月14日第1版。
③ 麻宝斌、高小平、沈荣华：《谋求公共行政发展的新动力》，《中国行政管理》2010年第11期。

革开放形成了严重阻碍。① 在"互联网+"时代,"引诱认同"成为西方资本主义国家颠覆社会主义的惯用手段,其实质是一种文化渗透行为。在全面建成小康社会,进而建成富强民主文明和谐的社会主义现代化国家、实现中华民族伟大复兴的中国梦的历史进程中,公共行政系统必须"坚持社会主义先进文化前进方向,坚持中国特色社会主义文化发展道路,培育和践行社会主义核心价值观,巩固马克思主义在意识形态领域的指导地位",坚持道路自信、理论自信、制度自信、政治自信、价值自信,支持先进文化的创建工作,强化社会主义先进文化的引领作用,建设社会主义精神文明,不断增强国家文化软实力,夯实防御西方资本主义价值观侵蚀的心底长城,防备西方资本主义国家的"引诱认同"。

第四,完善行政价值观支持机制要以推动政府治理体系与治理能力现代化为重要目标。《中华人民共和国国民经济和社会发展第十四个五年规划和2035年远景目标纲要》明确提出:"加快转变政府职能,建设职责明确、依法行政的政府治理体系,创新和完善宏观调控,提高政府治理效能。"创新和完善宏观调控体系、全面正确履行政府职能、优化政府组织结构是提高政府治理效能的重要途径。建设职责明确、依法行政的政府治理体系具有治理思想、治理制度、治理行为三个层次的内涵。思想是行动的先导,是制度设计和运行的精神指南,推动行政价值观由价值认同转化为公共行政的精神动力,促使政府自觉践行社会主义核心价值观,以社会主义核心价值观引领行政价值观发展,为深化行政体制改革凝聚强大正能量。深化行政体制改革的核心是转变政府职能,关键是处理好政府和市场关系,必须坚持简政放权、放管结合、优化服务"三管齐下"。② 一方面,不断强化行政主体的法治意识、服务意识、公共意识和责任意识,推动制定完善权力清单、责任清单、负面清单,用制度管权限权,用制度规范行政程序,让公共权力在阳光下运行,确保公共权力为公共利益服务;另一方面,有效理顺政府与市场的关系,合理定位政府职能,既要给市场松绑,不断释放市场活力和社会创造力,又要突出优化服务,提升政府治理能力,通过政府购买、政府和社会资本合作、发

---

① 郝立忠:《运用唯物主义辩证法应对全盘西化和文化复古两大思潮的挑战》,《山东社会科学》2015年第1期。

② 《李克强在国务院推进简政放权放管结合职能转变工作电视电话会议上强调 简政放权 放管结合 优化服务深化行政体制改革 切实转变政府职能》,《人民日报》2015年5月13日第1版。

展市场化中介等途径，切实提高公共服务共建能力和共享水平。

第三节　行政价值观生长历程与作用机制的互动关系

作为一种意识形态的存在，行政价值观是发展的，其发展过程包含了"价值生成"和"价值实现"两个维度，对应到静态描述即"生长历程"和"作用机制"两个方面。行政价值观的生长历程与作用机制是相互影响的。行政价值观在生长阶段也同时伴随行政价值的实践行为；在作用机制发生作用的过程中也必然内含了行政价值的修正和更新。行政价值观生长历程与作用机制是一种互动的关系：行政价值观的生长历程是作用机制的内在条件，作用机制又是生长历程的客观发展，二者有机统一于行政价值观发展过程。

一　生长历程是作用机制的内在条件

为了进一步完善行政价值观生长历程与作用机制的内容并梳理两者的逻辑关系，有必要对两者的联系进行具体的分析。行政价值观的发展是在内外条件的共同作用下完成的。内在条件是行政价值观功能得以发挥的内部属性，是外因通过内因起作用的前提和基础，在行政实践活动中，这种内部属性需要具备外部载体方能有效发挥作用，这是行政价值观生长历程与作用机制互动关系的生动体现。生长历程主要从萌芽、演进、发展三个阶段探讨了行政价值观是如何产生的，作用机制主要从价值示范向公共行政的价值规范转化、价值标准向公共行政的行为准则转化、价值认同向公共行政的内在动力转化三个角度分析了行政价值观如何实现。行政价值观的生长历程和作用机制研究的内容和逻辑各有侧重，前者是后者的内在条件，主要包括以下两个方面的内容。

第一，生长历程是作用机制得以产生、深化的外在表现，这主要是指行政价值观作用机制能够产生作用的前提是行政价值观已经或者正在生成。如果行政价值观还处于萌芽期，只是由个体行为趋势转化为行政主体的行为标准，那么行政价值观的作用机制就无法体现，甚至可能连最基本的价值示范作用都难以实现。因此，行政价值观的作用机制依赖于生长历程，行政价值观没有生成也就无法谈其作用，更谈不上行政价值观作用机制的深化了。生长历程是作用机制得以产生的内在条件，主要有以下两方面的原因：一方面就逻辑顺序而言，行政价值观的生成在前、实现作用在后，两者有天然的逻辑先后关系。如果非要颠倒这种先后关系，行政价值观对公共行政所起到的作用必然是残缺的甚至是有害的。另一方面就行政价值观生长历程、作用机制的具体过程而言，两者是紧密相连、环环相扣的，并且前者是后者的基础。在行政价值观的萌芽期，个体的行为趋势转化为行政主体的行为标准，行政价值观的实现是由价值示范转化为公共行政的价值规范，而实际上行政主体行为标准是公共行政价值规范的基础。行政主体在行政实践活动中所共同坚持的、正确的行为标准其实就是公共行政价值规范的雏形，同时公共行政价值规范的深化也离不开行政主体的坚持和弘扬。在行政价值观的演进期，行政主体的行为标准转化为组织的行为模式，行政价值观的实现是由价值标准转化为公共行政的行为准则。在这里组织的行为模式已经蕴含了公共行政行为准则的基本内容，从个人化的行为标准到组织化的行为模式，实际上就是行政人员和行政组织在行政活动中必须要遵守的行为准则。在行政价值观的发展期，组织行为模式转化为社会价值认同，行政价值观的实现是由价值认同转化为公共行政内在动力。这里两者对价值认同的探讨充分体现了鲜明的逻辑关系，价值认同既指向与行政价值观的发展又成了公共行政的内在动力。因此，行政价值观作用机制得以产生、深化的内在条件就是其生长历程。

第二，生长历程是作用机制得以实践、发展的内在条件，这主要是指行政价值观的作用机制要应用于实践并在实践中发展离不开行政价值观生成的具体过程。行政价值观得以实践、发展不仅依赖于作用机制的要求，更依赖于生长历程的逻辑过程。生长历程是对行政个体、行政主体、行政组织、社会等在价值观层面逐步完善和深化过程的分析，在这个逐步深入的过程中离不开具体的行政实践活动，而行政实践又恰恰是行政价值观作用机制得以实现的基石，也是检验行政价值观作用机制是否奏效的标准。由此可见，行政价值观的生长历程与作用机制通过是行政实践而联系起来的，具体而言：在价值示范转化为公共行政价值规范的过程中，实际上是在行政系统树通过立一批先进的、优秀的典型来引导、鼓舞行政人员，然后再通过制度化的方式确立价值规范。这就离不开行政个体行为趋势的长期培养和行为标准的日臻完善，只有具备良好的行为标准才能在行政实践中成为价值示范的标杆，才能成为公共行政价值规范的忠实践行者。在价值标准转化为公共行政行为准则的过程中，行政主体的价值标准升华为整个公共行政系统的行为标准，这除了需要行政主体行为标准的完善之外,更需要行政组织行为模式的引导和巩固,只有这样公共行政行为准则才能最终落实到行政组织的行为和行动中。在价值认同转化为公共行政内在动力的过程中,行政组织自身的价值认同是建立在组织行为模式的践行之上的,社会的价值认同也是行政价值观发展的结果。由此可见,寻求公共行政的内在动力也是行政价值观发展的目标,更是深化公共行政实践过程的要求。因而,行政价值观作用机制得以实践、发展的内在条件也是其生长历程。

二 作用机制是生长历程的客观发展

行政价值观的生长历程是行政价值经历萌芽、演进、发展直至成型的过程,它最初表现为个体的行为趋势,由个体行为趋势转化为行政主体的行为标准是其萌芽阶段,其演进过程是由行政主体行为标准转化为组织的行为模式,直至达到社会的价值认同时,行政价值观才得以生成。行政是随着国家机器的产生和人类社会的发展成熟而产生的,国家的出现衍生出行政事务和行政行为来。当这些行政事务和行政行为担负了"人类社会对它的价值期望"时,行政价值也就应运而生了。行政价值观的生长历程并不是自然的产物,而是人类在具体的行政实践中通过发挥自觉能动性建构起来的。行政价值观的实现过程,即行政价值观的作用机制也是如此,它是行政主体通过创造性的行政实践将行政价值规范、行政价值标准指导行政事务和行政行为的过程。行政价值观的实现重在强调行政价值由理论形态走向实践形态,行政价值的规范和标准能落实到行政实践中来,让人民群众享受到优质高效的公共产品和公共服务,从而提升起全社会对于公共行政系统的价值认同。

行政价值观的生成过程与实现过程不是完全相分离的,二者并不具有完全明确的界线:行政价值观处在生成阶段时,其作用机制也开始发挥效用;行政价值观在约束、规范行政行为时,其本身也在进一步走向完善,即行政价值观的建构过程并不是一步到位的,而是一个不断修正、无始无终的过程。行政价值观的生长历程是作用机制运行的前提和内在条件,行政价值观的作用机制的有效运行是生长历程的客观发展和最终目的。如果行政价值观不能发生现实作用,其生成也就不具备现实意义。行政价值观的作用机制是其生长历程的客观发展体现在三个方面:一是行政价值观的作用机制运行过程是对行政价值观全面、正确认识的过程;二是行政价值观通过作用机制完成行政价值观由理论层面走向实践层面的过程；三是行政价值观在作用机制运行过程中对生长历程进行理论深化。

全面、正确地认识行政价值观是行政价值观生成之后的首要任务，就是要充分地认识到行政行为满足社会公众需求的特性。正如行政价值的定义：行政价值是指行政客体对行政主体需要的满足，也就是说，只有行政事务和行政行为符合并满足作为行政主体的社会公众与行政人员的需求，该行政行为才体现了行政价值。对行政价值观的全面、正确认识有两方面含义：一是要正确认识和把握社会公众的内在需求。这是行政价值观生成的必要条件，更是行政价值观实现的内在基础，在行政价值观的实践层面起着举足轻重的作用。而且检验行政价值观中行政价值规范与行政价值标准是否正确、有效的唯一根据是是否符合公共意志的表达及是否满足社会的公共需求。二是要清楚地认识到行政行为的目标、实现手段、技术方法必须服务于公共意志和公共需求。掌握行政行为的规律和行政组织管理的方法，才能在行政价值观的指导下完成行政事务，确保为社会公众提供保质保量的公共物品和公共服务。

与行政价值生成相比较，行政价值观通过作用机制完成了由理论层面向实践层面的实质性跳跃。行政价值观在生成阶段指向的是"应然层面"，而行政价值的实现过程则是"实然层面"的行政实践。行政价值观由理论转化为行政实践就是践行行政价值的过程，主要是指行政组织及行政人员依据行政价值规范和行政价值标准向社会提供符合公众需求的公共物品和公共服务的实践活动。这是在全面、正确地认识了行政价值观之后最为关键的一步。行政价值观由价值示范转化为公共行政的价值规范是指行政价值主体要模仿、学习在行政实践中树立起来的优秀典型与模范榜样，以价值规范的行为约束行政主体的行政行为，为行政价值的实现提供了制度保障。行政价值观由价值标准转化为公共行政的行为准则是以行政价值评价体系为平台，监督、引导行政主体的行政行为时刻在行政价值观要求的框架内。在行政价值观的实现过程中还需要对公共行政价值与个体价值观进行融合、协调。公共行政价值观体现的是行政系统整体的行为价值取向，行政实践则必然掺杂了行政人员的个体价值观，行政人员的个体价值观受到社会环境、个体素质等多方面因素的影响，难免与公共行政价值产生冲突。协调好这种价值冲突对于正确理解和实践行政价值观至关重要。

行政价值观在作用机制过程中对生长历程进行理论深化。行政价值观在实践过程中要经历行政价值判断、行政价值规范以及行政价值理念三个层次化阶段。行政价值判断是社会公众通过直观感受对行政价值观指导下的行政行为满意与否的判断,它是行政价值观的第一层次,起着基础性作用。行政价值规范,是"行政行为应该如何或必须如何的准则、尺度,它是从行政价值判断总结归纳而来的",所以是行政价值观的第二层次。行政价值理念是从行政价值判断和行政价值规范中提炼、升华而来,是行政价值观的最高理论层次,表现为行政主体以何种行政行为来满足公共需求的意识、观念。行政价值理念从某种程度上说也是公共意志表达的结果,它最终体现的是社会公众对行政行为满足需求的程度。行政价值观由行政价值判断发展到行政价值规范,最后沉淀为行政价值理念的过程,就是行政价值观通过作用机制在理论生成的基础上客观发展的体现。通过行政价值理论的深化,行政价值观将朝着科学、可持续的方向发展,并最终有利于服务型政府的构建。

三 生长历程与作用机制有机统一于行政价值观发展过程

人类社会活动出现伊始,行政现象和行政行为为主要标志的行政实践活动也就出现了。而且,作为解决人类社会公共行政领域问题的重要社会活动,行政实践是随着行政环境的变化而不断发展的,在行政实践中,具体行政思想、行政制度、行政行为都会随着行政环境的变化而不断发展。行政发展是社会发展的重要组成部分,从一定程度上说,"人类文明史的这一整个时期的社会发展都是在行政发展的推动下展开的"[1]。中国的行政发展主要经历了农业社会的统治行政、工业社会的管理行政这两个历史时期,20世纪后期推行的行政改革提出建设服务行政的目标,为行政发展指明了改革方向。党的十八大以来,以习近平同志为核心的党中央坚持和加强党的全面领导,深化党和国家机构改革,在一些重要领域和关键环节取得重大进展,为党和国家事业取得历史性成就、发生历史性变革提供了有力保障。国家治理体系和治理能力现代化变革适应时代要求从"管得了"转变为"管得好",国家治理体系和治理能力变革正以全面、深入、科学、规范的特征开启。当前,以机构改革为契机,公共行政系统全面贯彻落实党的十九大精神,推动高质量发展,

---

[1] 张康之:《论行政发展的历史脉络》,《四川大学学报》(哲学社会科学版)2006年第2期。

建设现代化经济体系，加强和完善政府经济调节、市场监管、社会管理、公共服务、生态环境保护职能，着力推进重点领域和关键环节的机构职能优化调整，构建起职责明确、依法行政的政府治理体系。①

在对行政发展的定义界定与内涵表述上，中西方学界的学者们尚未达成完全的共识。到目前为止，界定更为精妙又更受中国学界认可的当属何颖教授的观点："行政发展是指各国政府为满足本国社会发展的需要而采用科学方法变革与健全行政制度体系，调整行政活动与行政关系，以促进本国政治、经济、文化、社会各领域协调共进的行政活动过程。"② 它从行政发展的具体维度出发，对其动因、途径、任务和根本目的做出了客观贴切的描述。另一种理解受到了美国生态学家雷格斯的影响，他认为"了解公共行政与其环境之关系"是研究公共行政的首要任务，中国学者沈亚平以此将行政发展定义为"通过一定的方法和途径，创造、维持和加强行政能力，改变原有的与环境不相适应的行政形态，使其进化为与环境保持新的动态平衡的更高一级的行政形态的过程"。而从哲学的维度来理解行政发展，就要追溯到20世纪80年代法国哲学家佩鲁对"发展"做出的合人性化的总结，即发展是整体的、综合的、内生的、以人的发展为中心的。此种观点把人的发展看作社会发展的实质，这正是哲学意义上行政发展的理论基础。因而可以认为：行政发展是指行政主体消减、废除、革新因为政策、制度、权力运作而引发的负面效应及后果，"从而使人类的政府行为更为科学、更为合理并以此指导获得人类社会进步的物化结果"③。它是一种行政价值意义上的从价值选择到实践的过程统一，更是在应对内外矛盾丛生的行政改革中，引导行政系统"由一种形态向另一种形态进化"。社会的发展不能一味追求经济进步，更需要政治、文化、生态的协同共进。行政发展就是要使用行政的调节功能来平衡发展的杠杆，追求这种社会的协同共进，以整体的、综合的、以人的发展为中心的发展观来指导行政价值与行政行为选择。

行政价值观是在长期的行政管理实践中萌芽、演进和发展的，它是行政发展之于意识层面的主观反映；而其"一旦形成又对行政管理实践起着指导

---

① 廉丹、黄鑫：《推进国家治理体系和治理能力现代化——深入学习习近平总书记在2018年全国两会上的系列重要讲话之四》，《经济日报》2018年3月22日第12版。
② 何颖：《行政发展的释义及其动因》，《新视野》2003年第4期。
③ 何颖：《行政哲学研究的逻辑起点及其定位》，《行政论坛》2007年第5期。

和规范作用,对行政系统成员的心理、机制运行以及行政系统的生存和发展产生多重的影响"。行政价值观有机融合于行政发展之中,是因为行政意识与行政观念具有发展性这一主要特征,它们形成于一定的社会历史条件中,又随着社会大环境的变化而发展。中国社会的发展历经了计划经济时代到改革开放的市场经济时代的转变,行政发展亦经历了多次职能调整与体制改革,表现在行政价值层面便是行政理念的革新,如:由集权转向民主、由人治转向法治、由管制转向服务、由全能转向有限等。行政价值观的发展更为显著地体现在处理经济与社会发展中效率与公平这一基本价值关系上,从确立市场经济体制之初党的十四届三中全会"效率优先、兼顾公平",到十六届六中全会提出的"更加注重社会公平",再到十七大"初次分配和再分配都要处理好效率与公平的关系,再分配更加注重公平"的具体表述,到十八大"推动经济更有效率、更加公平、更可持续发展""初次分配和再分配都要兼顾效率和公平,再分配更加注重公平",最后到十九大"激发全社会创造力和发展活力,努力实现更高质量、更有效率、更加公平、更可持续的发展""必须多谋民生之利、多解民生之忧,在发展中补齐民生短板、促进社会公平正义,在幼有所育、学有所教、劳有所得、病有所医、老有所养、住有所居、弱有所扶上不断取得新进展,深入开展脱贫攻坚,保证全体人民在共建共享发展中有更多获得感,不断促进人的全面发展、全体人民共同富裕""必须始终把人民利益摆在至高无上的地位,让改革发展成果更多更公平惠及全体人民,朝着实现全体人民共同富裕不断迈进""不断满足人民日益增长的美好生活需要,不断促进社会公平正义,形成有效的社会治理、良好的社会秩序,使人民获得感、幸福感、安全感更加充实、更有保障、更可持续",都是公共权力主体与时俱进、适应社会发展需要积极探索的结果,体现着行政价值观与行政发展相互作用、相辅相成的关系。

首先,行政价值观的生长历程与作用机制是行政发展的有机组成部分。将行政价值观的生长过程与作用机制过程分解成单独的行政事件,则可以看出:行政价值观的生长历程经历了从个体行为趋势转化为行政主体的行为标准,到行政主体行为标准转化为组织的行为模式,再到行政组织行为模式转化为社会的价值认同这三大阶段。每一个阶段都伴随着行政行为更趋规范化和程序化,行政价值意识更趋正确与合理化,民众对于公共行政的认同感也得以强化。这对于公共行政的发展成熟起到了非常重要的促进作用,其本身就是一种意识形态意义上的行政发展。而行政价值观的作用机制过程包括了由价值示范转化为价值规范、由价值标准转化为行为准则、由价值认同转化为公共行政的内在动力这三种作用形态。相对于价值示范的个体效应来说，价值规范以一种条文的形式将其固定下来，要求行政人员的行政行为必须以其为榜样和模型，加以学习效仿；公共行政的行为准则则是从行政价值评价的角度出发，监督和鞭策行政人员以主流倡导的价值标准来严格要求自己的言行；社会的价值认同是社会公众对于行政系统行政行为满意的结果，民众的认同是促进行政发展的根本动力。这三种作用形式都表现为行政价值观从理论指导层面向实践层面的转化，这本身就是一种行政发展。

其次，正确的行政价值观引导和规范良性的行政发展。马克思主义的历史唯物观认为：实践决定认识，认识反作用于实践。行政价值观与行政发展正是这样一种关系，行政价值观生成于长期的社会历史实践过程中，而这种沉淀下来的价值观被认可和接受后，就会对行政主体的行政活动产生引导和规范作用，决定行政行为的取舍与性质。引导和规范作用是通过影响行政价值的实践路径来实现的，即影响行政主体在行为选择过程中考虑用何种工具、通过何种手段来完成实践。具体来说，完成行政发展的各种行政实践活动需要解决的首要问题是要做什么和结果怎样的预判。在行政活动中，行政主体的行为取舍正是通过行价值观所提供的价值标准和价值规范来进行的，并以价值评价尺度为标杆来衡量何种行为选择有价值以及有何种价值。进而明确行政发展需要什么样的行政实践才能做到趋利避害。同时，行政发展伴随着持续的行政改革，在这一意义上，行政主体更需要以其内化的行政价值观所涵盖的标准与尺度来明辨改革行为的正当性和效用性，从而选择有价值的改革举措，在保证公共行政有序性的前提下创新行政改革。行政价值观的规范作用在一定程度上还表现为对负价值行为的抑制，它通过协调各行政主体间的关系来防范和调解行政发展中出现的各种冲突行为和混乱秩序。因此，若缺乏行政价值观的规范引导，行政改革将没有支撑，行政发展更无从谈起。

最后，行政发展促进行政价值观的革新。"行政发展是一个综合的整体性发展过程"，这一过程包含了"硬件"和"软件"建设两个层面：一是政府职能、组织结构、法律法规、政策制度等硬件设施的改革与完善。二是文化生态、意识观念、伦理道德等软件工具的修正与更新。行政价值观对行政发展起到了引导和规范的作用，影响着行政发展的方向和性质；反过来，行政改革和行政发展也包含了行政价值观的革新和发展，它为行政价值观的除旧改新提供了基础和条件，从而促使行政价值观更新、变迁。马克思、恩格斯在《共产党宣言》中指出："人们的观念、观点和概念……人们的意识，随着人们的生活条件、人们的社会关系、人们的社会存在的改变而改变。"行政价值主体是行政主体在一定的价值环境下附着的特殊状态，行政主体的价值观随时受到来自环境变化的影响，不管是积极事务的激励和激发，还是消极事务的阻滞和延缓，都会影响到行政主体的行政价值观。换言之，在行政发展的各个不同阶段，行政价值观都表现出不同的状态和功能，二者在相互作用、相互促进的基础上产生着某种内在联系。随着与时俱进的行政改革措施的施行，行政发展进入了新的阶段，与之相对应的是，行政价值观念与价值意识也进入了一个新旧交迭、此消彼长的状态。在行政改革与发展的过程中，某些传统的好的观念和意识慢慢被剔除开来，甚至有些是一直被奉为主流的价值观在行政发展的过程遭遇挫折。然而，一些本不被普遍接受的、偏离社会认同的价值观反而在一部分人的推波助澜中得到扩大化，使得行政主体产生价值偏差与自我怀疑。在这种新旧价值观的拉锯战中，行政主体会根据行政环境的变化和对普遍流行的价值形态的认知，来调整和接受新的行政价值观。行政发展对行政价值观革新的促进作用是一种潜移默化、持续发展的过程。

第四章 行政价值观的发展及其规律

行政价值观是行政主体的重要精神准则和公共行政活动的动力源泉，从根本上决定了公共行政的宗旨、目标和运行方式。作为一种观念体系，行政价值观是随着行政实践的发展而发展的，其发展是有规律的。掌握行政价值观的发展规律，有助于我们更好地把握当前公共行政的发展特点以及未来公共行政的发展趋势。

第一节　西方主流行政价值观的演变及其中国转换

一　西方主流行政价值观演变的基本历程

行政价值观是一种文化，文化具有特定的要素和结构，广义的文化具有物质—制度—精神的内在结构。人们对西方行政价值观的认知发展是按照物质—制度—精神结构的内在逻辑螺旋式上升、波浪式前进的。从作为公共行政领域的知识体系进入研究者视野到20世纪60年代，其研究重点从公共行政的物质层面到制度层面再到精神层面，逐层深入，经历了第一个周期的循环。第二次世界大战后，学术界对行政价值观的认识步入新一轮的发展周期，研究重点也依次经历了物质、制度、精神和心理等层面的因素。20世纪末，信息技术的发展和电子政务的实践，揭开了学术界对行政价值观认识又一轮发展周期的序幕，学术界对行政价值观相关问题的研究，也立足于新的物质技术基础，开始了更高层次的探索。行政价值观是发展的，其演进是有规律的，是从较低阶段向较高阶段螺旋式上升、波浪式前进的动态过程。从文化演进的视角看，行政学价值观的发展历程是符合文化演进的内在逻辑而进行的，其研究重点是沿着公共行政物质—制度—精神层面的要素螺旋式上升、波浪式前进的。

（一）行政价值观研究第一周期的基本历程

威尔逊在《行政学研究》（1887）中，提出把行政当作一门独立的学科进行研究，开启了行政学研究之先河。古德诺的《政治与行政》（1900）明确提出政治、行政二分法，使行政学从政治学中正式分离出来。但他们只是开启了行政学这一新的研究领域，其观点尚不系统，还没有形成完整的学科体系。这一时期，行政价值观尚融合于哲学价值观、政治价值观领域，并没有引起关注。

"现代西方行政学的产生和发展是与西方的科学管理运动密切相关的……正是科学管理运动的兴起，才促成了西方行政学的形成和兴盛，而对于这场科学管理运动的形成起着决定性影响的，乃是泰罗的'科学管理理论'。"① 泰罗被誉为"科学管理之父"，其《科学管理原理》（1911）奠定了科学管理理论的基础，虽然这些原理是针对企业管理而提出的，但作为一场完全的思想革命，也为公共行政提供了可行的思路和方法。泰罗着眼于从时间、空间上研究管理工业生产的技术问题，在物质层面对管理科学进行探索。法约尔被誉为"管理过程学派的奠基人"，其《工业管理与一般管理》（1916）提出了管理十四原则和五要素说，确立了一般管理理论，内容更加丰富，适应范围更广，大大推动了行政学的发展，但仍没有冲出以车间为范围、以技术为中心的藩篱。可见，这一时期对行政价值观的认识还停留在以"效率"为中心的器物层面。沃尔多就批评了这种过于重视效率的观点，在他看来，虽然效率的追求本身是无可厚非的，但必须考虑效率的方向性，使效率具备一定的道德内涵，效率如果失去了道德内涵，就可能变成负面的效率，"价值观念是不能科学地加以探讨的，而且人的自由意愿意味着机械的因果原则是不适用的"②。科学管理理论和一般管理理论是行政学发展初期的代表性成果，其重点在行政管理的物质层面，没有深入到制度和精神层面。这不是泰罗、法约尔的局限，而是历史和时代的局限，是行政学在特定发展阶段的必然。这一时期，人们对公共行政领域价值、价值观相关问题的研究，主要是对与物质技术手段密切相关的"效率"问题的探索。

20世纪20年代前后，被誉为"组织理论之父"的韦伯，把目光转向组织结构和设计，其《社会与经济组织》（1922）对公共行政的组织问题进行

---

① 丁煌：《西方行政学说史》，武汉大学出版社1999年版，第45页。
② 丁煌：《西方行政学说史》，武汉大学出版社1999年版，第222页。

了系统的研究，提出了"官僚制"（理想的行政组织体系）理论，揭示了行政组织的许多重要特征和管理原则，对行政学的发展产生了重要影响。韦伯在其"官僚制"理论中，以"合理性"（rationality）作为科层制设计的学理预设，认为组织中自愿的服从是以形成个人价值氛围的"信仰体系"为基础的，这些明显深入到了行政价值观领域的具体问题。官僚制理论是行政学研究重点跨入制度层面的标志，韦伯是推动这一跨越的关键性人物，而不能如传统观点一样，视其为与泰罗、法约尔并列的古典管理理论的三大代表之一。

同期，厄威克"在组织体系及组织原则方面也提出了若干新的理论"①，认为管理过程由计划、组织和控制三个主要职能构成，在《管理的要素》《组织的科学原理》《组织中的委员会》《行政管理原理》等著作中，提出了他认为能应用于所有组织的八条原则：目标原则、相符原则、职责原则、等级系列原则、控制幅度原则、专业化原则、协调原则、明确性原则，对行政学发展产生了重大影响，这些原则是人们对行政价值观的认识深入制度层面要素的具体体现，在今天的行政实践中仍然具有重要的价值。

韦伯立说后不久，美国也出现了类似的行政学流派（古典组织理论或管理过程学派），将研究重点放在组织的结构和设计上。怀特的《行政学导论》（1926）为行政学的学科体系构建了一个比较完整的理论框架，对行政学的研究对象与范围、行政环境、行政组织、行政协调、行政法规、行政监督等问题进行了系统研究，是公认的第一部行政学教科书，标志着行政学的正式诞生。该书共21章，有6章讨论的是行政组织、中央集权的体制与限度、权力汇一的体制与方法、部门的组织、行政机构的改革等组织问题，最后4章还专门讨论了行政条例与规章、行政监督等问题，很明显，这些都属于制度层面的行政价值观。穆尼和赖利的《组织原理》（1931）也重点研究了组织结构和组织设计。古利克的一体化行政思想认为，建立行政科学的目的在于更大地提高公共部门工作效率，强调以一体化的名义进行结构改革，强调行政组织内部及行政组织之间的行政权力。高斯的《美国社会与公共行政》（1936）和《政府生态学》（1947）提出了行政管理与行政环境之间的关系问题，强调外部生态因素对行政组织的重要性。生态因素是行政价值观有效发挥作用的重要外部条件，这表明，理论界对行政价值观的认识已经带有了系

---

① 周三多：《管理学——原理与方法》，复旦大学出版社1999年版，第57页。

统论的思维特征。韦伯的著作到1947年在美国才有译本，这表明不同国度学者对组织的研究是相互独立的过程，表明人们对行政管理的认识是按照客观规律进行的，在信息传递相对落后的情况下，行政学也是按照其内在逻辑独立发展的，相应地，人们对行政价值观的认识也具有相似特性。

古典学派的成果（古典科学管理理论和古典组织理论）应用于美国公共行政实践后，并没有充分达到生产高效、工作和谐的预期目标，这促使学者们开始关心管理中人的因素。也可以说，在技术、组织相对完善的情况下，公共行政进一步发展的突出问题便是人的问题，这种认识已经深入到了行政活动中的精神要素。这时，行政理念发生革命性变革，人们把公共行政视为以诸多人文科学为理论基础的社会系统工程，行政学研究的重点也转向人的因素，探索人群关系、人的心理状态、情感对公共行政的影响，主张运用社会学、心理学等学科知识来充实行政学的理论体系，一些新的行政学学派（社会系统学派、人群关系学派、行为科学学派等）逐渐酝酿诞生。概言之，行政学研究重点已跨入行政管理的精神层面，人们对行政价值观的认识，已经深入精神领域的实质性问题，这就更加接近了行政价值观研究的本源。

梅奥在《工业文明的人类问题》（1933）和《工业文明的社会问题》（1945）中，提出了人群关系理论，认为人是社会人，人除追求金钱外，还有社会心理方面的需求（人与人之间的感情、安全感、归属感等），满足人的社会需求、提高士气是提高劳动生产率的关键；他同时发现组织内部存在以感情为纽带的非正式组织。人群关系理论使西方管理思想进入行为科学阶段，为行政学研究深入公共行政精神层面的要素奠定了基础。"在梅奥以及由他为代表的人际关系学派（早期行为科学学派）以前，各种管理理论主要强调管理的科学性和严密性，轻视人的作用，把工人看作机器的附属品。人际关系学派则注重人的因素，研究人的群体行为和个体行为，强调满足职工的社会需求。"[①] 作为社会系统学派的创始人，巴纳德在《经理人员的职能》（1938）、《组织与管理》（1948）中，提出了组织系统观，把管理组织和管理职能同社会学、心理学、伦理学等结合起来，而不是像法约尔那样，仅仅从原则、职能的角度研究组织行为。这进一步说明，人群关系学派和社会系统学派处在行政学发展的相同阶段，以积极进取的态度，在公共行政的意识、心理因素层面开始了改弦

---

① 孙耀君：《西方管理学名著提要》，江西人民出版社2003年版，第96页。

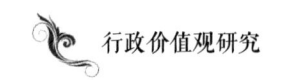

易张的探索，这也进一步推动了人们对行政价值观认识的深化。

行为科学是人群关系学派和社会系统学派的继续和发展，其注意力集中在人群行为上，并吸取了心理学、社会学、人类学等学科的相关成果。西蒙在《行政行为——行政组织决策过程的研究》（1947）中，提出了行为主义行政学说，大大拓展了行政学的理论视野。马斯洛在《人类动机理论》（1943）中，提出了需要层次理论，揭示了人的需求演变的、动态的性质及其对行为的激励，开启了公共人事管理研究的先河。麦格雷戈在《企业的人性方面》（1957）中，提出了以注重发挥公务人员才干和热情、重视人的行为、尊重人格为特征的X—Y理论，奠定了公共人事管理理论的基础。1958年，彼得·德鲁克提出了"人力资源"的概念，启发着人们对行政管理中人的因素是深入探讨。阿吉里斯在《个人与组织：互相协调的几个问题》（1957）中，阐述了人类个性的"不成熟—成熟"理论，分析了这些人类天性与行政管理的组织原则之间的矛盾及其解决方法。赫茨伯格在《工作与激励》（1959）中，提出了激励—保健的双因素理论，对人的工作动机进行了深入研究。

行为科学研究人的行为规律，探讨人性、人的需要和激励问题，在行政管理意识、心理层面继续进行了深入探讨，这种研究延续到20世纪60年代，达到了行政管理精神层面研究的高峰。当然，行为科学忽视了人的因素与物质技术条件、组织结构等的结合，也没有深入探索形成人的个性心理特征和影响人的工作主动性的利益动因，没能把研究触角深入行政管理的更深层次，而是把这一任务留到了下一发展阶段。

至此，行政学研究重点依次经历了公共行政物质、制度和精神层面的要素，完成了一个周期的演进。这一周期从20世纪初开始，大约经历了60年之久，而30年代，则是从物质和制度层面进入精神和心理层面的转折点，这一时期，行政学界对行政价值观相关问题的认识也经历了类似的过程。

（二）行政价值观研究第二周期的基本历程

第二次世界大战后，先进科技成果广泛应用于社会管理领域，为行政管理理论研究提供了坚实的物质条件。这时，和平、民主和独立等价值观念深入人心，殖民地、半殖民地国家纷纷独立，发达国家劳工运动蓬勃发展，劳资矛盾空前激烈，对国家公共事务管理提出了严峻挑战。人们不得不反思传统行政管理模式的利弊得失，管理科学学派应运而生，其"主导思想是使用先进的数学方法及管理手段，使生产力得到最为合理的组织，以获得最佳的经济效率，而较少考虑人的行为因素"①。很明显，这个学派重视的依然是以管理技术、管理手段为中心的物质要素，和泰罗的科学管理一脉相承，但又不是泰罗思想的简单延续，而是立足新的物质条件，把最新科技成果运用于公共行政理论和实践，开启了行政学发展新的周期，也揭开了对行政价值观研究新的探索序幕。

70年代前后，行政学研究重点转向行政组织（行政制度）问题。但这种研究已不是20、30年代的内容，而是多维立体型组织，是"矩阵型组织结构形式和事业部制组织结构形式的综合发展"②。以弗雷德里克森为代表的新公共行政学学派，提出了动态、开放、系统的组织观，认为新公共行政的使命就是对影响行政管理的各种因素和组织结构进行变革。德鲁克在《管理：任务、责任、实践》（1973）中，提出了目标管理理论，基本出发点就是让下级单位和人员参与制定组织目标和组织计划，以增强其责任心。布坎南公共选择理论的"政府失败说"，将市场制度中的人类行为与政治制度中的政府行为纳入同一轨道，即经济人模式，探讨政治领域中经济人行为是怎样决定和支配集体行为，特别是对政府行为的集体选择所起的制约作用，一旦发生公共生产低效率的问题，就应该从现行体制上寻找原因。德罗尔的《公共政策制定的再审查》（1968）、《政策科学构想》（1971）和《政策科学探索》（1971）被誉为"政策科学三部曲"，极大丰富了现代政策科学的理论内涵，成为行政学研究在这一阶段的突出成果。里格斯的《发展中国家的行政：棱柱型社会的理论》（1965）、《发展行政的新领域》（1971）、《重访棱柱型社会》（1973）运用生态学的理论与方法，通过对行政组织环境的分析来研究发展中国家的行政问题，创立了以生态学方法研究行政学的新的行政理论体系，使行政生态学成为一门系统的学科，大大推动了行政学的发展。③ 80年代，为"再造组织的无限生机"，彼得·圣吉勾画了学习型组织的蓝图，通过整合自我超越、心智模式、共同愿景、团体学习、系统思考五项修炼，"以一种新的方式使我们重新认识自己所处的世界"④，作为一种全新的管理理念，学习

---

① 周三多：《管理学——原理与方法》，复旦大学出版社1999年版，第71页。
② 杨文士、张雁：《管理学原理》，中国人民大学出版社1994年版，第182页。
③ 唐兴霖：《里格斯的行政生态理论述评》，《上海行政学院学报》2000年第3期。
④ ［美］彼得·圣吉：《第五项修炼——学习型组织的艺术与实务》，郭进隆译，杨硕英审校，上海三联书店1998年版，第1—12页。

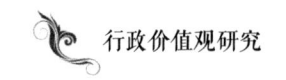

型组织理论强力推动着组织变革和发展。

这时，传统官僚制理论受到越来越多的批评，文官制度趋于成熟，管理的价值问题引起了更多重视，"全球范围内的、以政府改革为中心的公共行政改革浪潮，将管理行政由公共行政阶段推至公共管理阶段"①，行政学研究在行政哲学、行政文化等领域深入展开。"为迎接全球化、信息化、国际竞争加剧的挑战以及摆脱财政困难和提高政府效率，发达国家掀起了政府改革（政府再造）的热潮。"② 政府再造涉及政府治理的观念、结构、方式和方法的变革，是人们在行政改革问题上的观念更新。③ 不少学者呼吁实现面向人、重视人和以人为核心的管理，研究重塑和团结人的价值观念、道德规范、生活信念等方面的问题，为人本管理注入了新的活力，以奥斯本的企业家政府理论［《改革政府——企业精神如何改革着公营部门》（1992）］为代表，新公共管理运动提出了治理、善治、服务等行政理念和服务型政府的行政发展目标，以便"立足于政府本质的法律定位，以公共精神为指引，以公共利益为旨归，实现公共行政模式和结构与企业管理理念和技术的同频共振"④，将研究视野深入到了价值理念、利益取向这一深层结构。弗雷得里克森的《公共行政的精神》（1997）对涉及公共行政领域的公正、公平、公民精神、行政自由裁量权等问题进行了深入细致的分析，认为"公共行政领域的一些重大问题往往是与公共管理者的信念、价值和习惯有关的"⑤，指出当代公共行政在动荡的变革环境下，必须在政治、价值与伦理方面进行恰当的定位，从而构建公共行政官员所应遵循的价值规范与伦理准则，以建立现代民主政府，并确保政府治理的有效性。这些都是行政学立足于新的历史环境和条件，在行政管理精神层面进行的深入探索。

至此，行政学研究重点又依次经历了公共行政物质、制度和精神层面的要素，完成了另一个周期的演进，行政学界对行政价值观相关问题的认识，也经历了类似的过程。

---

① 黎民：《公共管理学》，高等教育出版社2003年版，第9页。
② 陈振明：《政府再造——西方"新公共管理运动"述评》，中国人民大学出版社2003年版，第1页。
③ 黎民：《公共管理学》，高等教育出版社2003年版，第230页。
④ 石亚军、李飞：《借鉴"企业家政府"反思"后官僚体制"》，《中国行政管理》2004年第9期。
⑤ ［美］H.乔治·弗雷德里克森：《公共行政的精神》，张成福等译，中国人民大学出版社2013年版，第2页。

（三）行政价值观研究第三周期的基本历程

世纪之交，政府改革的呼声一浪高过一浪，电子政府、网络政府、数字政府等逐步从理论变为现实。拉塞尔·M.林登在《无缝隙政府：公共部门再造指南》（1994）一书中提出了无缝隙政府理论，立足生产者社会向顾客社会转变的客观趋势，结合现代科技手段，探索以顾客为导向、以结果为导向、以竞争为导向的政府再造步骤。第26届行政学国际会议（2004年，汉城）的主题即电子治理（e-government）——给民主、行政和法律带来的机遇和挑战，这表明电子治理、电子政务已引起国际行政学界的高度重视。[1] 立足现代信息技术提供的条件，西方行政改革步伐加快，先进技术手段在公共行政的理论与实践领域同步发展，完成了从办公自动化到电子政务再到电子治理的发展过程，地球村、大数据、"互联网+"时代的技术水平、生活方式、行为模式甚至对公共行政提出了全球治理、虚拟治理的要求。2009年1月21日，奥巴马上任美国总统的第一天，签署了他的第一份总统备忘录——《透明和开放的政府》，之后三个月内，美国政府创设了两个新职位：联邦政府首席信息官和首席技术官，引发了联邦政府新一轮的改革浪潮，联邦政府各部门出现了越来越多的首席信息官，2010年，联邦政府通信委员会（FCC）还率先设置了首席数据官这一职位。

这些发展成绩与发展趋势，也给中国的行政改革和行政发展带来了新的理念和实践模式。中国从1993年开始实施金桥、金关、金卡和金税等信息化重大工程，也历经了从办公自动化到电子政务再到电子治理的发展过程，公共行政开启了"一种以公开透明、公民参与、政府与公民互动等为基本特征的行政管理模式"。[2] 大数据、"互联网+"、人工智能等现代科学技术勃兴的时代背景下，公共行政更加需要"借助互联网等信息化技术手段，加大基层服务平台整合力度，打破数据信息壁垒，推进'一张网'共存，推行'多证合一'和'一证多用'，营造审批事项少、行政效率高、行政成本低、行政过程工作透明的政务环境"[3]。这些表明人们行政价值观的认识已进入了新一轮的发展周

---

[1] 王浦劬、杨凤春：《电子治理：电子政务发展的新取向》，《中国行政管理》2004年第9期。
[2] 戴光前：《坚持以人为本的科学发展观 探索适应国情的电子治理之路》，《中国行政管理》2005年第1期。
[3] 马建堂：《简政放权：来自社会的评价与基层的声音》，《国家行政学院学报》2015年第4期。

期,也表明中国行政改革与行政发展已经具备了更广阔的国际视野与国际思维。

信息社会是一个高节奏的社会,海量的信息内容、多元的信息渠道、广义的信息范围,使得社会生活高度受制于信息。在公共行政领域,行政工具也日益打上了信息社会的烙印。随着社会生活趋于多样化、复杂化,社会生产规模和组织结构呈现小型化、分散化、个体化的趋势,公共行政的有效展开将主要依靠知识、信息、脑力等因素的作用,在行政技术、组织形式、管理理念等方面,必将进行一场新的变革。近年来,资本主义政治制度随着互联网技术变革而发生着一定程度的革新。张垚(2016)通过对Web3.0时代的西方政党政治运作新动向的考察,认为"指尖上的政治交往""指尖上的政党政治运作"等都将成为未来西方政党政治发展的关键词,而面对"端管云时代"移动互联网的"踹门",无论是传统形态政党组织还是新兴形态政党组织,谋划移动互联网和大数据时代的组织转型法则都是一个亟待迅速消化的时代课题。我们将研究的视野转回到中国特色社会主义政治发展道路,可以发现互联网也正在扮演着更加吃重的角色,主要表现为:一是培养了群众的民主意识,使得民主这一社会主义核心价值观更加深入人心;二是加速了政府"上网"的步伐,政府部门开设网站并及时公开民众关心的各类信息,有助于规避在重大事件发生时掉入"塔西佗陷阱";三是倒逼了政府话语转型,在越来越多的政务"两微一端"上,传统的"我说你听""我打你通"这种自上而下的"政治宣传"已经被更有亲和力的"政治传播"所取代;四是畅通了民意表达,"老百姓上了网,民意也就上了网",互联网让"人人都有麦克风";五是落实了人民监督,使得毛泽东同志"窑洞对"中"让人民来监督政府"的理念在21世纪的互联网上落地生根、开花结果。①

在数字经济时代,行政技术对行政生活的影响更加深入,如何有效发挥先进技术手段的作用,确保其功能正常发挥的同时,又确保其使用的价值导向,使行政技术真正为行政生活服务,真正成为推动行政生活至善至美的推动力量,是行政价值观应该关注的重大问题。当前,人们对公共行政领域价值观问题的关注,物质层面的要素、制度层面的要素、精神层面的要素呈现出高度糅合、齐头并进的特征,三个层面要素的层次区分也变得模糊起来,这正是信息社会先进技术手段影响人的认知必然结果,也从另一个角度印证

---

① 人民论坛理论研究中心:《互联网技术变革下人的全面自由发展》,《国家治理》2016年第2期。

了人们对行政价值观的认识是高度受制于行政环境的。

从文化的角度考察行政价值观研究侧重点的变化，导致行政价值观发展历程新的分期。从行政价值观问题进入研究者视野到20世纪60年代，学术界对行政价值观的研究经历了第一个周期的发展历程，20年代以前，研究重点在行政价值观物质技术层面的要素，20年代至30年代，研究重点在行政组织（制度）层面的要素，30年代至60年代则转向行政意识、行政心理层面的要素。20世纪60年代前后，行政价值观研究进入第二个发展周期，前期的研究重点在行政价值观物质层面的要素，70年代转向行政制度层面的要素，80年代则深入行政精神层面的要素。世纪之交，人们对行政价值观的认识进入了新一个周期的发展历程。有现代科技成果奠定的物质基础，有前两个周期积累的经验，人们对行政价值观的认识大为深化，对其各层面要素的研究呈现出交错发展、齐头并进的状况，研究侧重点转换的时间跨度也大为缩短，这并不是对行政价值观认知发展规律的否认；相反，更证明了行政价值观认知发展的内在逻辑。

梳理百余年来学术界对行政价值观关注点的变化，启发着我们对行政价值观发展历程的重新认识，与行政学发展历程相似，学术界对行政价值观关注侧重点的变化也是按照物质—制度—精神层面的要素螺旋式上升、波浪式前进的，具体历程如图4-1所示：

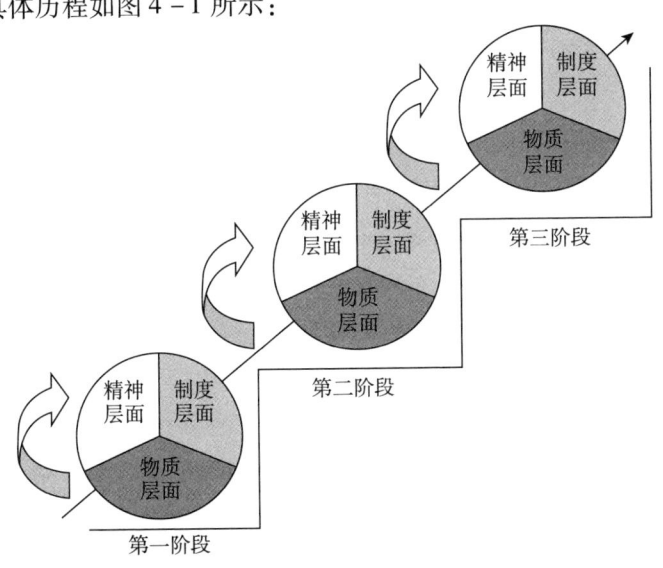

图4-1　行政价值观认知发展历程

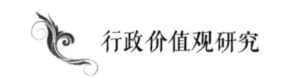

二　西方主流行政价值观演变的主要特征

百余年来西方行政价值观的演变可大致划分为三个阶段，即传统公共行政时期的效率至上阶段（20世纪初至20世纪60年代中）、新公共行政时期的公平至上阶段（20世纪60年代末至20世纪70年代末）和新公共管理时期的行政价值观多元化阶段（20世纪80年代以后）。通过考察这三个阶段的行政价值观，我们可看出，西方行政价值观的演变主要呈现出以下三方面的特征。

（一）对效率的重视贯穿于西方行政价值观认知演变过程的始终

尽管百余年来西方行政价值观演变的三个阶段所强调的核心价值观是各不相同的，但效率始终是各阶段核心价值追求的一项重要内容。在传统公共行政时期，学者们奉行政治—行政两分法，强调以价值中立为基本原则来研究行政学，效率被当成了公共行政领域内生的、至高无上的价值标准。新公共行政时期，一些研究者对效率价值的至上性提出了质疑，他们开始探讨公共行政的价值关联、政治关联、公平导向等问题，但是，这并不意味着他们是排斥效率价值的。实际上，新公共行政时期的学者们所批判的只是"投入—产出"式的经济效率，这种对经济效率的批判不在于否定效率本身，而在于提出效率的方向性问题，即在于推动效率与"公共利益、个人价值、平等自由等价值目标结合起来"。[①] 新公共管理时期，学术界对行政价值观的认知呈现出一种多元化的态势，此时既有学者强调责任、公平、善治等价值观念，也有学者强调回应、服务、批判与解构等价值观念，但在诸多价值观念背后，谁也没有否认效率的重要性。比如，新公共服务理论强调服务而不是掌舵，实际上是主张政府要通过增强对公众利益诉求的回应性来更有效地实现公共利益；治理理论强调管理主体的多元性及相互合作，实际上也是试图通过引入更多公共产品和公共服务供给主体的方式，将竞争机制引入公共产品和公共服务供给过程，充分发挥不同主体在公共产品和公共服务供给上的长处，这就明显蕴含着提升公共物品供给效率的价值取向。这一时期，最突出强调效率的是管理主义者，他们主张以管理学和经济学的方法来研究公共行政，主张把公众视为顾客，在一定程度上是效率价值观念的理性回归。

---

① 丁煌：《西方行政学说史》，武汉大学出版社1999年版，第338页。

第四章 行政价值观的发展及其规律

(二) 西方行政价值观的认知发展长期存在"核心—边缘"式的价值结构形态

"核心—边缘"式的价值结构是指在一个价值体系中,处于中心地位的核心价值观统率着处于边缘地位的其他价值观,而处于边缘地位的价值观则支撑着处于中心地位的核心价值观,核心价值观和从属价值观相互依赖、相互支持、相互补充的一种价值组合形态。① 在百余年来西方行政价值观演变的三个阶段中,一直存在着"核心—边缘"式的价值体系结构:在传统公共行政时期,这种价值结构表现为以效率为中心,包括民主、法制、科学、责任等诸多边缘价值在内的价值体系;在新公共行政时期,这种价值结构表现为以公平价值为中心,包括平等、责任与义务、组织革新、回应性等诸多价值在内的价值体系②;到了新公共管理时期,除以效率和公平为中心的价值体系继续为人所重视外,另有由登哈特夫妇所提出的以服务为中心,以回应性、公民权、自由、民主为核心的价值体系;由福克斯、法默尔等提出的以多元性为核心,以解构、非地域化、开放性、差异性等为边缘价值的后现代行政价值体系;由罗茨、格里·斯托克等人提出的以治理和善治为中心,包括民主、多元、法治、责任、透明、有效等边缘价值在内的行政价值体系。③ 这样,多个"中心—边缘"结构逐渐取代了原来单一的"核心—边缘"结构,行政价值观领域形成了多个"核心—边缘"价值体系齐头并进、相互竞争的态势。

(三) 西方行政价值观的认知发展存在着目的性价值与工具性价值的错置现象

百余年来的西方行政价值观演变史存在着明显的目的性价值与工具性价值的错置现象,这种错置主要有两种表现形式:一是把某种实现目的性价值的手段当成目的性价值本身;二是把某种并非终极价值的价值当成为终极价值。目的性价值与工具性价值的错置在传统公共行政时期和新公共行政时期表现得较为明显。传统公共行政时期,西方国家奉效率为公共行政的终极价

---

① 刘祖云:《论我国公共行政价值的三大问题》,《长白学刊》2005 年第 2 期。
② H. G. Frederick son, *New Public Administration*, University of Adam Press, 1980, pp. 6 – 7.
③ 周红云:《中国社会组织管理体制改革:基于治理与善治的视角》,《马克思主义与现实》2010 年第 5 期。

值，人们试图以效率价值的至上性来终结价值探讨的必要性。但是事实上，效率作为一种客观价值，本身并不具备这种终极性。尽管效率可以作为人们追求的目标，但它只是人们追求其他更高远目标的一种手段，更高远的目标可能是社会经济的高速增长，也有可能行政合法性的长久保证，还可能是社会的安定团结，但不应该行政效率本身。因此，传统公共行政时期人们将实际上承担着手段功能的效率价值当作为了一种终极价值，是将目的性价值与工具性价值错置的一种典型表现。在新公共行政时期，学者们对传统公共行政时期的效率至上的行政价值观进行了认真反思，在此基础上，他们试图确立公平价值观的核心地位。但事实上，公平作为一种价值也是缺乏包容性的，公平本身在具备一定的目的性的同时，也具备一定的工具性，是实现其他更高层价值的手段。公平的目的与工具两重性导致了在新公共行政时期的学者们眼里，一方面他们在理论上强调公平价值的核心性和终极性；另一方面他们又在事实上把公平当成一种减少社会摩擦、保持社会稳定、推进公共行政的"社会性效率"的手段，为此，弗里德里克森将正义引入公共行政领域，给公平赋予了更深的内涵。新公共行政时期的学者们试图把公平价值的工具性掩盖起来，以树立公平价值在整个行政价值体系中的核心地位，这实际上也是一种将工具性价值与目的性价值错置的表现。

三 西方主流行政价值观演变的内在规律

（一）行政核心价值观念随行政环境的变化而演变

行政价值观作为一种社会意识，其生成、发展与变革都要受当时特定行政环境的影响。例如，在传统公共行政时期，由于机构规模扩大导致效率低下，同时，政党分赃、官员腐败和官僚主义内在缺陷的广泛存在，这些现象都与当时西方国家市场经济发展的客观要求格格不入。在此行政环境下，提升行政效率成为行政改革的必然要求，效率也就在这种趋势下逐渐成为公共行政的核心价值观。在新公共行政时期，西方国家的社会环境发生了诸多变化，20世纪30年代，西方国家经历了经济大萧条，国家面临严重的经济社会问，国家行政体系面临多重冲击，公众对国家的信任度空前下降。罗斯福新政使人们意识到，现代政府应该积极承担公共责任，应该成为公共生活的主导，公共行政应该以促进社会公平正义为基本理念，致力于提高公共服务共建能力和共享水平，进而不断增进公众福祉。因此，新公共行政时期的学者们将公平、正义等价值观念引入行政价值体系中，彰显了公共行政的伦理特质和人文色彩。当前，全球性的经济衰退、环境恶化、利益分化、民主浪潮成为各国公共行政系统面临的共同问题，这要求公共行政系统更加关注经济社会可持续发展，更加关注社会弱势群体，更加回应公众多元价值诉求，不断提升公共行政绩效水平，"一方面要提升绩效水平以适应行政环境的快速发展变化；另一方面要回应不断增强的社会及市场自我管理和自我组织的要求，回应不断增强的公众参与意愿，回应不断分化的社会利益诉求，这就促使公共行政体系不得不直面价值观多元化的社会现实，寻求更强的包容性"[①]。

（二）行政价值观的演变过程是一个不断扬弃的过程

百余年来西方行政价值观的演变过程是一个在继承基础上不断扬弃的过程。在20世纪，公共行政奉效率为至上价值观念，它虽然在一定程度上顺应了西方社会的工业化潮流，但对经济效率的过分强调也导致了组织规章制度的过度扩张和社会的分化和不公。新公共行政时期的学者们对效率至上行政价值观的弊端进行了深刻反思，并在此基础上提出将公平价值核心化的诉求，试图以公平来弥补效率的不足。对公平的强调否认了绝对的价值中立的可能性，突出了公共行政的伦理性，强调了效率的方向性，相对于传统的效率至上价值观而言，是人们对公共行政认识的重大进步。但是，以公平为核心的行政价值观也是存在缺陷的：首先，公平本身就是一个内涵很广泛的概念，学术界对其认识，长期存在起点公平、过程公平、结果公平孰先孰后的分歧，基于不同认识而进行的价值取舍，是存在重大差别的，具体到行政生活中，这些基于认识偏颇而选择的具体行为，对公共问题的处理会产生完全不同的结果。其次，公平作为一种核心价值观念本身缺乏应有的包容性，它难以涵盖行政系统中其他一系列重要价值观念（如民主、回应性、责任等）。最后，公平与效率有着天生的矛盾性，对公平的过分强调可能导致对效率的漠视，机构臃肿、人浮于事、形式主义等可能在公平外衣下生长为公共行政的毒瘤。因此，到新公共管理时期，随着人们对传统行政价值理念的反思日益深入，人们进一步深化了行政价值体系的认识，行政价值观从一元化的逻辑中走了出来，具备了多元性、多样性等特征；同时，行政价值观也从单纯的公平—

---

① 颜佳华、王升平：《近百年来西方行政价值观演变的特征、规律及趋势探析》，《中国行政管理》2008年第8期。

效率论争逻辑中走了出来，提倡治理、服务、责任、回应等更具包容性的价值观念。这一时期，人们不但认可了效率的重要性，也认可了公平的重要性，同时还为二者赋予了更多的内涵，将效益、公正等价值观念引入行政价值观体系之中，使行政价值观更加贴近经济社会发展现实，实现了人们对行政价值观认识的重大跨越。

（三）行政价值观由单一价值取向趋向多元价值取向

在传统公共行政时期，公共行政是机械的、内向的、封闭的，严守效率至上的根本信条，公共行政系统着重于加强制度建设、完善组织机构、优化组织流程，而这种流程的完善、制度的强化是否顺应了组织中的人性要素，是否满足了社会公众的利益诉求，却往往为公共行政系统所忽视。20世纪60年代后，新公共行政学派登上历史舞台，针对效率至上行政价值观的弊端，学者们开始强调公平、强调责任、强调回应、强调民主，这是一种解救行政主体于机械异化、增强社会性价值的积极尝试。它既开始关注行政主体的需求，强调行政系统内部管理的人性，也更注重行政的社会价值分配功能，强调行政的社会性、公益性，是对人的价值的一种挖掘和发现。20世纪80年代以后，公共行政领域开始呈现出行政核心价值观多元化的态势，对多元性的强调进一步确认和巩固了个体权利，它使公共行政的重心由政府权力转向社会权利。这时，行政系统虽然也还强调效率，但已不再是单纯地为效率而追求效率，而是充分考虑到高效的行政更能满足社会需求，更能增进社会福祉，更能突显行政的公共性特质；此时行政系统虽然也还强调公平，但公平不再被认为是行政体系所追求的唯一目标，它仅是包括效率、公平、服务、回应、责任等在内的诸多价值观念中的一种。这种对社会需求的关注、对行政的公共性的重视、对行政价值观的多元性与体系性的强调，使公共行政的人本特质得到了进一步的彰显。[①] 因此，公共行政发展史上每一次价值观念的选择侧重点并不相同，从其历史脉络看，公共行政价值的变迁经历了从对单一价值的追求到多维价值并重且相融合的过程。从"效率至上"到"公平主导"，再到"3E"和质量取向，现正趋向于效率、公平与责任等多种价值观念交叉、彼此渗透，反映了现代公共行政正着力在多维价值观念的选择中达到一种理

---

① 颜佳华、王升平：《近百年来西方行政价值观演变的特征、规律及趋势探析》，《中国行政管理》2008年第8期。

性平衡，其间所蕴含的是对个人价值的认可和对公共利益的维护。

四　西方主流行政价值观的中国转换

西方公共行政一直围绕着两种不同的价值取向在变迁和发展。一种为公平价值取向，追求公平、正义和民主的公共行政；另一种为效率价值取向，追求使用先进管理方法和技术手段提高公共行政绩效水平。公平价值取向与效率价值取向的冲突与融合贯穿公共行政理论与实践的全过程，每一种公共行政理论的兴起或行政范式转换背后实际上都是回应与平衡效率、公平等价值观念的冲突。因此，公共行政问题的实质就是要正确处理好效率与公平的关系。当前，中国正在着力实现国家治理体系与治理能力现代化，同样也面对效率与公平孰先孰后、孰轻孰重的取舍问题。随着改革开放的不断深入，西方主流行政价值观对中国政府治理体系和治理能力现代化的影响越来越明显，其转换应该重点关注以下四个问题。

（一）坚持公共利益至上的基本价值取向

公共行政是协调社会利益关系的主要制度安排，以政府为代表的公共权力主体肩负着有效增进、合理配置公共利益的重大职责。公共权力主体是由一个个活生生的、现实的人所组成的，作为一种客观的社会存在，他们也有特定的利益需要，也会表现出特定的利益诉求，也会卷入社会利益冲突过程。但是，作为公共权力组成部分的人，他们又具有特定的公职身份，其言行举止都会在公众中产生影响，甚至可能影响政府形象、影响社会稳定。因此，公共权力主体在有效增进、合理配置公共利益的过程中，需要对自身身份和行为进行合理定位，需要确立以"公"为先的价值取向，从而理顺公私关系，保证自身公职行为的公共利益取向。公共利益至上是公共行政的基本价值取向。《中共中央关于制定国民经济和社会发展第十四个五年规划和二〇三五年远景目标的建议》明确要求："坚持把实现好、维护好、发展好最广大人民根本利益作为发展的出发点和落脚点，尽力而为、量力而行，健全基本公共服务体系，完善共建共治共享的社会治理制度，扎实推动共同富裕，不断增强人民群众获得感、幸福感、安全感，促进人的全面发展和社会全面进步。"因此，公共权力主体必须在坚持公共利益至上原则的基础上，不断创新公共服务提供方式，致力于促进公共产品和公共服务的有效供给，使人民群众从看得见、感觉得到的现实利益中感受到公共行政的好处，从而增强其对公共行政系统的认同、理解、支持程度。

(二) 恪守公正的价值基准

关于公共行政的价值基准点,历来有公平与效率的争论;争论的结果体现了公平与效率以及介于两者中间的一些价值倾向。在这个纷繁复杂的价值变迁中,"公共性"应当是始终不变的价值基准点。现代社会,无论政府的基本制度安排如何,政府作为公共机构的性质是不可更改的。面对公平与效率,不同的社会行为主体有其基本的职能定位以及相应的行为定位。私人主体注重经济效率的追求,并在法律和道德的框架中承担相应的社会责任。而作为公共机构的政府,应当以追求和维护社会公平为己任,通过制定有关政策,促进社会整体效率的提高。这种职能和行为定位的不同,决定了政府作为公共机构,其价值基准点只能是公平公正。在西方国家公共行政价值的变迁历程中,公正公平作为公共部门的基准点从未被抛弃。由于西方国家的行政与政治是相对分离的,所以尽管行政的主导价值在各个时期不同,但是政治的主导价值"公正"总是政府行为的基准点,并成为政府行为不言而喻的指标。公共权力主体对社会公正的追求还包括对社会弱势群体的特别关注,即政府和社会都应该通过特定的利益保护和补偿机制,对在社会分配过程中的利益受损者、获利能力弱小者给予特别关照,使其共享经济社会发展成果。

(三) 保持公共行政价值观念选择的平衡与多元

在全面深化改革进行中,中国公共行政价值观念的选择,应当注意对公共行政诸多价值取向做出妥善的回应与平衡。从西方公共行政价值变迁的历史来看,在不同历史阶段上,效率与公平、权利与义务、民主与集中等价值取向从来都是共存发展的,只是在社会治理不同的发展阶段有所侧重。"在不同时期,一种价值可能超过另一种价值,但就每一种价值观的合法性而言,它们之间没有拔河赛。"① 实践中的治理模式往往不是单一价值观的体现,事实上各个国家的社会治理模式都是多种价值观不同程度上的融合。在价值多元的现代社会,公共行政要有效解决社会公共问题,必须实现公共行政多元价值观念的整合,公平、责任、回应等价值取向日益凸显,并在实践和理论的构建过程中寻求与以效率为导向的工具性价值的平衡。在中国社会转型过

---

① 张兴国:《利益的本质及其内在矛盾》,《辽宁大学学报》(哲学社会科学版) 1997 年第 5 期。

程中，更应当重视公共行政对多种价值观念进行适度的回应与平衡，因为在这个过程中，面临经济发展的重大压力，政府往往容易凸显效率价值的优先性，忽视对公平、责任、回应、可持续发展等价值取向的诉求，造成公平、责任、回应、可持续发展等价值观念的普遍缺失，以及公共精神和公共利益的缺失。重视这种回应与平衡，对于正确把握当代中国社会治理发展的价值取向尤其具有重要的现实意义。[①]

（四）借鉴西方公共行政改革的成功经验

任何国家公共行政价值观的选择及其导致的相应改革模式都有其特定的运行基础与适用范围，在确立我国公共行政价值观时也应当进行辩证分析和理性取舍。西方国家的行政改革实践证明，公共部门应当有明确清晰的职能定位；公共权力主体提供公共产品和服务也必须注重实效，讲究绩效、管理和方法；行政改革成功与否，需要成熟、规范的竞争市场，需要健全的法治平台，需要完善的规章制度，需要健康、积极的社会心理氛围。当然，西方国家新公共管理理论主导下的市场化改革也并不是完美无缺的，市场化并不能解决所有问题，甚至还可能产生行政行为功利化、弱势群体被异化等负面影响，同时，新公共管理理论在后发国家的运用也存在是否与实践相适应的问题。新公共管理理论应用于公共行政实践的基础是将市场原则运用于公共行政过程，而发展中国家常常缺少成熟的市场，缺乏成功的市场运作经验，一群理念和技术均不成熟的人在一块贫瘠的土地上播种，其结果很可能是希望愈大，失望也愈大，南美、非洲、中东不少国家的民主化实践并没有带来国家的真正富强，并没有打造高效廉洁的政府。西方行政价值观的中国转换，需要立足中国特色社会主义市场经济的现实，在理论与现实之间找到合理的结合点，从而走出一条适合中国行政改革和行政发展现实需要的道路。

第二节　中国传统行政价值观的变迁及其现代转型

一　中国传统行政价值观变迁的基本历程

中国传统行政价值观与中华文明的起源同步。尧舜禹的传说代表着人们

[①] 陈华：《西方公共行政价值的变迁及启示》，《南京政治学院学报》2007年第1期。

对德治、公仆、勤政等价值观念的积极追求。历史的车轮进入阶级社会后，国家产生了，公共行政系统也随之形成。作为上层建筑，行政系统的构建与运行，是人们对人类社会行政活动认识深化的结果，也是人们运用从行政生活中总结出来的规律指导行政生活的结果。在夏商周上千年的历史发展中，行政系统为维护阶级统治发挥了重要作用，也引起了人们对于行政系统价值观问题的深入思考。这一时期，世袭制、分封制、宗法制奠定了中国早期国家制度的基本构架，深刻影响着中国传统行政制度的设计与运行，也深刻影响着中国传统行政价值观的形成与发展。"普天之下，莫非王土；率土之滨，莫非王臣。"世袭制让公共权力的获取从禅让转变为继承，从根本上改变了其合法性基础，开启了阶级社会公共权力私有化的源头。天子把土地连同土地上的人分封给诸侯，建立国家，诸侯等也如法炮制，这就形成了政权的层级结构，形成政治权力、行政权力运行的等级特征，深刻影响着中国几千年政治制度、行政制度的构建与运行。表现在价值观上就是森严的等级观念，就是对上级的绝对忠诚，犯上作乱则大逆不道。分封制还高度强化了土地对政治、对行政的影响，中国几千年来的社会变迁都是围绕着土地而进行的，对土地的高度依赖又强化了中国社会结构的稳定性，小农经济的社会经济结构又削弱了政治权力、行政权力对社会的影响力，使宗法家族观念成为传统政治价值观、行政价值观的重要内容，以乡绅、贤达、神职人员等为代表的家族势力、宗法势力成为维护社会秩序的重要力量。

中国传统行政价值观真正形成的源头可以追溯到孔子。习近平总书记指出："孔子创立的儒家学说以及在此基础上发展起来的儒家思想，对中华文明产生了深刻影响，是中国传统文化的重要组成部分。儒家思想同中华民族形成和发展过程中所产生的其他思想文化一道，记载了中华民族自古以来在建设家园的奋斗中开展的精神活动、进行的理性思维、创造的文化成果，反映了中华民族的精神追求，是中华民族生生不息、发展壮大的重要滋养。"[①] 孔子基于其政治理想，建构了人类社会最早、最完整的"德道"思想体系，主张"仁""礼"之德性与德行。孔子政治思想的核心内容是"礼""仁"，在治国的方略上，主张"为政以德"，认为最高尚的治国之道是用道德和礼教来

[①] 习近平：《在纪念孔子诞辰2565周年国际学术研讨会暨国际儒学联合会第五届会员大会开幕会上的讲话》，《人民日报》2014年9月25日第2版。

管理国家事务和社会事务。孔子的最高政治理想是建立"天下为公"的大同社会，主张"大道之行也，天下为公""选贤与能，讲信修睦""人不独亲其亲，不独子其子，使老有所终，壮有所用，幼有所长，矜寡孤独废疾者皆有所养"。孔子生活的时代，诸侯争战不断，"王道哀，礼义废，政权失，家殊俗""君不君、臣不臣、父不父、子不子"，社会矛盾空前激化，人的精神和信念也遭到前所未有的冲击。孔子立足于社会现实，提出了"小康"的社会理想，这是礼、仁、信、义，有正常秩序的社会，实际上就是私有制产生后阶级社会的"盛世"。孔子重视教育、教化的力量，在社会管理上，主张通过礼乐教化以培养君子的本性，再鼓励君子出仕以整顿乱世，实现"仁政"。后来，孟子进一步把道德规范概括为四种，即仁、义、礼、智，并提出了"仁政""民本""法先王"等政治主张。这一时期，儒、道、墨、名、法等诸子百家争鸣，中国社会出现了空前繁荣的思想解放盛况。后来，秦始皇焚书坑儒，开启了国家权力作用于意识形态领域的先河。汉武帝罢黜百家，独尊儒术，将儒家思想融入国家政权体系，融入社会意识形态领域，儒学从此居于统治地位，成为官方的意识形态。魏晋南北朝，盛行玄学，儒道并融，儒学则在官方的维护下，以经学的形式顽强地延续着儒家的思想和血脉。隋唐时期，经济、政治、文化高度繁荣，中央集权制度得以巩固，儒释道并立，儒家思想的正统地位在吸取其他学派思想精华的基础上进一步强化。隋唐开始的科举制，进一步强化了儒家纲常伦理对知识分子价值观的引领作用，知识分子"学""仕"之间的身份转换又为其行政价值观的践行提供了广阔的空间。宋明理学发展将儒家思想推向了新的高度，这一时期，人们对孔子推崇备至，进一步神化了孔子及其思想在维护封建统治中的主导地位。程朱理学把孔孟置于正宗，同时把董仲舒、张载、周敦颐等人的观点，以及佛教的灭欲观和道家的哲学与思辨精神，加以整合，构造出了内容精深的新儒学体系，在一定程度上克服了儒学在世界观、方法论上的短处。明朝大儒王阳明更将儒家思想推向了另一个极致——心学。宋以后七百年间，理学一直被奉为全社会的思想正统，成为维护宗法体制政治、行政秩序的主流价值观。

　　社会环境的变化决定了行政领域价值观念的变迁。中国在长期的封建社会发展历程中，形成了系统的行政管理制度：大一统的国家行政组织体制，等级尊卑主从的封建官僚制度，严格的监察制度，系统的行政管理法规（如《周礼》《秦律》《唐六典》《臣轨》《元典章》《明会典》《清会典》等）、周密的官吏管理制度（任用、察举、奖惩、回避、俸禄、致仕等），以科举制为基本载体的人才选拔制度。同时，历朝历代都重视从历史中寻找巩固政治统治的经验教训，产生了一系列反映国家管理和社会管理的经典著作（如《史记》《资治通鉴》《汉书》《后汉书》《三国志》《谏太宗十思疏》《令长新戒》《福惠全书》等）。这些理论与实践成果都体现了卓越的行政管理智慧，蕴含着丰富的行政价值观念，是中国传统行政价值观的重要载体。同时，中国传统行政价值观变迁主要是伴随着历史上几次社会转型而发展的。中国的行政理论相对滞后于社会环境变化，在中国社会历史的发展进程中，传承了稳定、持续的行政文明，使中国行政制度得以保存了数千年的延续性。

当前，中国公共行政改革与发展面临复杂的社会心理环境，即农业社会残存观念、工业社会主导观念和信息社会新生观念的多重跨越、多元共存，这也是当代中国公共行政所要面临的现实环境。农业社会是一种低效、松散、僵化的社会模式，广种薄收、粗放经营、手工生产、小富即安思维在当前的社会思想意识领域还时有体现。中国工业化发展程度还不很高，虽建立了较为完整的工业体系，但相对落后的生产水平与任务繁重的传统工业改造和技术革新之间存在一定程度的脱节，工业社会的一些典型理念（效率优先、工具理性、物本、过度城市化取向等）对公共行政具有重要影响。同时，信息化时代的技术变革也改变了公共行政的生态环境，对公共行政带来了新的挑战。中国公共行政正处于既要跨越农业社会低效、僵化、小农意识等不良生态基础，又要完成工业社会发展生产技术、提升生产水平、实现思想解放、促进社会管理现代化等任务，还要有效应对信息化时代所带来的新挑战，需要构建更加公平正义、开放进取、包容内敛的公共行政体系。这种多重跨越、多元共生的状态下，公共行政的价值概念选择必然是多元的。在社会主义市场经济条件下，社会关系不断发展变化，要有效应对市场经济提出的新要求，就必须有与之相对应的新行政价值观来实现，这就要求公共行政系统不断发掘传统优秀价值观念的现代价值，切实摒弃落后价值观念的沉疴，认真吸取先进价值观念的精华。作为一种竞争、开放、发展的经济形态，中国特色社会主义市场经济对公共行政领域的要求是多元的、复杂的，其"多元性不仅表现在内容的丰富与完整上，而且表现在它的多层次性和多阶段性，复杂性不仅表现在选择过程的艰难和对相关因素识别、准确把握上，而且表现在对价值实质的判断与价值之间关系的确立上"①，因此，当代中国行政价值观必须立足中国传统与现实，适应中国特色社会主义市场经济发展的要求而不断发展、创新。

二　中国传统行政价值观的主要特征

中国传统行政价值观随社会环境的变化而变化，社会环境的复杂性决定了行政价值变化的多样性，但从其变迁过程可以看出，中国传统行政价值观具有一些稳定性的特征，主要表现在以下几个方面。

（一）强调经世致用

习近平总书记指出："儒家思想和中国历史上存在的其他学说都坚持经世致用原则，注重发挥文以化人的教化功能，把对个人、社会的教化同对国家的治理结合起来，达到相辅相成、相互促进的目的。"② 儒家思想本身就是一种倡导积极"入世"的思想体系，于"民"而言，就是很实用地告诉人们怎样做人、怎样做事；于"官"而言，就是很实用地告诉人们怎样治国、怎样做官，"学而优则仕""仕而优则学""正心、诚意、致知、格物""修身、齐家、治国、平天下""居庙堂之高则忧其民，处江湖之远则忧其君""临官莫如平，临财莫如廉""君子任职则思利人"等经典经世致用之理正是传统行政价值观在这方面的集中体现。

（二）凸显等级观念

中国式行政体系具有严密的等级特征，在专制主义的政治结构中，等级观念与专制主义、官职、权力、社会地位、财富等是密切相关的。中国古代社会发达的封建官僚文化是等级观念产生与发展的思想基础，同样也对现代社会中人的思想有一定的影响，通常人们会将个人与这个人所具备的身份或等级联系在一起。在日常的行政活动中，等级观念常表现出极强的等级性和依附性，这在保存社会秩序稳定的同时，也存在阻碍行政民主化进程和行政法制化建设的内在缺陷。传统行政模式中国家行政管理的原则也包括了对行

---

① 任晓林：《从多重跨越到多元共生：中国公共行政价值的基本特征》，《云南行政学院学报》2002年第2期。

② 习近平：《在纪念孔子诞辰2565周年国际学术研讨会暨国际儒学联合会第五会员大会开幕会上的讲话》，《人民日报》2014年9月25日第2版。

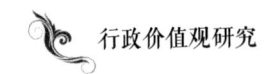

政组织的等级维护，发展至今日，行政价值观依旧存在一定的官本位思想，这种等级观念阻碍了中国的民主政治进程，是全面深化改革进程中应该引起重视的问题。

（三）重视人情世故

传统中国社会是熟人社会，非常看重人情世故。儒家思想重人治，主张君主以身作则，施德行仁，"其身正，不令则行，其行不正，虽令不行"，以达"文武之治，布衣方策，其人存，则其政举，其人亡，则其政息"的境界。主张把人治与礼治、德政结合起来。儒家的"人治"重视人的特殊化、人可能的道德发展和人的同情心，管理领域的"人"具备选择的主动性及其伦理天性。由此可见，儒家的人政与德政密切相关，只是侧重点各有不同，其中人治侧重于德化者本身，是一种贤人政治，而德政则侧重于教化功能的有效发挥。同时，儒家思想认为"人格"的感召力相当大，而在此基础上发展为极端的"人治"主义，"为政在人""有治人，无治法"之类的主张就是儒家思想对社会管理中人的因素特别重视的结果。

（四）盛行权威主义

传统的中国社会是以小农经济为基础的社会形态，在这种经济基础上构建是上层建筑，具有封闭、松散、僵化等特征。加之生产力水平不高，认知水平不高，人们普遍觉得自己在自然界、在社会上都很渺小，都害怕强力，都希望强有力的权威来保护自己、拯救自己。中国传统行政价值观十分强调权威的作用，政治系统和行政系统都认识到维护自身权威是增强自身合法性、维护社会稳定的重要途径。从最高统治者到各级官员，都力图把自己塑造为道德完人，以便具有至上的权威，能够成为老百姓心目中的"神"。从尧舜禹的传说到"包青天"的千古佳话，从将相和的历史典故到"先天下之忧而忧、后天下之乐而乐"的千古忠诚，都说明人们对权威的强烈期盼与认同。在现实中，政治系统和行政系统更是把对权威的服从发挥到了极致：皇帝希望自己是道德的完人，盛世丰年，要大赦天下，天灾人祸，要下"罪己诏"，甚至连选皇后，也要"母仪天下"；官员则希望自己是道德的楷模，"学而优则仕""仕而优则学"都是这种行政价值观的生动体现。

（五）强化集权管理

夏商周（主要是西周）时代，诸侯分封，地方享有较高的自治权。春秋战国时期，集权政治开始兴起，并深刻影响到之后两千多年中国国家政治体系设计的方法、程序。在欧洲诸国，集权主义表现为神权至上；在中国，则表现为皇权至上。集权主义行政价值观主要表现为行政主体只对上级（实际上就是皇帝）负责，贯彻上级的意图，维护上级的权威，而不对下负责，不对被管理者负责，忽视权利主体，导致公民权利萎缩。在等级森严、上下有序的传统集权体制中，以抹杀个性与差别的方式来达到绝对的服从和统一。在传统的农业社会，行政价值观社会凝聚力相对来说是比较欠缺的，在这种情况下必须依靠外在行政力量来维持公共行政系统的正常运转，这同时也进一步加深了以王权为核心内容的大一统价值观，造成天下事无大小皆决于皇帝，这也使得行使行政权力成了惯例，事必躬亲成了勤政典范，深刻影响着当前公共行政的目标定位于行为选择，人们难以对合理的、必要的横向和纵向行政事权划分达成共识。

三 中国传统行政价值观变迁的内在规律

中国传统行政价值观的变迁主要是围绕"多元价值共生"这一价值导向进行的，在传统价值观的演变和重构过程中，中国行政管理逐步走向现代化。中国传统行政价值观变迁的内在规律主要表现在以下三个方面。

（一）对以皇权—相权关系为代表的政治—行政关系的认识是中国传统行政价值观变迁的基本动力

宰相（丞相）是我国封建社会重要官职，是封建国家最高行政机构长官，伴随皇权而产生，与中央集权的君主专制主义有着密切关系。自秦朝设置丞相以来，中国古代封建社会长期在中央存在着君权和相权的矛盾。君权实际上是政治权力，相权实际上是行政权力，二者在实际运行中，往往会存在矛盾。在皇帝力量有所削弱的时候，容易形成丞相权重的局面。因此隋唐时期，通过三省六部制的建立，分相权，从而保证君主权力的集中。从封建专制主义中央集权的演变来看，这是完善该制度的措施。君权和相权的矛盾直到明朝开国之初废除丞相而告结束。但是明清时期，尽管废除丞相，但仍然设立了内阁和军机处，内阁和军机处首长虽无宰相之名，但实际上成为宰相，只不过其职权与前相比有了削弱。

纵观我国古代宰相制度的演变过程，相权与皇权是矛盾的统一体，君主为防相权危及自身统治地位，常用外戚、宦官、奴仆等制衡宰相，相权相应的被削弱；但权力的潘多拉盒子一旦打开，就很容易造成灾难性后果，外戚、宦官、奴仆等又变相拥有了宰相之权，是对皇权更严重的威胁；君主为了维护自身统治，又不得不借助以相权为代表的行政系统的力量重新稳固皇权，但"一朝被蛇咬，十年怕井绳"，这时，皇权又会千方百计地寻找相权的制衡术，从而导致了宰相制度不断演变。中国传统行政价值观就是在对于相权和皇权关系的不断认识中，逐步探索前行的。

（二）家国同构的政治生态构成中国传统行政价值观变迁的生态环境

"家国同构"是传统中国社会的基本特征。在小农经济条件下，以血亲—宗法关系来统领的家庭、家族、宗族在社会组织结构中具有重要地位。从大的方面讲，国家就是皇帝的家天下；从小的方面讲，社会的基本组成单位就是与血缘、地缘紧密联系在一起的家庭、家族、宗族。在这种条件下形成的行政价值观，必须把"家""国"放在非常重要的地位，比如，忠君爱国、长幼有序、"修身、齐家、治国、平天下"、"老吾老以及人之老 幼吾幼以及人之幼"、"天下兴亡，匹夫有责"等等，都是这种价值观的集中体现。

"家国同构"指的是家庭、家族、宗族与国家在组织结构、组织形态、组织功能等方面具有一定的共性，都以血亲—宗法关系来统领，都听从首长的意志，都有严格的等级区分。在中国传统社会结构中，家族是家庭的扩大，宗族是家族的延伸，国家则是家族和宗族向社会的延展。这反映到行政价值观领域，就是"父母官"情结，就是"青天大老爷"情结。在家国同构的格局下，家是小国，国是大家，家长取向在中国传统行政价值观中占有重要地位，即父为"家君"、君为"国父"、君父同伦，这种家长理念渗透于国家、社会所有组织中，成为社会普遍认可的主流价值观。

家庭观念在中国传统文化中有着重要的地位。"家庭—家族—宗族—官府—国家"这种"家国同构"的社会政治模式是儒家文化赖以存在的社会基础，古人"修身、齐家、治国、平天下"的个人理想，反映了"家"与"国"之间这种同质性联系。具体到行政价值观领域，就是忠孝、仁义。君王是国家的权威，是全国子民的严父，权力至大；家长在家庭、家族、宗族内是权威，权力至大。忠是对家长的忠诚，孝是对家长的孝顺。在传统行政价值观中，不忠不孝是大逆不道的，臣民们对君主必须绝对忠诚，范仲淹"居庙堂之高则忧其民，处江湖之远则忧其君"的千古佳句、文天祥"人生自古谁无死，留取丹心照汗青"的绝命悲歌，正是这种价值观的生动体现。不仅国君如父，而且各级地方政权的官员亦被视为百姓的"父母官"，具有极强的权威，受到极高的崇拜。

（三）儒家思想的发展历程折射出中国传统行政价值观变迁的基本脉络

作为中国传统文化的核心内容的儒家思想，同时也是封建君主用以维护其专制统治的理论基础，是中国传统行政价值观的重要思想渊源，中国古代政治史由儒家思想、君主专制制度两大主体内容构成有机体系。儒家思想的发展历程，折射出中国传统行政价值观变迁的基本线索。

孔子主张"为政以德"，认为用道德和礼教来治理国家是最高尚的治国之道。孟子主张施行仁政，并提出"民贵君轻"思想，主张"政在得民"，认为民贵君轻。荀子建立了以礼为核心的儒家政治伦理思想体系，于王道中杂以霸道，主张"明天人之分"和"制天命而用之"。董仲舒以儒学为基础，以阴阳五行为框架，兼采诸子百家之长，特别是吸取了韩非"臣事君，子事父、妻事夫，三者顺则天下活，三者逆则天下乱"的三纲思想，实现了儒法合流，提出了德行并用、以德教为主的统治方针，建立了"以天人感应""君权神授"为特征的儒家思想体系。魏晋时期玄风大盛，用老庄的思想解释儒学经典《易经》，主张君主无为、门阀专政。直至唐中期韩愈的出现，开始了儒学复兴的大潮。宋代的程朱理学提出"格物致知"，就是通过接触世间万事万物，在体会到各种知识的基础上加深对先天存在的"理"的体验，呼吁"存天理，灭人欲"。明朝大儒王阳明更将儒家思想再次推向了另一个极致——心学。宋以后七百年间，理学一直被奉为正统，成为维护宗法体制政治、行政秩序的主流价值观。

当然，在儒家思想两千余年的发展历程中，统治阶级为有效维护自身统治，在具体政治与行政实践间中，吸取了其他思想的精华，使社会的主流价值观更加贴近当时的经济社会现实，更能有效影响社会运行。随着封建社会的没落，儒家的统治地位也告结束，但是统治中国几千年的儒家思想却未随着一个时代的终结而销声匿迹，而是犹如一条红线贯穿了中华民族传统文化的主流观念，这种主流观念对于中国传统行政价值观的形成、发展和凝聚起到了积极的作用。

四　中国传统行政价值观的现代转型

从我国历史上几次社会转型可以看出，价值观的转变与社会转型密切相关。春秋战国时期的"百家争鸣"，即发生在奴隶制向封建制的社会转型过程中，这时，多个学派之间因价值观念不同而产生了冲突；另一次重大社会转型发生于辛亥革命时期，这是传统社会向现代社会过渡的重要时期。人类社会数千年的文明史表明，社会转型能否成功，关键是看在这一转型过程中，面对价值观冲突过程与重构的双重压力，新的价值观念是否能够突破旧价值观念，转为社会主流价值观。

（一）由经验的价值观念转向理性、科学的价值观念

农业文明是中国长期居于统治地位的文明形态，这导致了在人们的内心深藏着封闭自守、唯我独尊的文化价值观念，这也是中国传统社会的经验管理模式和经验行政价值观念形成的文化理念支持。经验价值观带有浓厚的个人经验感情色彩，在行政管理和行政决策过程中，行政管理者通常以自身的经验、智慧、直觉，而不是具体的实际情况作为主要参照，这样往往导致在行政决策过程中，决策失误、决策错误的情况颇多，降低行政管理的效率，是行政管理与决策走向现代化的观念桎梏。然而在中国由传统农业社会走向现代工业社会的转化过程中，传统的经验行政价值观念逐步被一种新的、科学的、理性的现代行政价值观念所取代。在这一转化过程中，人们认识到，传统的经验行政管理已不适应现代化进程，现代行政管理应是一种建立在理性基础之上的科学理念和模式，以理性思维方式和方法为基础，通过建立科学的管理制度、机制、方法和程序，从而实现科学的政府事务管理。世界各国以预测化、专业化、技术化等进行的政府管理变革，并且取得了更高效的行政效果就是很好的证明。因此，在思想观念领域内完成由经验行政价值观念向理性、科学的行政价值观念对于今天我们所处的社会转型时期是十分重要的，它有利于中国的现代化建设以及中国行政管理水平的提高，对推动中国行政管理实践的科学化、民主化、现代化进程有着重要的理论和现实意义。

（二）由集权的行政价值观念转向民主集中的行政价值观念

长期的封建专制使集权和专制的国家管理方式成为中国行政管理领域根深蒂固的理念。新中国成立以后，长期实行计划经济管理体制，这种体制在

新中国成立初期的特殊时期，有利于实现中国政府管理在政治、经济、社会上实现一体化，但同时，它导致行政权力过于集中在政府高级管理层、向政府行政组织之上。在这种集权行政价值观念的指导下，企业、社会组织及个人的积极性和主动性被束缚和扼杀，企业、社会组织及个人只能被动地受制于行政系统。改革开放以来，尤其是建立和逐步完善社会主义市场经济体制以来，中国千年不变的理念基础开始动摇，并与现代民主、开放等行政价值观念之间产生激烈火花，逐步向民主行政价值观念转变，这也是中国社会进步的重要标志。民主集中的行政价值观念丰富含义主要体现在以下两个方面：首先，民主行政价值观念包含了行政参与观念。公共行政既是为公众服务的行政，也是公众自己的行政。真正的民主应该确保公众能够参与到社会公共事务管理中来，既应该是公众有效表达自身利益愿望的途径，也应该是公众直接或间接影响公共行政过程的途径。行政参与必须转化为一种具有严密体系的制度，并且具有一定的物质前提，不是只停留在理念的层面，而应该实现真正的公民参与。另外，民主行政价值观念必须体现行政公平。公平是现代公共行政的重要价值取向和目的所在，一般说来，公共行政发生危机的根源在于公共权力主体的不公。现代政府既要以公平作为重要行为准则，更要以公平作为基本价值观念：它意味着公众享受平等权利并且这种权利不因人的地位、种族、性别、财产、信仰等的影响而受到损害，行政权力没有侵袭公众平等权的权力；它意味着政府所提供的公共产品和公共服务在社会成员之间应尽可能地实现公平分配；它意味着政府在施政中要尽可能地排除造成不平等、不公正的因素，公正地对待公众。总之，中国社会的转型带来了深刻的思想观念的变化，民主行政的观念和民主行政本身越来越成为当今公共行政的重要内容，是中国行政管理走向现代化的重要标志。[①]

（三）由人治价值观念转向法治价值观念

以长期的封建专制为主要特征的传统文化的长期积淀，使人治价值观念在中国有着根深蒂固的地位。人治观念也是中国几千年封建专制的重要理念，虽然历经了多次行政管理领域改革及价值观念的转变，但在当代的行政管理中仍存在一定的人治观念。人治是一种对人与人之间平等关系的根本否定，

---

① 程国军：《社会转型期行政价值观念的转变》，《中国行政管理》1999年第12期。

它暗生各种复杂关系网，使原本平等关系变成人身依附、上下服从的关系，这也是在公共行政领域中滋生腐败的根源之一。在中国社会转型过程中，出现了另一种价值观念——法治，这是一种与人治相对的价值观念，在民主观念的确立过程中逐渐为政府和公众所认可，依法治国是对新中国历史经验进行认真总结的结果，是中国共产党领导人民治理国家的基本方略。依法行政是依法治国在公共行政领域的具体要求，现代行政的重要标志之一就是公共行政法制化。公共行政法制化对于公共行政来说是一大进步，并且确保行政管理有法可依，明确了行政组织体系内部的目标及权责规范，保证依法公正使用权力，防止行政权力异化，能够保证公共行政行为的程序化和规范化，减少公共行政行为的随意性，提高公共行政管理绩效水平。虽然在中国社会转型时期，法治与人治之间会有长时间的对抗过程，我们相信，依法治国、依法行政等价值观念既是现代行政的基本要求，也是现代社会的重大价值选择，随着全面深化改革进程的深入，法治理念将更加深入人心，成为社会进步的重要助力器。

（四）由权威行政的价值观念转向服务行政的价值观念

权威行政的价值观念同样是传统专制主义社会扎根较深的一种价值理念，主要表现为官员社会地位的优越感，官员只对其上级负责，贯彻上级意图，维护上级权威，不对下级负责，官民界线分明。权威行政有浓厚的官方恩赐色彩，老百姓把能为民做主的、为民着想的好官称为父母官，甚至将自己及自己家庭、家族的幸福寄托于官员。在今天的行政生活中，在价值层面上同样会出现这种带有封建色彩的权威行政价值观念的影子。然而伴随中国社会的转型，权威行政的价值观念受到当代服务行政价值观的冲击，服务社会、服务公众是现代公共行政的内在要求，也是所有行政官员从事行政管理活动的出发点和归宿点，政府的价值通过维持社会秩序、协调冲突、提供服务来体现。服务的行政价值观念是行政人员真正地、全心全意地为人民服务的基础。因此进一步加强服务行政观念的教育，使服务行政内化为公共权力主体的价值意识，成为行政人格的有机组成部分，这样"为人民服务"这一响亮而光荣的口号才会真正实现并永不褪色。①

---

① 程国军：《社会转型期行政价值观念的转变》，《中国行政管理》1999年第12期。

第三节 马克思主义行政价值观的中国探索及其中国化

一 马克思主义经典作家关于行政价值观理论与实践问题的探索

马克思主义经典作家对行政价值观理论和实践问题进行了深入的探索并在相关著作中表达了卓越的公共行政价值观念。具体而言，主要有以下几个方面。

（一）公共行政的内在价值取向：维护阶级统治的同时维护社会公共利益

马克思主义经典作家有很多关于政府行政内在价值取向问题的论述，其核心观点是政府行政的内在价值取向是一个关乎政府本质的问题，公共行政的内在价值取向是政府本质的集中反映。马克思主义相关著述虽没有对政府的本质进行直接论述，但马克思主义认为，政府的本质要么和国家的本质一致，要么就是从属于国家的本质。作为履行国家意志的主要机构，政府与国家同时产生是行使行政权力的基本主体，所以政府的一切活动必然是国家本质的体现。从此意义上讲，国家的本质就揭破了"国家的哑谜"，而揭破了"国家的哑谜"，也就揭破了"政府的哑谜"，同时也就揭示了"政府行政内在价值取向的哑谜"。马克思主义经典作家认为，国家的本质在于维护阶级统治利益和维护社会公共利益的统一，但归根结底是为阶级统治服务的；同时也认为，公共行政的内在价值取向是既要维护阶级统治，又要维护社会公共利益，维护社会公共利益实际上是维护阶级利益的重要手段。

总之，马克思主义理论蕴涵着深刻的公共行政的内在价值取向思想：公共行政的本质是维护统治阶级利益，并在此基础上维护社会公共利益，但是维护社会公共利益最终是为维护统治阶级的利益服务的。资本主义国家政府行政行为价值取向是为维护资产阶级的利益，而在社会主义国家，公共权力主体行政行为的价值取向必然是无产阶级及广大人民群众的利益。

（二）公共行政的终极性价值目标：人的全面自由发展

"人的全面自由发展"是马克思主义经典作家对于未来新社会即共产主义社会中人的存在形态的本质规定，是马克思主义人学的一个研究重点。在历史唯物主义基本形成的标志性著作《德意志意识形态》中，马克思、恩格斯提出:"个人的全面发展,只有到了外部世界对个人才能的实际发展所起的推动作用为个人本身所驾驭的时候,才不再是理想、职责等等,这也正是共产主义者所向往的。"后来,恩格斯在《共产主义原理》一文中认为:"根据共产主义原则组织起来的社会,将使自己的成员能够全面发挥他们的得到全面发展的才能。"《共产党宣言》进一步强调:"代替那存在着阶级和阶级对立的资产阶级旧社会的,将是这样一个联合体,在那里,每个人的自由发展是一切人自由发展的条件。"简而言之,"人的全面自由发展"意味着在生产力高度发达的情况下,人的发展能够实现"两个摆脱"与"两个走向",即摆脱私有制的束缚走向"人的解放"与摆脱旧式分工的束缚走向全方位发展。

马克思主义的经典著作揭示了公共行政的绝对超越指向,这就是人的全面、自由、可持续发展。马克思主义认为,社会发展应是以人为本的发展,即在社会发展过程中,应充分发挥人的潜能,将人的全面发展作为社会发展的最终目标和最高价值。与此同时,马克思经典作家又认为,人的全面发展都必须以自然界的存在与发展为基本前提,因为人本身就是自然界长期发展的产物,没有自然界就没有人类本身。尽管生产力是社会发展的根本动力,但是,离开了生态环境这一基本前提条件,生产力的发展就是无源之水、无本之木。在公共行政领域,对自然界的重视实际上也包括对行政环境要素的重视;强调人的全面自由持续发展,潜在地包含着要以生态环境为本的思想。

(三)公共行政的工具性价值目标:公平与效率的良性互动

马克思、恩格斯在《政治经济学批判》《哥达纲领批判》《反杜林论》《论住宅问题》等著作中对公平与效率的问题进行了深入的论述,系统论述了公平的内涵与特征、公平分配原则下的分配不平等、劳动效率与资源配置的内涵等问题,马克思、恩格斯的公平效率观对解决公共管理领域中的公平与效率问题具有重要的借鉴意义。马克思在《哥达纲领批判》中指出,由于社会总产品在个别生产者之间进行分配前要做出"各项扣除",而这些扣除是不能依据公平的原则进行的,并且由于不同劳动者的劳动能力上所存在的差别,也会造成劳动收入的分配结果不平等;此外,马克思还论述了国民教育的公平分配原则。恩格斯在《反杜林论》中指出,简单劳动和复杂劳动的差别会造成收入分配结果的不平等。马克思、恩格斯效率观的内涵主要体现在两个方面：一是劳动生产效率，这种劳动效率的提高表现为劳动时间的节约；二是资源配置效率，即指资本、土地、劳动等生产要素在生产过程中的合理配置。

马克思主义经典作家揭示了公共行政的本质与最终目的是追求人的全面发展。而如何实现这一目标，马克思主义同样给予了科学的回答：公共行政的工具性价值目标在于追求公平与效率，谋求公平和效率的统一。马克思主义认为，公平与效率根源于人们的社会实践活动，而人类最根本的社会实践活动是劳动。公平与效率是公共行政的重要价值取向，只不过在不同的社会，对不同的阶级、阶层的人们而言，公平、效率的内涵、实现途径、评价标准等都会有所不同。只有到了共产主义社会，人们对公平、效率的认识才能高度统一。但从整体来看，公平与效率都是公共行政所追求的工具性价值目标。共产主义社会的一个重要特征就是公平与效率的和谐统一，这是一个生产力高度发达、社会财富按需分配、个人全面而自由发展的社会。马克思对资本主义经济制度及其运行规律作了深刻、系统的考察之后，在《哥达纲领批判》一书中第一次把按需分配至于科学基础之上："在共产主义社会高级阶段，在迫使个人奴隶般地服从分工的情形已经消失，从而脑力劳动和体力劳动的对立也随之消失后；在劳动已经不仅仅是谋生的手段，而且本身成了生活的第一需要之后；随着个人的全面发展，它们的生产力也增长起来，而集体财富的一切源泉都充分涌流之后，——只有在那个时候，才能完全超出资产阶级权利的狭隘眼界，社会才能在自己的旗帜上写上：各尽所能，按需分配！"

二 马克思主义行政价值观发展的内在规律

（一）有效增进并配置公共利益是马克思主义行政价值观发展的逻辑起点

追求利益的满足是人的基本属性，正如马克思所说："它正确地猜测到了人们为之奋斗的一切，都同他们的利益有关。"公共行政作为政府行使公共权力管理社会公共事务、提供公共产品解决公共问题的活动，与利益密切相关。利益贯穿于公共行政的全过程，公共行政的理想状态是通过促进公共产品的有效供给，不断增进公共利益，使社会利益关系得到调整，利益诉求得到合理、均衡的满足，利益冲突控制在可以控制的范围内，从而形成和谐的社会利益格局。

公共行政是人类社会有效解决利益分配问题的历史选择。根据罗尔斯的观点，社会是为获取共同利益而组成的协同体，社会成员在通过建立社会及其相互协作以增加利益这一点上，有着相互一致的利害关系；而社会利益如何向每一个社会成员分配，却构成了社会成员之间利害关系上的相互对立态势。在公共行政活动中，不同利益主体为有效维护自身利益，往往会通过一定的途径表达自身愿望和要求，影响公共行政的过程，使公共行政对公共利益的配置朝有利于（至少是不损于）自身利益的方向进行。社会资源总是有限的，当有限的资源通过公共行政以公共产品和公共服务的形式进行分配时，各利益主体都会力图扩大自身及所代表群体对社会资源的占有比例，主体间的利益博弈就产生了。

公共行政活动具有对公共利益进行权威性配置的重大功能，这种配置是由利益表达、利益综合、利益分配、利益落实、利益增进等形成的综合流程，体现在发现公共问题、建立政策议程、制定备选方案、选择政策方案等具体环节，包括分配、增进公共利益两个方面。公共行政对公共利益的配置，目的是通过特定的利益机制，满足公众需求，调动公众积极性，从而创造更多社会财富，增进公众福祉，促进社会发展。公共行政之所以成为政府实现公共管理职能的基本途径，就因为其具有激励、妥协、控制等功能，能够对不同利益取向和利益关系进行引导和协调，能够保持社会利益格局的动态平衡。

公共行政对公共利益的权威性配置是通过对社会利益关系的调整来实现的。公共行政是政府为确保社会朝着政治系统承诺的方向发展，利用公共资源制定公共政策，解决社会公共问题、协调社会利益关系、促进社会全面发展为目的活动，是对不同利益诉求进行界定、确认、协调和实现的过程。政府为实现公共管理目标，必须调整社会利益关系和利益格局，引导民众的利益诉求，规范民众的获利行为，以便凝聚全社会的智慧和勇气，实现社会的良性发展。具体说来，公共行政对社会利益关系的调整，必须在公平、正义等价值观念的指导下，构建公平正义的利益机制，保持社会利益格局的动态均衡。

（二）追求社会公平、正义是马克思主义行政价值观发展的重要动力源泉

阶级社会是不平等的社会形态，一部分人凭着对生产资料的占有而享有政治、经济、社会等方面的特权；另一部分人为了生存则不得不依附于人、受制于人，人与人之间在政治、经济、社会等方面的差异和差别，就是阶级

社会不平等、不正义的源头。阶级社会的不平等、不正义实际上就源自对人追求自身利益的基本权利的剥夺。追求自身利益的满足是人的天性，在利益总量既定的条件下，为获取更多利益，既得利益者与利益受损者之间的对立、冲突和斗争（极端表现为一个阶级推翻另一个阶级的阶级斗争）就成为人类社会不可回避的现实问题。政治是国家意志的体现，行政是国家意志的执行。作为一种上层建筑，作为维护国家意志的重要制度安排，任何社会的主流行政价值观都需要为其经济基础服务，于是，在行政价值观的变革与发展过程中，对社会公平、正义的认识与选择始终是行政价值观发展的重要内容。

行政价值观内含善恶评价与取舍。因此，历史上，很多思想家试图站在超阶级的立场上树立一种理想的行政价值观，建立一个理想的行政国家，设计一种理想的行政制度，消灭剥削，消灭压迫，实现人的自由和平等。中国的"大同"世界、"太平"理想，西方的"理想国""乌托邦""太阳城"等，都是这种理想的具体描绘。马克思主义认为，只有共产主义才能实现真正意义上的社会公平、正义。建立于生产资料公有制基础上的社会主义制度，彻底消除了剥削阶级存在的经济基础，确立了与公有制相适应的上层建筑，为逐步实现千百年来人类社会梦寐以求的社会公平、正义奠定了基础。

在社会主义制度下，人民享有广泛的民主权利，这是维护社会公平、正义的重要砝码。民主意味着主权在民，权力源自于人民，且属于人民，公共行政的合法性，来源于人民的同意，而不是神的旨意或者资本的逻辑。人民当家作主，真正享有管理国家事务和社会事务的权利，是社会主义民主的本质和核心所在。民主既是一种理念，也是一种实践，人民群众广泛参与国家事务和社会事务的管理是马克思主义行政价值观的重要内涵。从改革开放以来中国行政改革与行政法制的实践经验看，中国特色社会主义民主是改革的重要内容，主要包括两个方面：一是外部民主，突出表现为扩大公民有序参与公共行政过程；二是内部民主，突出表现为广泛听取、吸纳行政组织内部人员的意见。这些改革措施，推动着中国公共行政在更加平等、更加公正的道路上阔步前行。

社会主义奉行集体主义价值观，注重个人对集体、对社会、对国家的贡献。以生产资料公有制为基础的人际关系是平等的、团结互助的合作关系。集体主义内化到行政价值观领域，就是强调个人对组织的忠诚与贡献，强调组织成员之间的团结与合作,这对于在全社会形成风清气正的行政文化,有效处理个人利益与国家利益、当前利益与长远利益、局部利益与整体利益的关系,充分发挥社会主义国家集中力量办大事的优势,推动经济社会高质量发展,无疑具有重要意义。

(三)追求人的全面自由发展是马克思主义行政价值观发展的终极目标

马克思主义认为,人类社会大体需要经历三大发展阶段——人对人的依赖、人对物的依赖和人自由全面地发展,才能达到自觉的发展状态。马克思在《1857—1858年经济学手稿》(又称"伦敦手稿")中提出:"人的依赖关系是最初的社会形态(阶段),在这种形态下,人的生产能力只是在狭窄的范围内和孤立的地点上发展着。以物的依赖性为基础的人的独立性,是第二大形态(阶段),在这种形态下,才形成普遍的社会物质变换、全面的关系、多方面的需求以及全面的能力的体系。建立在个人全面发展和他们共同的社会生产能力成为他们的社会财富这一基础上的自由个性,是第三个阶段。第二个阶段为第三个阶段创造条件。"这样,马克思主义对历史进程有了新的诠释,即以人类社会历史的发展为基础,最终实现人的全面、自由发展。因此,从本质上说,社会发展是以人为本的发展,是人的潜能得到真正的发挥,人的价值得到充分的实现,创造出具有全面素质和真正自由自觉的人的发展,获得人的全面发展是社会发展的最终目的和最高价值追求。[①] 在这三大发展阶段,人类对自身所处经济、政治、社会等环境的认识,在基本价值理念领域集中体现为以神为本、以物为本和以人为本三大价值形态,体现在行政价值观领域,也相应地坚持以神为本、以物为本和以人为本等价值观。

资本主义之前的社会形态,生产力水平低下,人的认知能力和水平不高,行政权力的来源主要是政治系统的强力和精神系统的神力,公共权力主体对社会事务的管理,本身就带有极强的强制性和神秘性,作为政治体系的附属物的行政体系,要么是皇权的代表,要么是神权的代表,要么是二者的结合,这体现在行政价值观上,人们主要从神灵、来世等幻觉中获取发展的动力,基本上是以神为本——在西方,突出表现为神权对世俗事务的干预;在东方,突出表现为皇权的神化。

---

① 杨代福:《马克思主义政府行政价值观的思想传承与当代启示》,《上海行政学院学报》2008年第9期。

第四章　行政价值观的发展及其规律

随着商品经济的发展，人类社会的生产关系、社会关系主要地通过商品交换表现出来，"资本"成为影响人类社会发展的基本因素，人类社会进入以物为本的发展阶段，人的本质掩盖在物的交换之中，人的发展往往被忽视，这体现在行政价值观领域，人们主要从实用、功利等角度出发，在追求商品、货币中获取发展的动力，基本上是以物为本。资本主义以物为本价值观在带动经济发展的同时，不可避免地导致了人的异化，使人为物所左右，使人变得贪婪、冷酷、无情，在这种价值观的导向下，在这种社会风气作用下，"资本来到世间，从头到脚，每个毛孔都滴着血和肮脏的东西"。这里，行政价值观、行政制度体系所要维护的，正是资本生长、发展所需要的社会秩序。

毫无疑问，无论是以神为本还是以物为本的价值观，都是人类社会特定发展阶段的历史必然，与之相对应的行政价值观、行政制度体系，都是立足于特定经济基础之上的上层建筑。随着人类社会的发展，人的物质生活变得越来越丰富，人的精神生活也在发生变化，价值观及与之相对应的行政价值观、行政制度体系，都会在革故鼎新的变革中获得新生，以新的形态适应经济基础发展的要求。

围绕如何实现人的自由、解放和发展，把实现人的自由、解放和发展视为人类的终极价值理想和目标构成马克思主义的全部理论。马克思、恩格斯在《共产党宣言》中指出，取代资产阶级社会的，"将是这样一个联合体，在那里，每个人的自由发展是一切人的自由发展的条件"[1]。在《资本论》中指出，未来社会将是"一个更高级的、以每个人的全面而自由的发展为基本原则的社会形式"[2]。这种对人的"全面而自由的发展"的追求，就是马克思主义对人的终极关怀。马克思主义以人为本否定和扬弃了以神为本、以物为本，强调要以现实的人（即人民群众）为目的，要肯定人的存在（自然存在与社会存在相统一），维护人的尊严，实现人的价值，满足人的需要，并以实现人的自由全面地发展作为社会主义发展的最终目的。《中共中央关于制定国民经济和社会发展第十四个五年规划和二〇三五年远景目标的建议》明确提出，"增进民生福祉，不断实现人民对美好生活的向往"，要求"民生福祉达到新水平"。当前，公共行政主体必须确立全新的行政价值观，必须始终坚持以人

---

[1]　［德］马克思、恩格斯：《共产党宣言》，中央编译出版社2005年版，第38页。
[2]　［德］马克思：《资本论》，姜晶花等译，北京出版社2007年版，第65页。

民为中心,提高基本公共服务均等化水平,不断满足人民群众的美好生活需要,让发展的成果更多、更广惠及人民群众。

三 马克思主义行政价值观的中国化

马克思主义来到中国,就不单是一种纯粹的思想体系,更是一种立足中国革命实践的理念和价值观,这其中就包括马克思主义行政价值观。马克思主义行政价值观在中国的实践并非按图索骥,而是结合中国国情不断发展的。当前,马克思主义行政价值观的中国化,一是要整合多元价值观,夯实马克思主义行政价值观中国转化的思想基础;二是要培育和践行社会主义核心价值观,激活马克思主义行政价值观中国化的精神动力。

(一)整合多元价值观,夯实马克思主义行政价值观中国转化的思想基础

马克思主义从来都是开放的、发展的,马克思主义行政价值观也是开放的、发展的。在价值多元的现代社会,任何价值观都不会是单一、单纯的存在,而是在与其他价值观的相互借鉴、相互影响中共生共长的。马克思主义行政价值观中国化,是马克思主义普遍真理与中国行政改革和行政发展具体实践相结合的产物,首先应该立足中国国情,立足中国的传统与现实擦亮思想的火花。

马克思主义行政价值观的中国转化,需要与中国社会主义现代化建设实践相结合。改革开放以来,中国社会进入急剧转型的历史时期。转型期是社会破旧立新、分化整合的时期,是社会利益重新分配的时期。[1] 在多元的利益主体、多元的利益诉求、多元的利益取向等多重因素的共同作用下,中国社会的利益观趋于多元化,与利益观密切相关的价值观也趋于多元化,这是当代中国社会的重要特征。以不同价值观的和合性、差异性的对比为区分,当和合性大于差异性,多种价值观的共存彰显社会的开放与活力;当和合性小于差异性,就会引起韦伯所说的"价值的争斗"。当前,中国的主流行政价值观是在中国社会主义现代化建设的过程中成长起来的,其思想源头,既有中国传统行政价值观,也有中国共产党领导人民在长期的革命斗争和社会主义现代化建设中凝聚的现行行政价值观,还有改革开放以来传入中国的西方行政价值观。在多重价值观交互作用的大熔炉中,中国的行政价值观体系难免

---

[1] 武中哲:《转型期的社会危机与政府能力建设》,《河南社会科学》2003年第5期。

出现鱼龙混杂的现象，难免会有冲突、矛盾的现象，随着行政环境的变化，部分价值观念已经不能适应行政改革和行政发展的需要，需要我们以马克思列宁主义、毛泽东思想、邓小平理论、"三个代表"重要思想、科学发展观、习近平新时代中国特色社会主义思想作为自己的行动指南，大力培育和践行社会主义核心价值观，既做到严以修身、严以用权、严于律己，又做到谋事要实、创业要实、做人要实，对多元价值观念整合，去伪存真、去粗取精的加工，求大同，存小异，夯实主流行政价值观的主导地位，构建"一主多元"格局，为行政改革和行政发展提供强大的精神动力。

马克思主义行政价值观的中国化，需要与中国优秀传统文化相结合。习近平总书记指出："坚持把马克思主义基本原理同中国具体实际相结合、同中华优秀传统文化相结合，用马克思主义观察时代、把握时代、引领时代，继续发展当代中国马克思主义、21世纪马克思主义。"①《中共中央关于党的百年奋斗重大成就和历史经验的决议》明确指出："中华优秀传统文化是中华民族的突出优势，是我们在世界文化激荡中站稳脚跟的根基，必须结合新的时代条件传承和弘扬好。"深刻理解马克思主义基本原理与中华优秀传统文化的逻辑关系、历史进程与发展趋向，对新时代行政价值观发展具有重大的理论与实践意义。德国思想传统及其衍生出来的马克思主义价值谱系与中华文明，尤其是儒家积极入世的道德理想主义非常接近。我们可以在马克思的思想当中，看到中国传统文化中"究天人之际，通古今之变"的历史观；看到"苟日新，日日新，又日新"的积极有为的价值观。②我们应坚持"不忘本来、吸收外来、面向未来"，在继承和发扬的基础上，深入挖掘中华优秀传统文化蕴含的思想观念、人文精神、道德规范，结合时代要求不断创新，让中华文化展现出永久魅力和时代风采；我们还应当将中华优秀传统文化，熔铸于党领导人民在革命、建设、改革中创造的革命文化和社会主义先进文化，发展出以马克思主义为指导，面向现代化、面向世界、面向未来的，民族的科学的大众的社会主义文化，推动行政价值观发展迈上新台阶，呈现新形态，不断铸就马克思主义中国化新的辉煌。五千年的中华文明史，孕育、传承了灿烂的中华文化，也形成了

---

① 习近平：《在庆祝中国共产党成立100周年大会上的讲话》，《求是》2021年第14期。本书出现此讲话，均出自《求是》2021年第14期，下文不再赘述。

② 林雅华：《不忘本来 吸收外来 面向未来——新时代马克思主义中国化与中华优秀传统文化》，《学习时报》2017年10月30日第4版。

高度集中统一的行政传统。当代中国的行政改革和行政发展，应该深入挖掘和阐发中华优秀传统文化讲仁爱、重民本、守诚信、崇正义、尚和合、求大同等要素的时代价值。上升到行政价值观领域，"为政以德""自强不息""以和为贵""天人合一""天下为公""允执厥中""隆礼重法""讲信修睦""先天下之忧而忧，后天下之乐而乐"等闪烁着中华民族传统智慧的行政价值理念，今天仍然具有很强的借鉴意义，仍然可以作为推动行政改革与行政发展的重要依据。

当代中国社会由传统向现代转型的过程，表现在行政价值观领域，就是传统行政价值观向现代行政价值观的转型。中国传统价值观是以儒家价值理念为主的、包含多种价值理念的丰富价值体系。中国传统行政价值观既有适合公共行政发展的营养成分，也有阻碍行政改革和发展的消极因子，需要运用马克思主义的理论、观点和方法，对落后的、消极的价值观念进行扬弃，对先进的、积极的价值观念进行弘扬，并对其赋予时代养分，使之成为当今时代的先进文化。历史经验告诉我们，在继承与创新中造就民族的璀璨文化，以它们的历史文化传统作为既定前提和基础，进行新的创造性劳动，是文化获得新生并有效发挥功能的重要途径。因此，当代中国行政价值观的构建，必须要以中国的历史文化传统为立足点，以优秀传统文化作为行政价值观的重要思想资源，让行政价值观的发展充分展现中国特色、中国风格和中国气派。

（二）培育和践行社会主义核心价值观，激活马克思主义行政价值观中国化的精神动力

作为人类未来社会价值诉求的基本看法和总体要求的社会主义价值观，是延续了几千年来人类所追求的社会价值理想中一种更人道、更平等、更自由、更合理的社会理想价值诉求。作为社会主义基本制度的内在精神和生命之魂所在的社会主义价值观，深刻影响着社会主义社会的发展模式、制度体制和目标任务。这是建立在对资本主义价值体系扬弃基础之上，建立在汲取人类以往一切文化中积极因素基础之上，以人的全面、自由发展为指向，以实现人民的利益为目标的新型价值观体系，是一种多元的、由核心价值主导的、能够引领社会生活的主导观念体系。

公共行政体现人的精神和意志，其行为的有效性既取决于它所拥有的物

质性要素，也取决于它所拥有的精神性要素（即文化要素）。在人类社会，连接利益主体和需求对象的是人的行为，连接利益主体和利益冲突的同样是人的行为，而影响人的行为的是人的利益观念、逐利动机及行为价值观，这一切是可以通过道德教化加以塑造的。[①] 文化在公共行政中的作用，主要表现在两个方面：于公共权力主体而言，就是用政治系统承诺的价值观、道德观来规范自身行为，使之朝公众所期望的方向发展，防止公共权力异化；于公众而言，就是用社会认同的价值观去影响、约束、塑造人的行为，使之合乎社会公认的价值准则，进而引导人们自觉协调自身行为，使其对自身利益的追求与整个社会和他人的利益实现方式不相冲突。

价值观的基础是主体的需求系统，通过整合主客体之间的价值关系形成观念形态的上层建筑，集中体现为主体的需要、利益、愿望、要求、理想等。适合自身的核心价值观是任何社会的良性运转的精神条件，都会对公共行政主体提出公共要求。中国的现代化进程必然对公共权力主体提出的要求更高，也就是说，在行政生活中，公共权力主体必须有崇高的精神，必须对自己的重要性与责任有比较清晰的认识，并且有自己应该成为民众的表率、应该引领社会的潮流的意识，这种意识就是先进性意识，而这种意识的形成，离不开社会主义核心价值观在全社会的深入践行。公共权力主体应对践行社会主义核心价值观的重要意义有充分的认识，通过高质量的公共行政活动，促进公共管理绩效水平的提升，社会利益关系得以有效协调，人民群众福祉得以有效增进，使人民群众在看得见、摸得着的幸福中，坚定对马克思主义、对社会主义的信仰，坚定对改革开放和现代化建设的信心，坚定对党和政府的信任，调动一切积极因素，凝聚人心、激发活力、整合资源，进一步打牢全党、全国各族人民团结奋斗的思想基础，形成全民族奋发向上的精神力量和团结和睦的精神纽带，为实现"两个一百年"奋斗目标和中华民族伟大复兴的中国梦而奋斗。

社会转型的过程伴随价值范式的重建，由此可能会引起价值观念的普遍性震荡与困惑。[②] 公共行政系统应充分发挥其利益整合功能，以便降低这种震荡与困惑所造成的负面影响，进一步优化公共利益配置机制，引导人民群众

---

① 陆平辉：《利益冲突的理念与实证分析》，《南京社会科学》2003年第9期。
② 孙正聿：《哲学通论》，人民出版社2010年版，第332页。

更新价值观念,使人民群众的思想意识与社会发展的步伐保持一致,使人民群众成为真正的推动历史前进的主人。在中国社会转型的过程中,经济的发展必然会对上层建筑提出相应要求,作为上层建筑的公共行政精神也需要不断创新,以适应社会转型的需要。公共权力主体应该践行社会主义核心价值观,以社会主义核心价值观引领公共行政精神发展、引领公共管理创新,将社会主义核心价值体系融入公共行政的各个环节,使其基本要求充分体现于公共行政的各项制度措施中。一是倡导行政价值的公共性,树立正确的义利观、利益观和荣辱观,始终以实现公共利益为根本价值取向,坚持民主、法治、公正、廉洁、高效、务实、创新、卓越等多元道德品质。二是树立创新、协调、绿色、开放、共享的发展理念,有效应对公平与效率、发展与稳定、当代与未来、地方与中央、经济与社会等多重利益冲突,让公共利益配置真正惠及全体人民。三是树立以人为本的理念,关注人的需求和需求的满足,协调人与人、人与社会、人与自然的利益关系,找准民众利益与国家利益、公共利益之间的合理契合点,让个人利益与集体利益、社会利益保持动态平衡。四是树立政治文明理念,进一步拓宽公民参与渠道,推动公民社会发展,创造有利于不同利益主体进行理性表达、实现和维护自身利益的条件和环境。五是树立法治理念。坚持依法治国、依法执政、依法行政共同推进,坚持法治国家、法治政府、法治社会一体建设。让法治思维在全社会生根发芽,让法治行为成为人们的基本处事方式,用法律规范政府行为,用法律维护人民群众合法权益。

第四节 传统民本行政价值观与当代民主行政价值观的差异与融合

"民本"是中国传统文化的瑰宝,是传统行政价值观的重要内容,也是当代中国行政管理制度发展与创新的重要思想来源。"民本"一词最早见于《尚书·五子之歌》:"民为邦本,本固邦宁。"即"民"是国家的根本或根基,是政治统治清正廉明、社会管理长治久安的根本所在。"民主"是西方文化的精髓,是西方行政价值观的重要内容。民主的词源学定义可以一直追溯到古希腊,其词根为"demos"(意为人民)和"karetin"(意为治理),合而言之,就是人民的治理,人民是国家的主人,拥有管理国家事务、社会事务和经济文化事务的广泛权力。人类认知发展历程、人类社会发展历程总是具有某种共同的规律，作为东方和西方两种不同社会历史条件下成长起来的两种行政价值观，二者并非根本对立，而是具有一定的共同点。"儒家文化中的民本思想正是新时代国家制度理论创新的良好基石……我国传统政治理想与西方的思想精髓中存在着共通之处。"①

一 "民"的内涵比较：臣民与公民

在中国传统行政价值观中，"民"尽管很重要，但不是主体，而只是被恩赐施惠的对象，被看作载舟的工具和覆舟的力量，君才是"参天地""治乱世""施仁政""泽于民"的主体；君是权力的源泉，"民"的权力来源于统治者的良心发现和施舍。西方民主则不承认有受天之命来统治人民的君主，认为君主的权力是人民授予的，只是受人民的委托为人民办事。

（一）"民"之主体与客体差异

民本之"民"是指与君主相对应的臣民，二者之间不是一种平等的关系。传统民本思想施行的前提是森严的等级制，它用宗族家长制中的父子、长幼关系来寓意君主与人民之间的关系，这就决定了二者之间的地位是不平等的。在民本价值观下，君主拥有至高无上的权力，居于政治统治、社会管理的中心，其地位高于民而成为一个独立的社会主体。"民"只是君主统治的对象，民本不过是君主治理国家的工具罢了。从这种意义上说，在传统民本价值观下，人格权利的平等性被彻底否定，君主处于绝对支配的地位，民众只能安邦守土，期盼盛世明君。虽然民本思想家也认为民心向背是关系王朝兴衰的重要因素，但其主张往往只是要求君主在充分享受权力带来的乐趣的基础上，爱惜民力，施惠于民，而绝非还权于民。这里，人民的独立人格和主体意识被剥夺，个性丧失，在国家的政治生活和社会管理中完全处于被动地位，个人权益得不到有效保障。老百姓的福祉，全系君主一念之间，这也造成中国传统行政价值观对盛世明君、青天大老爷的格外青睐，造成中国传统行政管理过多依赖领导者个人。

民主之"民"是公民，当代行政价值观倡导"平等"，认为人是平等的，无贵贱高低之分。执政者与民众之间的地位是平等的，体现在社会管理领域，

---

① 周坚：《中国的民本思想内涵远超西方"民主"价值观》，《人民论坛》2009年第18期。

就是管理主体与管理客体的互动关系，二者之间是服务者与被服务者的平等关系，而非统治者与被统治者的等级关系。不仅如此，现代民主思想家坚持以人为中心，把人民作为经济与社会发展的本源、本体、核心，把人民的利益视为政府存在的目的和动力。在当代行政价值观中，政府的权力是人民授予的，必须为人民服务并受人民的监督，我国的行政体系的机构设置、人员安排、职权配备都体现了这一原则。

民本之"民"是群体概念。在中国传统社会，存在很明显的土地依附、人身依附、精神依附，人很难以真正独立的个体而存在，也几乎不存在主体意义上的个体性思维，"民"始终只具有"群"的属性，从来不是以个体性概念和个体性实体而存在的。这种群体本位观形成了臣民社会的鲜明特征，而民本行政价值观也恰恰是建立在臣民社会的基础上的，造就了中国传统行政管理体制的森严等级结构。在中国传统民本思想中，"民"是王朝得以建立和存在的根基，是占人口绝大多数的被统治者。民本思想家所说的"民"，是一个集合概念，并不指代其中的某个具体的个人。"民"就是依"群"而存的人，也就是在社会中处于特定位置的群体（如家庭、宗族等）。可见，在中国传统行政价值观中，"民"是一个混沌的统一体、有机体，所代表的只是一个毫无政治地位、毫无民主权利的群体，是与"官"相对立的，是行政管理体系所作用的对象。以"民"为轴心而构建的政治、经济、社会关系体系，覆盖了中国传统行政管理体制实际运行的每一个层面。

民主之"民"是个体概念。崇尚自由、标榜平等是当代民主的重要标识。当代民主体现的正是个体本位的思想，个体本位观实质上就是关于自我的思想意识，这里，人的存在都是而且只能是通过个体和自我的形式，任何离开和否定个体与自我的群体都只是虚幻的群体。

二 "民"的价值取向：工具性与目的性

"民本"是把人民作为统治的根本，把人民的利益作为统治者制定政策的出发点，强调"为民做主"；"民主"是人民当家作主，人民是国家的主人，国家的一切权力来源于人民，强调"由民做主"。从主体与客体的关系看，"民本"更多体现了一种工具性价值取向，而"民主"更多体现了一种目的性价值取向。

(一)中国传统民本行政价值观的工具性价值：御民之术

中国民本行政价值观虽然在一定意义上体现了以民为本的理念，但从整体上看，还是属于统治阶级的御民之术，与专制政治是相一致的。从统治者的角度看，民本只不过是"取"政之本与"维"政之本，而非"治"政之本，依照这种理念设计出来的制度，人的因素远远大于制度的因素，清明的统治者能够为民做主，官员会有"粉骨碎身浑不怕，要留清白在人间"的使命感和责任感；昏庸的统治者则会视民如草芥，官员则可能在"文官三只手，武官四只脚"的诱惑前丧失基本的职业操守。

"民本"的主体是体现封建伦理道德的权力代表，主要指统治阶级及为其服务的儒家知识分子。儒家知识分子站在统治阶级的立场上，将符合封建伦理道德和君主统治的思想通过政治强力上升为国家意志，按照儒家的政治主张来管理人民，按照儒家的政治要求来改造人民，使其思想、言论、行为更加符合封建统治需要。在传统民本行政价值观下，"民"主体性地位丧失，附属于行政系统而存在。

"民本"的客体是人民的思想、言论和行为。"民本"思想是以维护封建统治为前提的，是对人民的一种道德教化和政治约束。依照这种理念设计的制度，往往会推行愚民政策，强化等级观念，用封建伦理纲常混淆人的视听，训导老百姓安分守己、安贫乐道、逆来顺受，并使其思想、言论和行为符合统治者的要求。当然，单靠伦理道德是解决不了人的物质需求的，历史上由于老百姓温饱问题而引发的官逼民反的案例比比皆是。因此，"民本"理念也必然会促使统治者关心民生、关注民生、改善民生，通过休养生息、轻徭薄赋、兴修水利、制民之产等措施，缓和社会矛盾，巩固政治统治，推动社会进步。

中国传统民本行政价值观的御民之术，主要表现在三个方面：贵民、爱民、信民。孟子的"民为贵，社稷次之，君为轻"思想，深刻揭示了君主、政权、民众三者之间的关系，君权只有得到人民的拥护才能得以巩固，政权只有得到民众的认可才能得以稳固。《论语》中，论及"民"的内容多达50多处，其中心观点就是"仁"，"仁"的本质就是"仁者爱人"，要求"视民如子"，时刻关心百姓疾苦，做到先天下之忧而忧，后天下之乐而乐。"民事不可缓"[①]，统治者顺从民意，取信于民，不仅关乎国家的稳定安宁，更与国

---

① （宋）朱熹：《四书集注·孟子》，岳麓书社1985年版，第259页。

家的昌盛衰亡紧密相联，是决定人心向背的重要因素，是影响社会长治久安的重要条件。

（二）当代民主行政价值观的目的性价值：人的自由

"民主"的主体是拥有民主权利的人民。人民是国家的主人，在国家事务中处于主人翁的地位，人民自觉行使民主权力，参与社会事务的管理。国家机关及其首长通过民主程序产生，其存在旨在切实保障人民的民主权力，维护社会秩序，增进民众福祉。

"民主"的客体是民主权力及其运用，包括人民的民主思想、民主观念、民主行为等具体内容。民主的目标在于使民主的主体正确认识和理解民主的内涵，增强民主意识，自觉行使民主权力，提高民主能力，完善民主保障机制，人民正是通过民主途径参与国家事务和公共事务的管理，实现其社会人的存在价值。

行政是国家意志的执行，公共行政是公共权力主体行使公共权力管理公共事务的活动，公共权力来源于人民。平等是民主的精髓，承认人人具有相同的社会地位，具有相同的政治、经济权利，是民主的基本内涵，具体到行政管理领域，就是公共权力的运行必须致力于提高公共服务共建能力和共享水平，必须保障人民群众平等享受经济社会发展成果的权利。法律面前人人平等，民主从来都是与法律联系在一起的，在行政活动中，政府依法行政尤为重要，只有将政府及其公务人员的权力限制在法律范围内，才能防止公共权力的异化，公共产品和公共服务的配置才能在公平正义的轨道上前行。

三 传统民本行政价值观与当代民主行政价值观的融合

（一）融合的基础：民本与民主的整体性特征

中国民本行政价值观和西方民主行政价值观都具有"一体两翼"的整体性特征。民本行政价值观以"君治"为体，"民为邦本"和重民利民为翼；民主行政价值观以"民治"为体，"民有"和"民享"为翼。二者"体"虽相异，翼却相通，具有融合的基础。在"君治"之下，人民被排除在政治系统之外，被视为顺民、贱民，"导致中国传统民本思想无法突破桎梏而迈向现代民主，政治主体性建构是现代中国民主政治建设的关键"[①]。这就意味着，

[①] 赵晓宇：《民本与民主：比较视阈下的异与"通"——兼论中国民主政治主体性的建构》，《人文杂志》2012年第3期。

传统民本行政价值观和当代民主行政价值观的融合，是现阶段中国行政价值观发展不可回避的重大问题。在这个变革的时代，我们应该"尊重历史（不仅是中国的历史，而且是世界现代化的历史、人类现代多种尝试的历史），尊重经验（杜威意义上的经验：主客体的交互作用），尊重现实（既不美化也不危言耸听），潜心研究中国现实的价值问题"①。

民本根本区别于民主的关键点在于是否主张"民治"。在公共管理领域，"民治"并不等同于民主政治。如果将"民治"看作主体的话，"民有""民享"则是两翼，这种一体两翼的思想体系才是现代民主政治思想的主体。比较而言，中国传统民本思想的"体"是君治，即君以民为本，为民做主，这是民本与民主的重大差异。当然，君治也非中国传统民本思想的全部，以民为本更强调道德层面的因素，即统治者要关心、爱护老百姓，因为国家的兴旺发达、社会的长治久安离不开老百姓，这就必然会有重民利民的要求，构成了民本思想的两翼。

（二）融合的共同点：民本与民主的重民取向

重民思想是中国民本行政价值观和西方民主行政价值观的共同价值取向。"民之所好好之，民之所恶恶之。""尧有欲谏之鼓，舜有诽谤之木。"当然，人民的"进谏"和"诽谤"权利并不等同于人民拥有管理或统治国家的权力，比如，尽管孟子讲民比君贵，但他也只能说"国人皆曰贤，然后察之，见贤焉，然后用之"，"国人皆曰可杀，然后察之，见可杀焉，然后杀之"。②将"察"的权力交给了统治者。尽管人民被重视和人民当家作主是有区别的，但回归中国民本行政价值观重视民意思想的本源，将其置于现代民主理论的框架之下审视，依然具有很强的现实意义。听民意而不盲从是一种在长期历史发展中所形成的政治智慧和行政艺术，是中国传统行政文化的重要特征。

利民是重民思想的延伸，更能直接体现民享精神。所谓利民即行政活动要有利于人民，"在中国古代，立君以利民始终是民本思想的主要理据"③。孔子主张"因民之所利而利之"，意即统治者要关注民众的愿望和要求，要尽

---

① 冯平：《中国价值论研究范式的现状与转型》，《新华文摘》2014年第17期。
② （清）焦循撰：《孟子正义》，中华书局1987年版，第144、973页。
③ 张分田：《早期王制与民本思想的滥觞——兼析民本思想与统治思想之关系》，《天津社会科学》2010年第1期。

可能满足民众的利益需求。在农业文明时期,人民最大的利益需求是农业丰收、安居乐业,因此,从孔子到孟子都告诫统治者要"使民以时""不违农时"。统治者也会励精图治、勤政为民。在这里,民是被动而享,这种被动性当然不完全符合现代民主思想中人是政治目的这一重要的价值维度。但是在君为政本、民为国本的二元体系下,君利与民利在一定程度上具有一致性,如郑文公说:"苟利于民,孤之利也。天生民而树之君,以利之也。民既利矣,孤必与焉。"① 人民作为政治目的的价值在一定意义上还是有所体现。

(三) 融合的趋势:民本与民主的殊途同归

中国传统民本行政价值观提供了探索民主行政的原始观念形态,其重民、富民、教民等民生主张对当代行政价值观重构具有重要的借鉴意义,但其独裁、愚民、封闭等内在缺陷又与当代行政发展要求格格不入。当代民主行政价值观,尤其是马克思主义的部分理念深刻影响着我国行政改革和发展。中国传统民本行政价值观和当代民主行政价值观并不存在孰优孰劣的分野,而是两种不同社会经济形态下成长起来的文明成果,在全球化浪潮中,二者可以相互借鉴,相互融合,扬长避短,和谐共存,殊途同归,共同推动人类社会发展。在民主化进程中,很有必要将中国民本行政价值观的精髓进行现代转换,将当代民主行政价值观的精华进行中国转化,使其在当代中国的沃土上成长壮大。

传统民本行政价值观与当代民主行政价值观的融合,当代中国行政价值观的重构与发展,应该重点关注以下五个基本问题。

一是增强"公仆"意识。"官本位"意识是中国传统行政价值观的重要特征,也是当代中国行政价值观重构迫切需要解决的客观问题。政府及其公务人员应该摒除"官本位"思想,理性定位自身职责和权力,增强"公仆"意识、服务意识、责任意识、效率意识,充分尊重人民群众的人格和合法权利,承认人民群众在行政活动中的主体地位,积极推进人民群众有序参与行政生活。同时,为了使市场在资源配置中起决定性作用,更好发挥政府作用,更好推进党和国家各项事业发展,更好满足人民日益增长的美好生活需要,还必须通过创新制度安排,进一步理顺政府与市场、政府与社会的关系,提

---

① (战国) 左丘明:《左传》,(晋) 杜预注,上海古籍出版社2016年版,第302页。

高政府履职能力和水平，坚持为民办事、为民解忧、为民谋利，不断优化和强化社会管理和公共服务职能，不断加强面向基层、服务民生的力量和资源，一件事情接着一件事情办，一年接着一年干，把为人民造福的事情真正办好办实，推动实现更高质量、更有效率、更加公平、更可持续的发展，创造更加公平正义的社会环境，实现好、维护好、发展好最广大人民根本利益。

二是正确履行政府职能。"深化行政体制改革，创新行政管理方式，增强政府公信力和执行力，建设法治政府和服务型政府"[①]，是十八届三中全会为行政改革确定的基本方向。简政放权是当今世界行政改革和发展的基本趋势。政府的基本职能是对经济社会发展战略、规划、政策、标准等的制定和实施，是对市场活动的监管，从解决人民最关心最直接最现实的利益问题入手，增强政府职责，是提高公共服务共建能力和共享水平。坚持以人民为中心，保障人民当家作主的权利，政府必须是"有限政府"，必须让更多的权力回归社会。党的十八大以来，以习近平同志为核心的党中央提出了"五位一体"总体布局和"四个全面"战略布局，紧紧围绕完善和发展中国特色社会主义制度、推进国家治理体系和治理能力现代化这个总目标全面深化改革。面对新时代新任务提出的新要求，公共行政进一步理顺政府与市场、政府与社会的关系，全面正确履行政府职能，推动实现更高质量、更有效率、更加公平、更可持续的发展。

三是优化政府组织结构。正确履行政府职能必须深化机构改革。政府组织机构的设置及其权力运行机制，关系到行政活动的实效，是行政改革和发展不可回避的重要问题。科学、合理的政府组织结构是政府履行职责的重要保障。党中央一直高度重视政府组织结构优化，新中国成立后，我国逐步建立起与我国社会主义基本制度相适应的政府组织机构，为治国理政、推进社会主义建设发挥了重要作用。"优化政府机构设置、职能配置、工作流程，完善决策权、执行权、监督权既相互制约又相互协调的行政运行机制。严格绩效管理，突出责任落实，确保权责一致，"是党的十八届三中全会为行政改革确定的重要任务。党的十九大报告将"深化机构和行政体制改革"列为"健全人民当家作主制度体系，发展社会主义民主政治"的重要任务，明确要求

[①] 《中共中央关于全面深化改革若干重大问题的决定》，《人民日报》2013年11月16日第1版。本书出现此决定，均出自《人民日报》2013年11月16日第1版，下文不再赘述。

"统筹考虑各类机构设置，科学配置党政部门及内设机构权力、明确职责。统筹使用各类编制资源，形成科学合理的管理体制，完善国家机构组织法。转变政府职能，深化简政放权，创新监管方式，增强政府公信力和执行力，建设人民满意的服务型政府"。基于对新时代中国特色社会主义的新形势新任务的分析判断，党中央对深化党和国家机构改革做出了全面部署，在加强党的全面领导基础上，对政府组织结构进行了系统性、整体性重构。党的十九届五中全会将"国家治理效能得到新提升"列入"十四五"时期经济社会发展主要目标之中，明确要求"国家行政体系更加完善，政府作用更好发挥，行政效率和公信力显著提升，社会治理特别是基层治理水平明显提高，防范化解重大风险体制机制不断健全，突发公共事件应急能力显著增强，自然灾害防御水平明显提升，发展安全保障更加有力"①。这些改革，为构建起职责明确、依法行政的政府治理体系，加快建设人民满意的服务型政府奠定了坚实基础。公共行政要适应经济社会发展需要，着眼于统筹推进"五位一体"总体布局和协调推进"四个全面"战略布局，不断适应我国社会主要矛盾变化以及深化供给侧结构性改革要求，补齐行政管理短板，推动政府组织结构更加成熟、更加定型。

四是坚持依法行政。依法行政是切实维护广大人民群众切身利益、落实依法治国基本方略的必然要求。依法行政是法治国家、法治政府和法治社会一体建设的重要内容，其产生和发展与法治理念有着直接密切的关系。在现代，法治不仅包括权力依照法律规定运行——这只是形式意义的法治，法治还包括权力行使要符合一定的目标——这是实质意义的法治。社会主义法治观不仅要求行政权力有法律依据，还包括立法和执法的过程都应该符合国家的价值追求，符合法律确立的目标。② 我国绝大多数法律、行政法规、地方性法规由各级政府负责实施。执法主体多、涉及领域广、行为数量大，行政执法人员与群众打交道多，行政执法与群众利益关系密切。只有执法机关坚持严格规范公正文明执法，才能切实维护社会公平正义、更好满足人民群众的法治需求，才能树立执法机关公信力、带动全社会遵法守法、保证法律法规

---

① 《中共中央关于制定国民经济和社会发展第十四个五年规划和二〇三五年远景目标的建议》，《人民日报》2020 年 11 月 4 日第 1 版。

② 李少文：《提高领导干部依法行政能力》，《学习时报》2018 年 10 月 15 日第 A3 版。

有效实施。① 当前，我国正处于社会转型的特殊历史时期，各项改革进入攻坚期和深水区，影响社会和谐稳定的因素大量存在，执法工作面临的形势和环境发生了复杂而深刻的变化。公共行政要牢固树立"执法为民"理念，深化执法体制改革，准确把握行政执法的功能和目标，坚持合法行政、合理行政、程序正当、高效便民、诚实守信、权责统一，开展精准执法、柔性执法，严防机械办案、功利执法，让执法既有力度又有温度，做到执法要求与执法形式相统一、执法效果与社会效果相统一。

五是坚持全过程人民民主。《中共中央关于党的百年奋斗重大成就和历史经验的决议》指出："必须坚持党的领导、人民当家作主、依法治国有机统一，积极发展全过程人民民主，健全全面、广泛、有机衔接的人民当家作主制度体系，构建多样、畅通、有序的民主渠道，丰富民主形式，从各层次各领域扩大人民有序政治参与，使各方面制度和国家治理更好体现人民意志、保障人民权益、激发人民创造。"政治与行政紧密相连。全过程人民民主是人民民主在我国国家治理中的生动体现，是公共行政保证人民平等参与、平等发展权利的有效途径，是中国人民追求美好公共生活的时代呼唤。"在公共事务的管理过程中，凡是与公共议题相关的人民群众，都有权利参与公共问题的讨论和决策。中国的治理，不仅要建立在最广大人民群众的参与基础上，而且要建立在尽可能广泛的社会共识基础上。只有这样，才能走好中国特色社会主义治理之路，才能将中国式民主的制度优势转化为治理效能，才能汇聚起实现民族复兴的磅礴历史伟力。"② 公共政策的制定与实施是政治过程的重要构成，人民群众参与公共政策过程是人民民主的基本要求和应有之义。就中国特色社会主义民主政治发展与国家治理体系和治理能力现代化而言，发展全过程人民民主的要旨首先体现在公共政策过程的人民性上。民主决策是全过程人民民主的重要一环，发展全过程人民民主本质上要求公共行政过程的民主化。如果政府决策过程不能够有效地向人民开放，尤其是在政策问题建构和议程设置时缺乏民主参与，决策者便无法从广泛存在于人民当中的利益诉求出发去客观界定和识别真正的公共问题所在，从而准确地将急需政

---

① 熊选国：《坚持依法治国、依法执政、依法行政共同推进，法治国家、法治政府、法治社会一体建设》，《人民日报》2021年3月16日第12版。

② 王洪树：《全过程人民民主：中国式民主的时代诠释和多维建构》，《理论与评论》2021年第5期。

府回应的政策问题纳入政策议程。① 构建适应于全过程人民民主发展的公共行政体制，要推进政府决策民主化的目标从政策制定环节前置到政策议程设置环节，逐步实现政策议程设置民主化，让人民能够基于自身利益诉求参与到政策议程设置的协商讨论过程中，进而将人民的需求真正吸纳进政府决策议程。

---

① 汪家焰：《政策议程设置的全过程人民民主逻辑》，《中国社会科学报》2021年12月29日第8版。

第五章　行政价值观的创新途径

作为一种观念形态的上层建筑，行政价值观是随经济社会的发展而不断发展的。行政价值观创新是其保持自身生机与活力的内在要求，通过创新，行政价值观才能适应行政环境的变化，指导行政主体在行政生活中不断面对新形势，有效解决新问题，真正开创新局面。在深水区攻坚期的特殊阶段，改革"既呼唤坚定果敢的行动、百折不回的信念，也呼唤全面系统的认识论、攻坚克难的方法论"[①]，我们必须切实贯彻落实党中央在全面深化改革中大力加强思想道德建设的要求，契合时政热点，在思辨的过程中审视现实，为全面深化改革提供精神动力。行政价值观作为推动国家治理体系和治理能力现代化的重要精神动力，理所当然具有创新的内在张力，也理所当然具有创新的现实基础。

第一节　塑造行政人格，提高行政价值观创新的主体意识

行政人格是公共权力主体在处理公共事务过程中区别于其他社会成员的内在规定性，是行政资格、行政规格、行政品格和行政风格的有机整体。行政人格具有特定的伦理内涵，是行政伦理观、行政价值观在公共权力主体思想、行为上的集中体现，是公共权力主体价值实现与自我价值评价的有机统一，也是评价公共权力主体思想、行为美丑、善恶、好坏的重要标准。不断塑造行政人格，是促使公共权力主体不断内省、不断完善自我的重要途径，能够有效提高行政价值观创新的主体意识。

---

① 人民日报评论员：《改革让中国道路越走越宽广——三论协调推进"四个全面"》，《人民日报》2015年2月27日第1版。

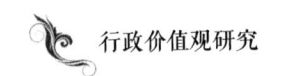

一 树立公共利益至上的基本价值理念

公共利益是人类社会公共领域的利益，表现为公共产品（含准公共产品）、公共服务（含准公共服务）等具体形态。公共行政是对公共利益进行权威性配置的过程，公共利益至上是现代公共行政的基本价值理念。公共权力主体在行使公共权力的过程中，需要以公共利益为基本价值导向。《中共中央关于制定国民经济和社会发展第十四个五年规划和二〇三五年远景目标的建议》指出："坚持把实现好、维护好、发展好最广大人民根本利益作为发展的出发点和落脚点，尽力而为、量力而行，健全基本公共服务体系，完善共建共治共享的社会治理制度，扎实推动共同富裕，不断增强人民群众获得感、幸福感、安全感，促进人的全面发展和社会全面进步。"公共行政要始终坚持以人为中心，不断提高公共服务共建能力和共享水平，满足人民群众的利益诉求，增强人民群众对公共行政系统的认同、理解和支持程度。

创新行政价值观，必须正确区分公共利益与政府利益。亚里士多德认为，凡是正宗政体，其行为的价值取向自然是公共利益；只有变态政体行为的价值取向才是统治者个人的利益或部分人的利益。[①] 公共利益是政府存在的基础和政府执政合法性的源泉，公共利益的实现和增进离不开政府的努力。政府作为公共事务的主要管理者、公共服务的主要提供者和公共权力的主要行使者，在某些情况下政府利益就是公共利益。然而政府也有其自利性的一面，政府作为独立存在的整体，政府组织和政府官员都有自身特殊的利益诉求，其中既包括正当的、合理的利益，也包括某些不正当的、不合理的利益。现实行政生活中，不少人常常将政府利益等同于公共利益，认为政府利益都是正确的、合理的、合法的，个人利益必须服从并服务于政府利益，这种认识显然是以偏概全、无益于行政实践的。在现实行政生活中，由于制度设计的内在缺陷、人性的弱点等原因，政府利益侵害公共利益的现象时有发生，"政府自身的利益往往假扮成公共利益，政府成为公共利益的最大侵蚀者，在认定政府行为是否符合公共利益时，首先必须排除政府利益"[②]。因此，正确区

---

① 参见［古希腊］亚里士多德《政治学》，吴寿彭译，商务印书馆1965年版，第133—134页。
② 刘边泰：《"公共利益"的解释困境及其突围》，《文史哲》2006年第2期。

分公共利益与政府利益，合理设定二者的边界，是更好实现公共利益的前提，这有利于规范行政主体行为，塑造良好健全行政人格。

创新行政价值观，必须正确处理公共利益与个人利益的关系。利益是人类社会的客观存在，具有个人利益、集体利益、公共利益等多种表现形式，在人类社会还没有达到各尽所能、各取所需状态的阶段，利益矛盾、冲突是不可避免的社会现象，但人是有理智的社会存在，人类社会可以通过利益整合寻求个人利益与集体利益、公共利益的综合平衡，保持社会利益格局的动态稳定。作为人类社会公共领域的利益形态，公共利益的实现并不意味着对个人利益的侵害。孟德斯鸠指出："公共利益绝不是用政治性的法律或法规去剥夺个人的财产，或者是削减哪怕是它最小的一部分。"[1] 公共利益与个人利益是相互融合、总体一致的，社会成员都享有公共利益，公共利益是更高层次的个人利益，无数个体的个人利益相互融合，发展到一定程度就构成了公共利益。但是，公共利益又不是由个人单独占有，公共利益与个人利益不可避免地存在差异性。毛泽东在《关于正确处理人民内部矛盾的问题》中指出："我们的人民政府是真正代表人民利益的政府，是为人民服务的政府；但是它同人民群众之间也有一定的矛盾。这种矛盾包括国家利益、集体利益同个人利益之间的矛盾。"私人利益的恶性膨胀在一定程度上会挤压损害公共利益，有些政府官员为了一己私欲假公济私、损公肥私、公物私用，甚至以权谋私，这些都是不道德的、违法的。同样，公共利益的肆意扩张，在一定程度上也会侵害私人利益，有些政府官员以公共利益高于一切的名义，盲目放大扩张公共利益，要求私人利益无条件地服从且让步于公共利益。这种侵害私人利益的做法很明显是没有正确理清公共利益与私人利益的关系。公共权力主体在行政过程中要努力实现两者有机统一：在实现公共利益的同时也要保护私人正当的、合法的利益，依法严厉打击侵害公共利益与私人利益的行为，及时补偿因为实现公共利益而导致个人利益的损害。

创新行政价值观，必须坚持公共利益的非营利性。公共利益作为公共权力系统存在的正当性基础，其非营利性是国家权威和政府公信力的重要来源。非营利性是指任何公共利益服务的提供者都不得以营利为目的形式公共权力。

---

[1] [法]孟德斯鸠：《论法的精神》（下册），张雁深译，商务印书馆1997年版，第190页。

如果一项事业是以营利为目的的，即使该项服务客观上有助于社会公共利益总量的增进，也不能作为"公共利益"来认定。① 从公共利益的行政来看，公共利益是为社会中不特定的多数人服务的，如果公共利益以营利为目的，那公共产品的享用者只是特定的为之付出代价的部分人，也就违背了公共利益的本意。政府提高公共服务共建能力和共享水平的目的在于增进公民福利，促进资源的合理分配，防止民间资源占有者以营利为目的向公民收取不合理的费用，如果政府也以营利为目的，那么其资源分配功能和福利功能便不能很好地实现，政府就会失去民心，其合法性基础就会削弱。由于公共权力的特殊性，如果政府参与市场竞争，只需要付出较低的代价或无须付出任何代价，就可能获取巨大利益，这是对市场规则的极大破坏，会严重危害经济发展。因此，只有坚持公共利益的非营利性才能真正实现公共利益，有效提升政府的公信力、凝聚力，不断提高政府及其工作人员的主体意识。

二 明确公共行政的多元责任

公共行政的责任意味着公共权力主体始终将为人民服务作为一切工作的出发点和落脚点，判断公共权力主体行为合理、合法的基本条件是看其是否为实现和维护广大人民群众的根本利益服务。责任意识对于公共权力主体来说具有导向、约束等功能。导向功能是指通过公共行政责任来引导政府及其工作人员如何行使公共权力，以实现行政目标；约束功能是指公共行政责任限制政府及其工作人员的权力行使，要求政府及其工作人员依法履行其职能，自觉遵守各项法律法规和道德的规定，真正做到守土有责，守土尽责。在行政生活中，责权紧密相连，公共权力主体有效履行责任与其合理行使权力应该是一致的，忽视任何一方都会导致严重的后果，都会对政府形象产生重大的负面影响。青岛"天价虾"事件对"好客山东"形象的严重损害就是明证，这与个别政府部门、个别政府工作人员责任意识淡薄有很大的关系。

强烈的责任意识是现代行政价值观的重要特征。有职就有责，有责就要有担当。对于行政主体而言，敢于担当、勇于担当，就要坚持守土有责、守土尽责；就要强化问题意识、勇于直面矛盾；就要抛开私心杂念、树立一心一意为公的情怀。为防止权力的滥用、减少工作失误、提高政府工作效率、

---

① 黄学贤：《公共利益界定的基本要素及应用》，《法学》2004年第1期。

第五章 行政价值观的创新途径

创造公共价值、实现公共利益，作为公共行政主体的政府及其官员在行使公共权力管理社会公共事务的过程中，必须依照宪法和法律法规的规定树立多元责任意识。依照责任的性质和范畴，我们可以将行政责任分为政治责任、法律责任、行政责任和道德责任四种类型。

政治责任是公共行政最重要的责任。政治责任是指国家机关及其工作人员所作所为必须合理、合目的性（合乎造福于民、服务于民的宗旨），其政策、法律、规章、行政命令等决策必须符合人民的意志与利益。[①] 政治责任在中国公共行政体系中具有特殊重要的地位，这主要取决于中国的国情，中国是人民当家作主的社会主义国家，主权在民，政府及其工作人员只是权力的受托者，人民才是权力的真正所有者。因此，作为公共权力行使者的政府及其工作人员要对人民负责，要保证其权力的有效行使。正如库珀所言："无论是按照正式的就职宣誓、政治伦理法规，还是法令，最终，所有行政人员的行为都要以是否符合公众的利益为标准来衡量是否是负责的行为。"[②] 如果行政主体的行为侵犯到了公众的利益，即使他的行为是合法的，他也要承担一定的政治责任。政治责任的目的在于提高政府为人民服务的质量和政府工作绩效，打造高效的政府。政治责任实现关键在于坚持以人民代表大会制度作为我国的根本政治制度，真正发挥人大作为国家最高权力机关的作用，政府对人大负责，向人大汇报工作，接受人大的监督。

法律责任是公共行政最严格的责任。公共行政的法律责任是行政主体及其行政人员在行使职权过程中由于违法行为——包括违法行政和行政不当所引起的承担不利法律后果的应当性行为。[③] 法律是最严格的社会规范。法律责任是最严格的责任，它以法律法规为基础，通过司法过程来实现。《中共中央关于制定国民经济和社会发展第十四个五年规划和二〇三五年远景目标的建议》指出："坚持法治国家、法治政府、法治社会一体建设，完善以宪法为核心的中国特色社会主义法律体系，加强重点领域、新兴领域、涉外领域立法，提高依法行政水平，完善监察权、审判权、检察权运行和监督机制，促进司法公正，深入开展法治宣传教育，有效发挥法治固根本、稳预期、利长远的

---

① 陆银辉：《论公共行政的责任体系及其运作》，《成都行政学院学报》2005年第3期。
② [美]特里·L.库珀：《行政伦理学：实现行政责任的途径》，张秀琴译，中国人民大学出版社2001年版，第71页。
③ 王旭伟：《行政法律责任的伦理解读》，《沈阳师范大学学报》（社会科学版）2007年第2期。

保障作用，推进法治中国建设。"中国是社会主义法治国家，法律面前人人平等。政府作为国家权力的执行机关，更加应当模范地遵守法律法规的规定，依法行政，对违法行为施以相应惩处。当前，公共管理领域存在着诸多如有法不依、执法不严、违法不究、徇私枉法等问题，有些官员罔顾国家利益和集体利益，知法犯法，把国家和人民委托的权力用于谋取私利，贪污腐败，钱权交易，这些都是与建设社会主义法治国家背道而驰的。在全面深化改革进程中，必须依法行政，行政主体必须依法办事，承担起相应的法律责任。在公共行政领域，有效履行行政法律责任，一是要依法行政，即行政主体的权力来源于宪法和法律法规的授予，必须是合法有效的，行政主体的行为必须严格遵守宪法和其他法律法规的规定，必须有正当的法律依据，必须在法律范围内行使权力，管理公共事务；二是要严格执法，违法必究，无论是谁，只要其行为违反了法律法规的相关规定都必须承担相应的责任，都必须受到法律的制裁。

行政责任是公共行政最直接的责任。公共行政的行政责任实际上是公共行政系统的内部责任，就是说在公共行政系统内部由于权力分化、专业分工而确立了不同部门和不同等级职务关系，公职人员必须严格遵守相关行为准则，切实履行自己的岗位职责，在其职权范围内有效行使自己的权力，切实履行自己应尽的义务。要实现公共行政的行政责任，关键在于建立健全内部责任制约机制，一是按照职能分工，各部门必须切实承担起自己的职责，真正做到守土有责，守土尽责，并自觉接受其他部门的监督，青岛"天价虾"事件中，公安、物价等政府部门中的任何一家如果切实履责，认真回应老百姓的正当诉求，万不至于出现如此严重的后果；二是个人服从组织、下级服从上级、地方服从中央，下级政府必须接受上级政府的领导、监督与指导，认真完成上级部门布置的任务，虚心接受上级部门的批评建议；三是局部服从全局，这是对本位主义、地方保护主义、行业壁垒等的有效革除，是确保行政系统高效、统一运行必须坚持的原则。

道德责任是公共行政的核心责任。道德责任是一种程度更高、影响更深的责任。道德责任是指"行政机关及其行政人员在执行职务时必须承担的道德上的责任"[1]。道德责任主要源于个人的正义感和使命感，源于个人良心、

---

[1] 陆银辉：《论公共行政的责任体系及其运作》，《成都行政学院学报》2005年第3期。

良知和社会舆论。道德责任是一种主观责任,"主观责任作为对我们的信仰、个人与职业的价值观以及性格特征的一种表达,和更为明确的客观责任的表达一样具有真实性"[①]。因此,道德责任是真实的、普遍存在的,主要表现为行政活动中的每个参与者都实际承担着一定的道德责任,行政道德规范是具体的、真实的,落实在行政生活的各个领域。道德责任作为公职人员行动的出发点和工作的重要准则,要求行政主体具有"服务"意识和"公仆意识",这是社会主义行政道德责任的核心所在,行政主体在行使公共权力时以"人民公仆"的身份而不是统治者、管理者自居,克服官僚主义倾向,关心人民利益,以为人民服务为自己的行动宗旨,对人民负责;要求公职人员必须恪守基本的行为规范和职业道德,公职人员作为公共权力的受托者和行使者,必须受到制度与道德的双重约束,防止可能因权力滥用而造成严重恶果;要求行政主体要有良知与良心,坚守道德底线,维护公序良俗,关注弱势群体,推动行政活动向至善至美的方向发展。

责任是公共权力运行制度化、规范化、程序化的重要保障。公共权力主体对公共产品和公共服务的有效供给,取决于其履职尽责的成效。公共行政对公共事务的管理涉及社会生活的方方面面,需要处理好复杂的利益关系,需要承担起应负的各种责任,一定要准确把握以人民为中心的发展思想,进一步树牢为民服务的宗旨意识,切实肩负起新时代为人民服务的责任担当,更好满足人民日益增长的美好生活需要,更好推动人的全面发展、社会全面进步、人民共同富裕。在公共行政领域,政治责任、法律责任、行政责任、道德责任往往是交织在一起的,任何一方面的瑕疵,都可能严重损害政府形象,甚至引发复杂的社会问题。基层社会治理是公共行政面临的现实难题。人们都知道基层存在各种各样的问题,解决这些问题,是一个系统工程,需要全社会的共同努力,大家期盼的,更多是政府切实承担公共事务管理责任的态度和认真解决公共问题的行动,这种态度和行动是政府公信力的重要来源。全面深化改革涉及多方利益关系的调整,面临复杂的利益冲突,需要更加全面的利益整合。当前,公共行政承担的责任更加重大,面临的挑战更加复杂,需要切除形式主义和官僚主义等毒瘤,有效、有序、有力应对各类公共问题。问题刚发生时,

---

① [美]特里·L. 库珀:《行政伦理学:实现行政责任的途径》,张秀琴译,中国人民大学出版社2001年版,第75页。

不能有权就任性，更不能简单粗暴；问题一旦发酵起来，不能害怕追责就推诿，更不能一心只求脱责自保。始终坚持以人民为中心，真抓实干，勇于担当，这应是公共权力主体遇事或不遇事时一以贯之的态度。

三 强化公共权力的公共性

公共权力是指公共组织根据公共意志，组织、协调和控制社会与个人的力量（社会影响力），或者说是人类社会和群体组织有序运转的指挥、决策和管理能力。① 公共权力是公共行政的基本手段和工具，公共权力起源于维护和实现公共利益的需要。公共性是公共权力的根本属性，是公共权力合法性的来源。所谓公共性，是指公共权力产生于维护公共利益和进行公共管理的现实需要，公共权力的行使必须符合人民的利益需求，接受人民的监督，公共权力属于全体人民，政府只是权力的受托者和行使者。然而虽然人民是真正的权力所有者，但是在实际的公共生活中，由于个人权力让渡于政府，希望通过政府来达成自己的利益诉求，政府成为实质上的行使权力的主体，政府及其工作人员不仅要代表公共利益，也要代表他们自身所处集团或阶级的利益，还具有维护自身利益的客观诉求。他们在行使公共权力、选择公共行为的过程中必然带有一定的倾向和偏好，甚至可能成为个别人以权谋私实现其自身利益的工具和手段，任其发展，社会权力就成为私人的私有权力，公共权力就被异化了。公共权力的异化在一定程度上是行政价值观歪曲的表现，要确保公共权力的公共性，就必须不断创新行政价值观，让其内在品质、外在形式常常更新，使其能够适应不断发展变化的行政环境，真正成为公共权力主体情感的皈依、思想的殿堂、精神的家园。

强化公共权力的公共性，要求公共权力主体坚持为人民服务的基本宗旨。中国是人民民主专政的社会主义国家，国家的一切权力属于人民。为人民服务是政府及其工作人员的基本工作宗旨，坚持为人民服务的原则即用个人权利来制约公共权力，有利于强化公共权力的公共性。政府要始终以人民公仆的身份自居，以为人民服务为荣。通过不断提高公共服务共建能力和共享水平，让发展成果更多更公平惠及全体人民，不断满足人民日益增长的美好生活需要。人民是公共行政的力量源泉，是社会历史的创造者和主体，公共权

---

① 戴维新、戴芳：《公共权力的制约与监督机制研究》，宁夏人民出版社2007年版，第34页。

力主体要充分尊重人民群众的主体性、创造性，把人民群众放在首要地位，一切为了人民，一切依靠人民，回应人民的利益诉求，提高公共管理绩效水平。公共权力主体还要坚持对人民负责的原则，自觉接受人民的监督。公共权力主体必须认识到，所有权力都是人民赋予的，权力的用途只能是为人民谋利益，切不可使之成为个人牟取私利的工具。为保证人民的权力真正用于为人民谋福利，用于为社会做贡献，公共权力主体要自觉接受权力主人——人民的监督，自觉接受人民群众的意见和建议，从善如流，疾恶如仇，不断提高自身为人民服务的水平和能力。

强化公共权力的公共性，要求公共权力主体坚持依法行政的原则。权力缺乏制约就必然导致权力的滥用，坚持依法行政的原则实际上是用法律法规来制约权力，规范行为，以达到强化公共权力公共性的目的。一方面，坚持依法行政原则要求公共权力主体具有法治意识和法治思维，法治意识实质上就是对于法律的认识、态度和信仰，法治思维实质上就是按照法律的精神要义思考问题、解决问题。在公共行政领域，只有树立正确的法律信仰和价值观念才能真正做到依法行政。公共权力主体要明确权力是人民赋予的，并且受人民的监督，自己只是权力的行使者，这就必然要求对自身行使公共权力的行为进行约束，使公共权力用于该用、适用的领域，真正将权力关进制度的笼子，杜绝腐败、专横等不良权力行使方式；同时，公共权力主体还要以实现社会的公平和正义，保护人民的自由和权利为出发点，对公平、正义的追求和对自由、权利的保护是法治的最终目标，这也是法律的价值体现。另一方面，坚持法治原则要求公共权力主体的行为必须严格遵守法律法规的规定，任何机关和个人都不得违背法律法规的规定，任何机关团体和个人的违法行为都将受到法律的制裁，这也是法律普遍性的体现。法律对于公共权力主体的行为具有指导和监督的作用，公共权力主体只有自觉接受法律的指导和监督才能更好地保证权力的公共性，才能使权力更好地为人民服务。

强化公共权力的公共性，要求公共权力主体在行使公共权力时坚持公正透明的原则。让权力在阳光下运行是当今世界行政改革的共识，关键在于实行政务公开。权力缺乏监督就很可能被滥用，坚持公正透明的原则是对公共权力实行有效监督以达到强化公共权力公共性目的的重要手段。权力是一种控制他人的力量，具有不断扩张的内在属性。不受约束、缺乏监督的权力犹如泄洪之水，一发不可收拾。在公共行政领域，公共权力也应该受到约束，应该强化监督，公共权力必须置于阳光下，只有让人民知道公共权力运行的主体、流程和目标，人民才会信任政府，才会拥护政府。实行政务公开是约束公共权力、提高政府公信力和凝聚力的重要手段。首先，公共权力主体要提高认识，自觉主动地实施政务公开。列宁认为，完全的公开性是民主的必要条件，他在《怎么办》一书中提出："没有公开性而来谈民主制是很可笑的，并且这种公开性还要不只限于对本组织的成员公开。"① 社会主义民主的本质在于人民当家作主，政务公开是实现人民当家作主和建设廉洁政府、高效政府、责任政府、服务型政府的重要途径，也是遏制腐败避免公共权力被滥用的有效手段。其次，公共权力主体要明确其政务公开范围，人民群众关心的、人民群众有疑问的、与人民群众有重大关联的事项，只要不涉及国家秘密，都是应该公开的，也是可以公开的。最后，要完善政务公开形式，充分利用现代科技手段，将相关政务信息多渠道、全方位、多层次向社会公布，当前，政府需要根据互联网＋时代信息传播的特点，积极创新形式，拓宽渠道，完善内容，回应公众关切，打造电子政务平台。

第二节 培育公民意识，优化行政价值观创新的社会心理环境

公民意识是公民依据宪法规定的基本权利和义务，对自己在国家政治生活和社会生活中的主体地位、公民身份的认识，对相应的责、权、利的认知和价值取向。② 公民意识又分为权利意识、责任意识和参与意识，其中权利意识和责任意识是公民意识的主要组成部分。良好的公民意识有利于实现公民有序的政治参与，有利于促进社会的民主进程，是行政价值观创新赖以有效推进的社会心理环境。

一 树立权利意识

公民权利意识是公民对于权利义务的认知、理解和态度，是公民对实现其权利的方式的选择，以及当其权利受到损害时，以何种手段予以补救的一种心理反应。③ 公民的权利意识在一定程度上决定了公民的行为表现，只有公

---

① 《列宁全集》，人民出版社2013年版，第131页。
② 王东娩：《大力加强公民意识教育》，《人民日报》2009年6月10日第6版。
③ 刘月平：《公民权利意识培养与中国民主政治发展》，《前沿》2008年第9期。

民具备强烈的权利意识，明确自己手中权利的重要性，合理行使自身权利，才能促进社会主义民主进程的发展，为行政价值观创新创造良好的社会心理环境。

宪法作为国家的根本大法，是公众树立权利意识的根本依据，必须严格遵守。当前，中国社会公民权利意识还不强，一些人对于自身所拥有的权利并不清楚，当自身权利受到侵害时也不知道要怎么办，或者忍气吞声，或者过激爆发，或者顺其自然。因此，普及法律知识，提高公民权利意识，对于规范政府行为、维护社会稳定，具有重要意义。1986年，全国普法开始启动。普法是政府的重要任务，通过深入扎实的法制宣传教育和法治实践，提高全民法律意识和法律素质，形成自觉学法、守法、用法的社会环境，推动公共行政真正依法依规进行，进而在全社会营造有利于行政价值观创新的社会心理环境。首先，政府应该使公民懂得他们所拥有的具体权利。《中华人民共和国宪法》规定的公民基本权利包括政治权利和政治自由、人身自由权、宗教信仰权、受教育权等等，国家的一切权力属于人民，国家权力源于人民。因此，公民有权利实现维护自身权益和社会公共权益，宪法和其他法律法规的规定就是公民行使权利的法律依据。其次，政府应该促使公民在法律范围内维护自身合法权益。公民有权维护自身的合法权益，也有义务在维护自身合法权益时维护法律的尊严。那些采取忍气吞声或偏激的方式维护自身权益的行为都是不可取的，都是有害于社会安定团结的。最后，政府应该推动公民增强法律信仰和法律意识，认真对待权利。依法治国，建设社会主义法治国家，要求公共权力主体在法律范围内活动，要求公共权力主体通过自身的率先垂范，引导全社会增强法律信仰和法律意识，让法律成为社会生活的基本准则。

社会实践活动是全社会树立权利意识的重要途径，公共权力主体应该在行政生活中引导全社会树立正确的权利意识。严复指出："一理之明，一法之立，必验之物物事事而皆然，而后定之为不易。其所验也贵多，故博大；其收效也必恒，故悠久；其究极也，必道通为一，左右逢源，故高明。"[1]只有在社会实践中才能激发公民的权利意识，提升公民理性权利行为，学习政治知识，塑造公民政治人格，同时公民的参与有利于促进公共行政的科学化和民主化，对行政行为形成有效的监督制约，促进个人权力对公共权力的遏制，

---

[1] 王栻：《严复集》（第一册），中华书局1986年版，第45页。

进而推动对社会的民主化进程。伴随着中国社会经济的发展与民主政治的进步，公民权利得到更大程度的实现，享有越来越多的参与公共行政过程，并在参与公共行政活动中增强了公民的权利意识。比如，公民通过参与选举的实践活动，更清晰地了解了自身权利实现和维护的途径，提升了政治参与能力，也升华了政治情感。在重视传统意义上的政治实践对公民意识产生重要作用的同时，我们也要重视新兴媒体对公民政治参与的重要意义。随着互联网和大众传媒等的广泛兴起，人们的政治参与方式大为改变，网络开放性、便捷性、碎片化等内在属性吸引着越来越多的人在网络这个平台上来表达自己的观点和看法，由于网络传播速度快范围广，诸如"黑煤窑""天价虾"等公共事件在引起全社会广泛关注后得到了迅速解决，网络已成为人们表达自己诉求的重要平台，也促进了公民权利意识的觉醒。当然，也有人利用网络传播不实的、非法的信息，恶意煽动民众，这种行为是不正确的、违法的，公共权力主体应该正确引导网络舆论，引导人民群众认真明辨真伪与是非，不被不法分子所利用，不被不良信息所煽动，并尽好公民职责，对恶意的、虚假的信息要及时举报，防止错误恶意的、虚假信息扩散可能对社会造成的不良影响。

　　全民文化素养的提高是树立公民权利的重要前提，公共权力主体必须积极行动，发展文化事业，提高民主文化素养。文化就是以文化人，化文成人。文化素养对公民权利的影响首先表现在影响其政治认知和政治参与。在美国，1988年的总统选举中，具有8年级或以下文化程度的公民，其投票率为44%，而高中毕业文化程度的公民为57%，大学毕业文化程度的则为76%。[1] 可见，文化程度越高，参与政治生活的热情也越高。文化素养还影响公众对公民权利的认知，进而影响其参与行政生活的效果。如果公众自身文化水平低下，对于自身权利认识不够，在行政生活中就会表现出冷漠、疏远等不良情感，由于素质不高，辨别力不强，公众很容易受他人蛊惑，形成盲目、盲从的行政情感，危及社会的安定团结。文化素养还影响公民权利的实现程度。文化素养在往往是与政治素质成正比的，虽然说文化水平高的人政治参与意识与能力不一定就高，但是一定的文化修养是参政的必要条件，直接决定公民权利的实现程度和政治参与的实际效果。为提高全民族的文化素养，政府应该

---

[1] [美]托马斯·戴伊、哈蒙·齐格勒：《民主的嘲讽》，世界知识出版社1991年版，第230页。

把教育摆在优先发展的地位，使每个公民的受教育权得到保障，使公民具备基本的参政议政的文化素养；应该有针对性的对公民进行教育与培训，丰富公民的政治知识，培养公民的主体意识和政治责任感，提高其参政议政的能力，特别要对公民进行法律知识的宣传，使其学法懂法守法用法，在其自身权利受到侵害时敢于且善于用法律的武器来捍卫自身正当利益；应该普及包括互联网等新兴媒介的使用知识，拓宽公民实现和维护自身权利的渠道，大众媒介的广泛传播有效地促进了公民意识的觉醒，从而引发了公民关于政府权力与自身权利的思考，公民不再是公共行政的盲目服从者，而是具有表达自身利益诉求、明白自身权利属性的成熟社会人。

二 明确参与意识

公民参与是公民权利实现的主要途径，是体现民主的最主要方式。公民参与主要包括公民行使政治权利、履行政治义务、参加社会公共事务管理等具体内容。作为成熟公民，应该参与国家政治生活，这既是其权利也是其义务。只有公民积极参与国家事务管理，才能促进公共行政的科学化、民主化，才能提升行政主体的公仆意识，创新行政主体的行政价值观。明确公民参与意识，主要从其参与认知、参与情感和参与行为三方面着手推进。

提升积极的参与认知。参与认知是公民参与行为的关键和决定性因素，公民良好的参与行为是建立在积极主动的参与认知的基础之上的。公民的参与认知是公民对自己公民身份应承担的参与行为的认识、理解和判断，是公民美德的重要体现。中国传承数千年的政治文化是一种臣民文化，在臣民文化影响下的人民，严格恪守"君、臣、父、子"的纲常伦理，个人要完全服从于国家，晚辈要完全顺从长辈。他们表现得毫无主体性，具有明显的奴性和盲从性。即使到了今天，由于受传统政治文化的影响，公民在政治参与上更多地表现出一种服从的倾向，他们忌惮权力，惧怕权威，认为政治是政府及其官员的事，与自己无关，从而表现出一种冷淡、消极的态度，觉得自己的影响力有限，有没有自己参与不重要，即使自己参与了也起不了作用。这种参与认知是消极的、有害的。公民必须意识到只有自己切实参与到公共事务的管理中来，政府才是民主的政府，国家才是民主的国家，社会主义民主政治才有可能真正实现。因此，公民必须树立积极的参与认知，了解自身作为公民所具有的权利和应尽的义务，明确自身参与对于国家及社会的重要性和影响力，依法、积极、主动、有效、有序地参与国家政治生活。

培育良好的参与情感。良好的参与情感是公民政治参与行为的内在动力，是公民承担政治责任、履行公民义务的重要表现。只有公民以一种主人翁的态度关心国家政治生活和社会生活，积极主动的参与社会管理和社会建设，才能体现其作为一个合格公民的素养，才能建立有序的社会秩序，才能早日实现社会主义现代化建设，建设富强、民主、文明的社会主义现代化国家国。良好的参与情感作为一种积极的情绪体验来自于其所受的公民教育和公民自身的政治生活，要培育良好的参与情感应该积极加强公民教育。正如托夫勒所言，一个受过教育的公民可以运用今天高度发达的电脑、卫星、电话、电缆、民意调查技术和其他工具，以及电脑国际网络和其他通信系统，在历史上首次开始参与和自身有关的政治决策。① 公民基本的知识素养是公民政治参与的基础，是决定公民参与效果的关键，因此，政府应该加强公民参与教育，让其具备良好的政治参与素养。培育良好的参与情感，还要营造积极的参与氛围，树立正确的价值观。公民参与政治生活、社会生活主要是出于以下动因：实现和维护自身政治权利、保护自身经济利益、出于自身政治责任感以及为实现自身的价值观，当前，不少政治参与、社会参与都还属于低水平的被动的参与，其中出于自身利益需求的政治参与是最主要的参与形式，因此，必须让公民意识到政治参与、社会参与是其作为公民的义务和荣誉，从而提升其参与政治生活、社会生活的主动性。

塑造正确的参与行为。参与行为是在公民参与认知指导下受公民参与情感所驱使养成的行为方式和行为习惯，是公民参与认知和参与情感的直接体现，也是体现公民素养的重要表现。公民参与行为的正确与否直接取决于公民的素养，只有具备一定的政治素养和一定的文化水平的公民才能进行有序、有效的政治参与，因此，正确的政治参与必须加强政治、法律等方面知识的学习，不断提高参与技能。正确的参与行为首先必须是合法的，必须符合法律的规定。遵守宪法和法律法规的规定是公民正确参与行为的基本要求。公民可以通过法律知识的学习，了解法律赋予自己的权利，了解自己作为公民应尽的义务，当自身权利受到损害时懂得用正确的方法来维护自身权利，避

---

① ［美］阿尔温·托夫勒、海蒂·托夫勒：《创造一个新的文明——第三次浪潮的政治》，陈峰译，上海三联书店1996年版，第98页。

免采用过激的方式。正确有效的政治参与也离不开一定的政治知识，公民应该积极学习政治理论知识，积极参与政治生活，在现实的政治参与中了解国家权力的制度、组织和运作，从而激发自身参与的积极性主动性，了解自己在国家政治生活中的地位，明确自身的主人翁地位。公民参与行为的正确与否还取决于制度的引导和规范。人是一种复杂的社会存在，其行为表现出一定自律的同时，又往往具有一定的随意性、自利性。为克服人的行为的随意性、自利性等缺陷，就需要通过制度对人的行为进行规划和引导，通过制度明确一个合格的公民应当具备的条件和不应当采取的行为，对于那些不应当的行为要给予一定的惩戒，以达到扬善抑恶的目的。

三 强化责任意识

责任就是基于自身身份而应该做的事，责任意识就是想做好自己分内的事。未来社会，必须树立一种"设身处地为实现别人的权利着想"的责任意识和一种"以个人的权利保护自身"的尊严意识。[①] 从某一程度来说，责任意识是社会公德、职业道德、家庭美德、个人品德的重要体现。强化责任意识，可以从以下三方面进行。

一是强化公民的责任主体意识。公民是权利与义务有机统一的整体，义务意味着责任，意味着担当。当前，由于信息技术的发展，各种思想文化对人们的价值观念形成了巨大的冲击，公民的责任意识的提升也受到了一定的挑战。随着经济的发展和社会的转型，人们的价值判断和价值选择也发生了翻天覆地的变化，人们开始更多地关注自身的生存与发展状况，向社会提出了更多更高的要求，个人本位倾向表现得更为明显，人们的责任意识产生、发展的利益基础也发生了很大变化，表现为具有更多的不确定性、不稳定性。这些变化是个人权利意识提升的结果，但如果不能加以有效引导，可能导致全社会责任意识淡薄，对于社会和公民个人的发展都是极为不利的。因此，公共行政系统必须通过自身的率先垂范，在全社会倡导积极的责任意识、担当意识，培育敢于担当、勇于担当的合格公民。在社会生活中，公民也必须明确其享有的权利和应尽的义务，积极主动地承担自己应尽的责任，正确处

---

① 孙兰芝：《埃蒙·凯伦"公民教育与道德政治"观评析》，《国家高级教育行政学院学报》2002年第4期。

理个人利益与社会利益的关系,关心国家与集体,关爱他人与社会,努力实现国家、集体与个人的和谐统一。

二是完善公民的实践参与机制。西方国家非常注重在实践中培养公民的政治责任感。比如,澳大利亚教育界普遍认为,学生责任感的培养必须根植于学生所参与的各种公民教育活动中,澳大利亚中小学生参与校内的公民教育活动主要包含两个不同的部分:学生参与一般的学校活动和学生参与学校管理。[①] 实践是公民责任意识形成的现实基础,只有在实践中公民才能增强对国家的认同感和归属感,才能了解国家权力和社会权力的内在属性和运行机制,才能明确自身的权利和义务,才能增强自身的责任意识。在政治参与实践中,公民的主人翁意识得到提高,公民的履行责任的能力得到提升,公民的政治人格得以更加健全。因此,要强化公民的责任意识就必须完善公民的实践参与机制,为公民的政治参与与实践提供更多的机会和更好的条件。同时,为保证公民的有效参与,要建立健全公民责任评价体系,对于公民履行责任的情况进行有效评价,对于模范承担公民责任的公民进行表彰,对于公民履行责任方面存在的不足要及时指出并引导其调整和规范自身行为,对于产生恶劣影响者则要给予一定的惩罚并强制其改正。完善公民的实践与参与还要充分发挥社会组织的作用,在团体参与中强化公民自身的责任意识,提升其参与能力。

三是发挥政府的指导功能。政府在引导公民树立正确的价值观念、做出正确的价值选择价值判断、提高公民责任意识等方面发挥着不可替代的作用。如果说公民自身的主体意识、参与能力等是公民责任意识形成的内因,那么政府的指导与监督等外部条件则是公民责任意识形成的外因。外因是事物发展的重要条件,对事物的发展会产生重要影响。在现实的社会生活中,由于人们具有自身特定利益,在需要其做出选择时往往会倾向于对于自身有利的方面,在需要其承担责任时则可能采取逃避退缩的态度,如果放任不管,极可能加剧社会的利益冲突,这时,政府以公共利益代表者的身份介入社会生活就显得很有必要。强化公民的责任意识,政府首先必须明确自身责任,建立责任清单,转变自身职能,建设服务型政府,改变单纯以行政命令管理社

---

① 吕宏倩、王建梁:《澳大利亚中小学生公民责任感培养的调查与启示》,《基础教育参考》2008年第6期。

会公共事务的方式方法，采取民主的教育方式方法引导公民责任意识的提高，让人们能够自觉认同和接受政府的指导、指引。同时，政府也要认真发挥其社会导向的功能，加强对社会舆论的引导和监督，消除不良舆论的影响，宣传积极向上的文化，形成良好的社会风气，促进公民健康人格的培育和责任意识的提升。

第三节 推动行政发展，优化行政价值观创新的制度环境

一 彰显行政制度设计的正当性、合理性

制度设计是依据一定的社会目标和社会条件建构一种新的行为规范和准则体系以引导和规范社会行为和社会关系的活动。[①] 制度设计解决的就是某一事务由谁负责，承担多大责任的问题。良好的制度设计能够促进公共权力的合理、有效行使，能够提高公共行政绩效水平。"尽管制度设计有时候仅仅与程序和实施相关，但是通常情况下，它们直指实质性的价值：而这些价值恰恰是由制度设计的正当性、以及通过对这一设计而取得的公正结果所体现出来的。"[②] 制度是对公共权力主体的硬性约束，是行政价值观创新的保障性条件。制度是具体的、发展的规范体系，在公共行政实践中，只有正当的、合理的制度才真正为公众所接受，才具备持久、有效的规范性和约束力。因此，良好的制度设计应该具备合法性、合理性、正当性、前瞻性等基本特征。制度是协调社会关系、支配人的行为的社会规范，制度设计必须有效针对现实社会问题，又必须具备一定的超前性，要能够尽可能地预见将来有可能存在的情况和可能出现的问题，提高制度的科学性程度。制度设计要科学可行，每一条规定都是经过周密考虑的，要避免重复设计、拍脑袋设计，要形成一个科学完整的制度体系。

行政价值观的良性运行离不开制度的规范和约束，在科学合理的制度环境中，行政价值观作用的发挥能够得到更有效的保障，行政价值观能够在实践中不断增强自身的科学性、可行性程度，进而不断发展、完善自身。制度

[①] 赵晓歌：《我国社会建设的制度设计及其创新》，《重庆社会科学》2011年第12期。

[②] Robert Post，"Between philosophy and kw: sovereignly and the design of democratic institutions"，lan Shapiro and Stephen Macedoed，*Designing Democratic Institutions*，New York University Press，2000，p. 221.

设计要有权威性。制度具有规范人的行为的力量，应该有其合法性基础。制度的设计要经过正当的程序，才能具有法定效力。在公共行政领域，任何制度设计都要依法依规进行，都要经过法定程序方能生效。制度设计是动态发展的。这并不是说制度具有随意性，不是说制度要朝令夕改，而是说制度应该针对现实问题而设计，应该能够有效解决社会问题。制度设计还要具有刚性。制度是很严格的规范体系，对社会生活具有很强的约束力，制度存在的目的就在于在社会成员中形成一个这样的共识："每个参与者都了解规则，都知道其他人也了解规则，知道其他人也知道其他参与者也了解规则。"① 制度面前人人平等，没有谁拥有违背制度的特权，任何人违背了制度都是要接受同样的制裁的。

二 突出行政制度的伦理评价

人类社会是不断发展的，人类社会的行政生活也是发展变化的。在公共行政领域，任何具体行政制度都有其形成的社会基础，都是公共行政主体立足特定行政环境进行比较鉴别的结果。因此，任何行政制度都有其生命周期，对具体行政制度进行伦理评价，辨别相关制度背后隐含的精神要素并探索这些精神要素对行政活动发生影响的实际效果，是行政价值观创新的重要途径。行政制度是一项特殊的公共产品，对行政制度进行伦理评价，凸显行政制度的合法性与合理性，应当满足一些基本要素。

公平、公正是行政制度伦理评价的首要准则。美国著名哲学家、伦理学家罗尔斯认为："作为公平的正义是社会制度的首要价值，正像真理是思想体系的首要价值一样。"② 政府作为实现社会公平正义的主要推动力量，必须秉承公平公正的价值观念，大力倡导社会公平正义，以实现社会公平正义作为一切行为的出发点和归宿力，把实现社会公平正义作为自身最高的价值追求。"政府处于一切社会生活的核心，是整个社会全部私人生活个性中的共性。因此，政府的一切都应当以提供和维护社会公正为最基本内容，以政府为载体的公共行政在每一个环节都应提供公正、坚持公正和追求公正，把公正作为

---

① Elinor Oostran, *Crafting institutions for self-governing irrigation systems*, San Francisca Calif: CS-Press, 1992, p.20.

② ［美］约翰·罗尔斯：《正义论》，何怀宏等译，中国社会科学出版社1988年版，第1页。

永恒的目标。"① 政府要做到公平公正，必须坚持公开透明，让公共权力在阳光下运行，保证权力的正确行使。政府所处地位较为特殊，政府的权力来自于人民的授权，用于对公共事务进行管理，政府的一举一动都直接关系着人民群众的根本利益，所以，公共权力的最终目的只能是为人民服务，其具体途径是提高公共服务共建能力和共享水平，让人民群众共享经济社会发展成果。在这一过程中个人利益、局部利益、部门利益、行业利益等多种利益形态可能对公共权力的正确行使产生不良影响，公共权力的运行可能偏离公共利益的方向，这就更加需要政府在公共行政中恪守公平、公正等价值准则，完善相关制度规范，将权力关进制度的笼子，确保公共权力的公共性。

绩效水平是行政制度伦理评价的重要技术指标。绩效原则是政府必须遵守的基本准则，也是评价政府工作成效的重要技术指标。政府是不以营利为目的的公共组织，但政府管理社会公共事务的活动是需要考虑成本的（当然，这里的"成本"不是单纯以"物"来衡量的），如果政府长期维持在高成本、低收益的运行状态，公共资源就无法发挥应有的效用，政府自身的形象就会受到损害。因此，政府及其工作人员必须具有绩效观念，提高自身工作效率，提高竞争意识、服务意识、绩效意识，这既是行政价值观创新的内在要求，也是行政价值观创新的重要途径。由于政府手中握有权力，垄断一些关乎国计民生的重要行业，其特殊的地位很容易导致这些行业领域缺乏竞争与效率，缺乏生机与活力，很容易导致公共资源滥用、浪费的严重后果。《中共中央关于制定国民经济和社会发展第十四个五年规划和二〇三五年远景目标的建议》要求："建设职责明确、依法行政的政府治理体系。"政府治理体系在国家治理体系中居于重要地位，建设职责明确、依法行政的政府治理体系，坚决破除制约使市场在资源配置中起决定性作用、更好发挥政府作用的体制机制弊端，才能为全面深化改革和全面推进依法治国提供有力组织保障。

人的全面、自由发展是行政制度伦理评价的最高标准。马克思、恩格斯在《共产党宣言》中指出，取代资产阶级的社会的，"将是这样一个联合体，在那里，每个人的自由发展是一切人的自由发展的条件。"作为人类社会发展的终极目标，人的自由、全面发展体现在社会生活的各个领域，具体到国家事务和社会事务管理领域，就是要求国家政权系统的职能更多转向公共事务

---

① 张康之：《公共行政中的哲学与伦理》，中国人民大学出版社2004年版，第252页。

的管理和给全体社会成员提供优质、高效的公共服务。公共行政是推动社会发展的重要力量，公共行政的价值定位、制度设计、行为选择，都应该以实现人的全面、自由发展为终极目标追求。在公共行政领域，人是行政制度的安排者和设计者，应该以实现人的全面、自由发展为最高伦理标准来确定制度设计的原则与方向；同时，制度作为一种上层建筑，又能够对人类社会生活产生重大影响，左右着人们在行政生活中的思想取向和行为取舍。好的制度不仅能够规范人的行为，更能促进人的自由全面发展。看行政制度是否有利于促进人的自由全面发展，关键在于看其是否具有系统的选人用人制度，看其是否能够调动绝大多数社会成员的创造性，看其能否使绝大多数社会成员的才能得到充分施展。

三　加大行政伦理立法力度

伦理是主体处理人与人、人与社会关系时应遵循的道理和准则，是影响人的思想和行为的重要因素。行政伦理就是公共行政领域的伦理，是指那些指导行政主体在社会公共事务管理过程有效协调社会利益关系，并能以善恶进行评价的行为规范，以及行政制度、体制、规则、程序等行政构件所体现的伦理精神和道德倾向。[①] 在社会转型过程中，公共行政面临复杂的社会利益矛盾，面临一定程度的伦理失范。比如，行政权力在运作的过程中出现的滥用、私用现象，就是行政伦理失范的具体表现。"按照学理分析，行政伦理失范大致可分为经商型、渎职型、权力寻租型、卖官鬻爵型、贪污腐化型、公款公贿型等。根据行政伦理失范的实际表现进行归纳可分为：政治类失范、经济类失范、组织人事类失范、失职类失范、违反社会公德类失范、侵犯公民权利类失范和违反社会管理秩序类失范等，具体表现超过百种。"[②] 行政伦理失范现象发生，既有行政系统受外来腐朽、没落风气影响的结果，也是行政系统自身等观念失范、行为失序的结果。法律是最刚性的社会规范，以法律规范人的行为是维护社会秩序的必然选择，因此，加大行政伦理立法力度是解决行政伦理失范的必然要求，加大行政伦理立法力度也是完善行政人员自身素质，是行政价值观更好发挥作用的重要途径。

[①] 祝建兵：《试论行政伦理法制化建设》，《皖西学院学报》2002 年第 6 期。
[②] 徐汝华：《行政伦理重构的制度化路径与实施机制》，《武汉学刊》2007 年第 2 期。

《中共中央关于党的百年奋斗重大成就和历史经验的决议》指出："必须坚持中国特色社会主义法治道路，贯彻中国特色社会主义法治理论，坚持依法治国、依法执政、依法行政共同推进，坚持法治国家、法治政府、法治社会一体建设，全面增强全社会尊法学法守法用法意识和能力。""全面依法治国最广泛、最深厚的基础是人民，必须把体现人民利益、反映人民愿望、维护人民权益、增进人民福祉落实到全面依法治国各领域全过程，保障和促进社会公平正义，努力让人民群众在每一项法律制度、每一个执法决定、每一宗司法案件中都感受到公平正义。"《中共中央关于全面推进依法治国若干重大问题的决定》指出："法律是治国之重器，良法是善治之前提。""良法"是恪守以民为本、立法为民理念，是贯彻社会主义核心价值观，是符合宪法精神、反映人民意志、得到人民拥护的制度规范。行政伦理是行政实践中的伦理，把经过实践检验符合社会发展、得到人民群众拥护的伦理要素纳入法律条文之中，是"良法"的应有之义。加大行政伦理立法力度，就是要将行政主体在现实行政生活中表现出来具有典型意义的思想取向、行为模式、程序设计等通过法定程序，上升为国家意志，在全社会予以实行。行政伦理立法，应该重点考虑以下四个领域。

一是政治忠诚立法。行政是国家意志的执行，公共权力主体应该忠于国家，热爱国家。公共权力主体对国家的忠诚与热爱，就是忠实拥护宪法，以高度的责任感、使命感履行职责。这也是一个政权保持长治久安、获得持久生命力的重要条件，也是在全社会形成趋同的政治认同的重要途径。《中华人民共和国公务员法》明确规定，公务员应当履行"维护国家的安全、荣誉和利益"的义务。2015年7月1日，十二届全国人大常委会第十五次会议通过《全国人民代表大会常务委员会关于实行宪法宣誓制度的决定》，规定国家工作人员在就职时应当公开进行宪法宣誓。宪法宣誓既具有很强的法治教育意义，也具有很强的警示作用，是提高公共行政主体政治忠诚感的国际惯例。

二是行为诚信立法。诚信是行政伦理的重要要求，是政府威望和公信力的重要基础。公共权力只有真正做到诚实守信，才能在全社会树立良好的形象，才能更好地树立、维护公共行政的权威。现实行政生活中，政府失信于民、朝令夕改的现象并不少见。比如，为了进入公务员队伍，有的人就用假文凭、假简历蒙混过关；有的人完不成上面布置的任务或者是为了职位升迁就虚报业绩，导致"官出数字、数字出官"的歪风邪气，既影响了社会风气，也使得上级不了解实际情况，不能做出正确的决策。将政府诚信纳入法律范畴，是政府治理体系和治理能力现代化的必然趋势。

三是市场伦理立法。政府是市场规则的维护者。政府及其公务人员应该自觉从经济领域推出，而不能成为市场竞争的主体。这既是经济运行领域的伦理，也是权力运行领域的伦理问题。因为公共权力是一种特殊的权力，公共权力应该为公共利益服务，如果政府及其公务人员从事经济活动，就会损害正常的市场秩序，公共权力很容易成为谋求私利的工具，公共领域也会成为滋生腐败的温床，必须通过法律的力量，让政府及其公务人员树立良好的市场伦理意识，真正树立公共利益至上观念，杜绝政府及其公务人员通过公共权力谋取私利的可能。《关于进一步规范党政领导干部在企业兼职（任职）问题的意见》《中共中央、国务院关于禁止领导干部的子女、配偶经商的决定》就是将市场伦理问题上升为公共权力主体行为规范的典型实例。当前，社会各界对不动产登记、对官员财产申报的讨论也很多，表明人们对市场伦理立法问题的深度关注，必将对行政改革与行政发展产生重要影响。

四是生活作风立法。政府公务人员的生活作风在是其个人素质的体现，也是其世界观、人生观、价值观的体现。且由于身份、地位的特殊性，政府公务人员的作风问题与政府形象密切相关，在行政生活中，公众往往是通过行政人员的言行来认识、评价政府的；公务人员的言行在一定程度上也会影响到社会风气，因为他们所处的地位特殊，在人民群众心目中具有很强的影响力，能够发挥强大的示范作用，如果他们自身行为不端，则会导致社会不良风气蔓延。要创新行政价值观，就必须端正行政人员的生活作风，在全社会树立风清气正的社会风气。生活作风的端正离不开行政人员自身认识的提高，行政人员必须意识到自身言行的社会影响力，要用高标准来要求自身，用马克思主义的世界观、人生观、价值观来武装自己头脑和指导自身行动。人类社会的规则体系是自律与他律的有机整体，单纯依靠人自身的认识来解决社会秩序是远远不够的，还必须通过法律制度来规范人的行为。端正生活作风，关键在于加大对行政人员的考察，用制度规范其生活方式和行为模式。比如，《中华人民共和国公务员法》对公务员就有"具有良好的品行""遵守纪律，恪守职业道德，模范遵守社会公德""清正廉洁，公道正派"等具体要求。

第四节　繁荣行政文化，营造行政价值观创新的文化氛围

一　用正确党史观引领美好行政生活

2021年2月20日，在党史学习教育动员大会上，习近平总书记首次公开提出"树立正确党史观"的重要论述。党史中蕴藏着党取得伟大成就的密码，我们要以正确党史观为引领，用党的奋斗历程和伟大成就鼓舞斗志、明确方向，用党的光荣传统和优良作风坚定信念、凝聚力量，以更加昂扬姿态奋力开启全面建设社会主义现代化国家新征程。[①] 中国共产党在长期治国理政实践中积累的关于机构改革、政府职能转变、政府与市场关系理顺、依法行政等方面的经验教训，是党史的丰富素材，是行政价值观发展的重要基础。中国特色社会主义最本质的特征是中国共产党领导，中国特色社会主义制度的最大优势是中国共产党领导，中国共产党是最高政治领导力量。公共行政系统必须增强"四个意识"、坚定"四个自信"、做到"两个维护"。政治性和社会性是马克思主义国家学说关于国家所固有的两重根本属性。公共行政是国家行政机关对国家事务和社会公共事务的组织与管理活动，也具有政治性、社会性。公共行政的政治性与社会性紧密相连：政治性作用的发挥要紧密结合社会性进行，坚持以人民为中心，确保公共权力始终致力于扩大公共产品和公共服务的有效供给；社会性作用的发挥要以政治性为基础，要强化政治责任，善于从政治上看问题，确保公共权力始终用来为人民谋幸福。

在公共行政领域，如何看待党史问题是一个重大政治问题。正确党史观首先是正确政治价值观，对政治生活、行政生活的价值取向、行动选择、目标追求等都具有重要影响。中国特色社会主义进入新时代，我国社会主要矛盾已经转化为人民日益增长的美好生活需要和不平衡不充分的发展之间的矛盾。人民的美好生活需要覆盖经济、政治、文化、社会、生态等各个领域，其中，简政放权、放管结合、政务公开、重大政策事前评估和事后评价等行政生活层面的"软需要"，对于确保人民安居乐业、社会安定有序、国家长治久安具有特殊意义。以正确党史观引领美好行政生活，充分发挥中国特色社

[①] 沈传亮：《以"正确党史观"观党史》，《光明日报》2021年3月16日第11版。

会主义制度优势，坚持把党的领导、人民当家作主、依法治国有机结合起来，为解决新时代社会主要矛盾营造良好氛围，凝聚价值共识，是建设职责明确、依法行政的政府治理体系的内在要求。

用正确党史观凝聚行政价值共识。欲知大道，必先为史。行政价值共识是社会成员在行政生活中表现出来的行政理想、价值观念和行为准则。要切实加强理想信念教育，厚植家国情怀，培养精神家园，实现行政价值理念的交流与融合，形成行政价值共识，激发全体人民爱党爱国爱社会主义的巨大热情。一是不断增强核心意识。中国共产党是中国特色社会主义事业的领导核心，处在总揽全局、协调各方的地位。中国共产党是执政党，是美好政治生活的缔造者，党的领导是做好党和国家各项工作的根本保证，是政治稳定、经济发展、民族团结、社会稳定的根本点，绝对不能有丝毫动摇。二是坚持用党的科学理论武装头脑。马克思主义是我们立党立国的根本指导思想，习近平新时代中国特色社会主义思想是全党全国人民为实现中华民族伟大复兴而奋斗的行动指南，是经过实践检验、富有实践伟力的强大思想武器，必须长期坚持并不断发展。公共行政系统要切实加强思想政治教育，通过自身的率先垂范，引导人民群众认真学习习近平新时代中国特色社会主义思想，坚定理想信念，培育价值认同，形成正确的历史观、民族观、国家观和文化观，牢固树立共产主义远大理想和中国特色社会主义共同理想，巩固全党全国人民团结奋斗的共同思想基础。三是坚定执行党的政治路线。党在社会主义初级阶段的基本路线作为党的政治路线，是党和国家的生命线、人民的幸福线，是美好政治生活的行动指南。要毫不动摇坚持党的政治路线，全面贯彻实施新时代中国特色社会主义基本方略，统筹推进"五位一体"总体布局和协调推进"四个全面"战略布局，为实现"两个一百年"奋斗目标不懈努力。要旗帜鲜明反对历史虚无主义，加强思想引导和理论辨析，坚决同一切违背、歪曲、否定党的政治路线的言行作斗争。

用正确党史观夯实行政制度根基。行政制度是保持良好社会秩序的强大武器。中国共产党在长期革命和建设中，高度重视制度建设，重视坚持思想建党与制度治党同向发力，不断探索、完善中国特色社会主义制度体系，彰显了中国特色社会主义制度的独特优势，为满足人民美好行政生活提供了坚实的制度保障。要把党的行政管理经验贯彻于国家治理体系与治理能力现代化全过程，不断完善系统完备、有效管用的制度体系。一是坚持和完善支撑中国特色社会主义制度的根本制度、基本制度和重要制度。要着力固根基、扬优势、补短板、强弱项，构建系统完备、科学规范、运行有效的制度体系，加强系统治理、依法治理、综合治理、源头治理，把中国特色社会主义制度优势更好地转化为国家治理效能，为实现"两个一百年"奋斗目标、实现中华民族伟大复兴的中国梦提供有力保证。二是营造遵守制度、敬重制度的浓厚文化氛围。要加强理论研究与阐释，坚持从国情出发、从实际出发，完善和发展国家制度和治理体系，既把握党领导人民在长期革命和建设中形成的历史传承，又把握党和人民在我国国家制度建设和国家治理方面走过的道路、积累的经验、形成的原则，坚定不移走中国特色社会主义政治发展道路。要加强宣传教育，让人民群众更加深入了解中国经济快速发展、社会长期稳定奇迹背后的制度之基、治理之道、信仰之魂，充分认识中国共产党的领导是历史和人民的选择，是中国特色社会主义制度的最大优势，充分认识中国特色社会主义制度的本质特征和优越性，在全社会厚植"中国之治"的制度文化根基，进一步坚定中国特色社会主义道路自信、理论自信、制度自信、文化自信。

用正确党史观描绘行政发展蓝图。树立正确党史观，不仅关系到如何正确看待党的历史，而且涉及如何正确立足现实、擘画未来。实现中华民族伟大复兴的中国梦是新时代中国共产党的历史使命。中国梦归根到底是人民的梦，是中国人民立足中国发展实践，对未来美好生活的憧憬和向往。以坚强战略定力应对百年未有之大变局，实现中华民族伟大复兴的中国梦，需要加快推动中国特色社会主义行政发展，不断开创中国之治新局面。一是把党的政治建设摆在首位。要坚持和加强党的全面领导，完善党的领导体制，改进党的领导方式，为中国特色社会主义新时代政治发展提供坚强政治保障，确保政治权力、政治关系调整的正确方向，既不走封闭僵化的老路，也不走改旗易帜的邪路，保持政治定力，坚持实干兴邦，始终坚持和发展中国特色社会主义。二是维护国家政治安全。要不断增强忧患意识，高度警惕改革进入攻坚期和深水区后社会矛盾激化可能带来的政治风险，坚决守住维护政权稳固、政治制度和社会政治秩序稳定的底线。一方面，进一步完善中国特色社会主义制度，全面推进依法治国，推进国家治理体系和治理能力现代化，保证全面深化改革进程中社会既井然有序，又生机勃勃。另一方面，始终坚持以人民为中心，不断保障和改善民生，及时有效化解社会矛盾，确保社会利益格局总体稳定。三是发展社会主义民主政治。要以促进社会公平正义、增进人民福祉为出发点和落脚点，切实保障人民的民主权利，团结和带领广大人民群众，进一步解放思想、解放和发展社会生产力、解放和增强社会活力，坚决破除各方面体制机制弊端，开拓中国特色社会主义事业更加广阔的前景。

二 凝聚理性社会期待

社会期待是指被社会普遍接受的、规定了社会成员应该如何扮演某一社会角色的社会规范，它与一整套的权利义务规范和一系列的行为模式相联系。[①] 在行政生活中，行政价值观要创新、发展，行政主体就必须了解社会期待，使自己的行为符合社会期待，努力实现社会期待。社会期待是行政价值观创新的精神源泉和动力，是行政价值观创新的依据和准则。社会期待带有广泛性，因为它是被社会大众所普遍接受认可的；社会期待是强制的，因为它规定了社会成员在扮演某一角色时的行为规范；社会期待也是主观的，它是社会成员带有自愿倾向的心理活动，表现的是社会成员个人的主观意愿；社会期待也是系统的，它不是单独、孤立提出的，社会期待往往是配合一整套的权利义务规范和一系列的行为模式存在的。公众对政府及其公务人员的社会期待是公众对政府及其公务人员的角色定位和要求，是政府及其公务人员应当完成的行为目标和任务。政府及其公务人员要实现公众的社会期待就必须明了公众对其表达的具体期待和诉求。社会期待最直观、最集中地反映在那些关注度极高、被反复提及的高频词上。"服务型政府""廉洁政府""人民公仆""责任政府""法治政府""依法行政"等高频词无一不反映出公众对于政府的期待。政府只有了解了社会期待后才能很好地实现期待，才能很好地完成自己的使命。理性的期待在提高行政绩效水平、规范行政行为方面有着不可替代的作用。当前，公众对于政府及其公务人员存在态度冷漠、期待过高及期待不合理等问题，这些都是不利于行政改革和行政发展的。要推动行政改革和行政发展，要创新行政价值观就必须凝聚理性的社会期待。

理性的社会期待是正当的、合法的期待。我国是社会主义法治国家，政

---

① ［美］伊恩·罗伯逊：《社会学》，商务印书馆1991年版，第107、651页。

府和公民都必须遵守国家法律法规的规定，因此，即使是社会大部分人所提出的诉求也应当是合乎法律法规的规定的、必须在法律许可范围之内的，大多数人提出的非法不当诉求属于群体暴力，是不应该也是不能被满足实现的，所谓"法不责众"是不能容忍的。公众的诉求必须是正当的，不能违背社会的道德规范和国家的法律法规。公众的诉求也必须是合情合理的，理性的社会期待应当是适当的期待，过高的期待或过低的期待都不利于经济社会正常发展。过高的社会期待会给公共行政系统巨大的压力，影响政府绩效水平，同时，一旦政府达不到社会的期待，公众将对政府丧失信心，产生悲观消极情绪，政府威望和公信力的丧失将对社会造成不可估量的消极影响。过低的社会期待也是不可取的，公众对于政府及工作人员期待过低将不利于其积极性和工作绩效的提高，也不利于社会的发展。理性的社会期待是经过深思熟虑、符合客观规律和时代要求、反映时代进步发展方向的，理性社会期待是通过努力可能实现的诉求，它的提出既代表了人民的迫切愿望又有助于激发政府工作的积极性，是一种积极的激励力量。

当前，责任政府、法治政府、服务型政府等是社会对政府的理性期待，这就要求政府及其工作人员具有责任、法治、服务等意识，树立社会本位和人民本位思想，摆脱官本位思想，明白自己只是权力的代理者和行使者，真正的权力的主人是人民。因此，政府及其公务人员应该真正做到权为民所用、情为民所系、利为民所谋。作为人民公仆的公共权力主体要增强自身的服务意识，不断提高自身的服务水平，端正自身的服务态度，以人民的满意作为评判自身行为的基本标准，以提高人民满意度为自身行为的基本目标。我们期待的政府也是个高效、低耗的政府，政府的机构设置应该是分工合理、高效精干、权责分明、流程最优的，不应该重叠臃肿、人浮于事、职责不清。政府公务人员是素质高、能力强的个体，他们各司其职，各负其责，才能优质、高速、有序地履行其岗位职责。因此要实现高效政府的目标，政府及其工作人员就要不断完善其分工机制，提高自身素质，克服各种不良风气，提高工作效率，做到高效优质完成各项任务。我们期待的政府是个公开透明的政府。政府有明确的权力清单和责任清单，也能够严格按照清单行使权力，履行义务，公众也能够根据清单清晰判断政府行为的对错是非。

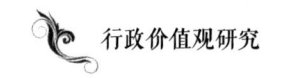

三　保持良好社会风气

社会风气是在一定时期和一定范围内，大量社会成员相近或相同的思想意识、价值判断、行为意向、行为方式等的一个总称，或者说是社会成员的共同的行为模式。[①] 社会风气是一定时期社会中绝大多数人精神风貌的集中体现，影响着社会经济的发展、政治文化的繁荣和社会的进步，是社会主义精神文明建设的主要目标和重要途径，也是衡量社会主义精神文明建设成效的重要标尺。《中共中央关于党的百年奋斗重大成就和历史经验的决议》指出：党中央发扬钉钉子精神，持之以恒纠治"四风"，反对特权思想和特权现象，狠刹公款送礼、公款吃喝、公款旅游、奢侈浪费等不正之风，解决群众反映强烈、损害群众利益的突出问题，推进基层减负，倡导勤俭节约、反对铺张浪费，刹住了一些过去被认为不可能刹住的歪风，纠治了一些多年未除的顽瘴痼疾，党风政风和社会风气为之一新。行政价值观作为行政主体行为的依据和动力，是一种意识形态，不可避免地要受流行的社会风气的影响。良好的党风政风和社会风气，为行政价值观的创新和发展奠定了基础，行政价值观的创新和发展，又推动了党风政风和社会风气的进一步好转，进而在全社会形成风清气正、政通人和的良好氛围。

保持良好的社会风气需要积极推动经济社会发展，努力实现共同富裕。经济职能是政府的重要职能，以经济建设为中心，用发展的办法解决前进中的各种矛盾，是社会主义现代化建设的内在要求。共同富裕作为社会主义现代化建设的重要目标，要求政府不断提高公共服务共建能力和共享水平，成为给人民群众谋幸福的民心政府，要求政府公务人员树立"公仆"意识，不断提升服务水平和服务能力。社会风气与经济发展总的来说是相互联系、相互作用的，一方面，良好的社会风气有利于促进经济的发展。邓小平高度重视社会风气建设，在1986年1月中央政治局常委会上，他认为"抓党风和社会风气，没有十年的努力不行"，经济建设搞得相当有成绩，形势喜人，这是我们国家的成功，"但风气如果坏下去，经济搞成功又有什么意义？会在另一方面变质，反过来影响整个经济变质，发展下去会形成贪污、盗窃、贿赂横

---

① 刘长海、杜时忠：《论转型期社会风气与美德培养的关系》，《当代教育论坛》（上半月刊）2006年第3期。

行的世界"。另一方面，经济是社会风气巩固发展的基础。"仓廪实而知礼节，衣食足而知荣辱"，任何社会风气的形成和发展与当时的社会生产力发展水平有很大关系。经济发展水平是社会意识形态形成的基础和决定性因素，生产力的发展促进了人与人之间的交流和沟通，带来人们思想观念的改变，影响人们的道德观念和价值取向，从而引起社会风气的变化。当前，一些不良社会风气、一些影响社会安定团结的现象之所以存在，一个重要原因就是社会贫富差距悬殊，收入分配不公导致人们内心的不平衡，仇富、仇官等不良心理就在一定程度上代表着社会的某种不满、怨恨。要形成和保持良好的社会风气，首先就是要努力发展经济，缩小因城乡、地域、行业等因素而导致的个人的贫富差距，实现共同富裕，以达到缓解社会矛盾、解决社会问题、维护社会稳定的作用。同时，经济的发展也为精神文明建设提供了必要的物质条件，在物质财富丰裕的社会，人们才能够有更多的时间、精力参与精神文明建设活动，才能够通过对自身幸福生活的体验提升对政治系统的认同。改革开放以来，我国经济实力大幅跃升，社会发展成绩斐然，但经济结构性体制性矛盾不断积累，发展不平衡、不协调、不可持续问题突出。《中共中央关于党的百年奋斗重大成就和历史经验的决议》指出："我国经济发展进入新常态，已由高速增长阶段转向高质量发展阶段，面临增长速度换挡期、结构调整阵痛期、前期刺激政策消化期'三期叠加'的复杂局面，传统发展模式难以为继。""贯彻新发展理念是关系我国发展全局的一场深刻变革，不能简单以生产总值增长率论英雄，必须实现创新成为第一动力、协调成为内生特点、绿色成为普遍形态、开放成为必由之路、共享成为根本目的的高质量发展，推动经济发展质量变革、效率变革、动力变革。"公共行政要科学把握新发展阶段，深入贯彻新发展理念，加快构建新发展格局，着力推动高质量发展，实现经济行稳致远、社会安定和谐。

保持良好的社会风气要求公共行政主体规范自身言行，努力成为全社会的榜样与模范。中国具有"官"崇拜的传统，人们对"官"赋予了超出其本身职责之外的更多职责，"官"在一定程度上代表着社会发展的潮流，影响着全社会的价值取向。政府公务人员是公共权力的行使者和公共利益的代表者，在某种程度上来说政府公务人员是具有公共性的公众人物，他们的言行举止和价值观念直接影响到公共行政系统的运行效果，他们的一举一动都会受到全社会的广泛关注。由于其权威性特征，政府公务人员的思想、行为更容易被效仿、被跟风，他们所持的行政价值观念对于社会风气也具有重要的引导、示范作用。在现实中，由于官员的言行在人民群众中具有示范效应，因而官德在整个社会道德体系建设中具有特殊地位，官德的好坏直接影响着社会道德文化建设的成败。官员是道德文化的传播者和实践者，人民群众对党和政府的道德形象的评价往往是以各级官员的行为作参考。在一定意义上可以说，官德水平的高低是社会道德风气好坏的"晴雨表"。为官固然要论职位，但最为可贵的是追求高品位。领导干部的品位主要表现为道德品位、情感品位、学识品位、能力品位、廉洁品位和实干品位。这六个品位相互联系、相互促进，不可偏废，领导干部应立足于各自的实际情况，突出重点，点面结合，发挥它们最大的整体功能，提高自己的整体素质，树立良好的公仆形象。公共行政主体必须具备良好的职业道德和个人修养，言行举止大方，衣着得体，谈吐得当，符合公务人员身份，有明确的是非观、荣辱观，能够明辨是非，能够公平公正的处理公共事务，能够切实维护公共利益。公共行政主体更应该成为遵纪守法的带头人，模范遵守各项规章，知法守法懂法用法，法律禁止的坚决不做，法律要求的坚决执行。树立法律面前人人平等的观念，不搞特权，不违法理，无论是谁只要违反了法律都要受到制裁。公共行政主体的榜样作用还体现在职业道德方面，公务人员要爱岗敬业、兢兢业业，具有专业的理论知识和技能，敢于开拓创新，具有进取精神。总之，公共行政主体必须加强自身职业道德修养、个人修养和法律修养，为良好的社会风气形成发展做好榜样示范。

保持良好的社会风气要加强规范和制约，努力实现民主和法制。孟德斯鸠指出："只有在公民得到自由和独立的地方，在共和的风俗习惯盛行的地方，社会才能顺利发展。"① 只有良好的社会风气才能实现社会的长治久安，才有利于社会的发展。一方面，良好的社会风气的形成离不开民主、自由、开放、进取的社会心理环境，只有大家能够畅所欲言，表达自己的观点和意见，才能实现良好社会风气的巩固和发展。当前我国政治制度方面还存在一些缺陷，不利于社会风气的发展因素，为根除消极社会风气的政治根源，必须大力发扬社会主义民主，保障人民群众基本的言论自由权，充分发挥包括报刊、网络、媒体等媒介的舆论监督作用。同时也要加强这些媒体媒介的引

---

① [法]孟德斯鸠：《罗马盛衰原因论》，商务印书馆1962年版，第54、170页。

导，多传播积极向上、健康的、充满正能量的信息，为社会主义民主政治建设创造良好的舆论氛围。另一方面，良好的社会风气的形成离不开法律的制约。公民在享有权利的同时也有义务遵守宪法和法律法规的规定，不受限制的自由不是真正的自由，真正的自由是在法律范围内的自由。要保持良好的社会风气就要不断健全社会主义法制，不断完善社会主义法律体系，用法律规范人们的行为，用法律保护人们的权益，让法律真正成为人民群众信仰的准则。

第六章　以社会主义核心价值观引领行政价值观发展

社会主义核心价值观是当代中国精神的集中体现，是"文化软实力的灵魂、文化软实力建设的重点"，是"决定文化性质和方向的最深层次要素"[①]，凝结着全体人民共同的价值追求。党的十八大提出，倡导富强、民主、文明、和谐，倡导自由、平等、公正、法治，倡导爱国、敬业、诚信、友善，积极培育和践行社会主义核心价值观。这是我们党凝聚全党全社会价值共识做出的重要论断，为培育和践行社会主义核心价值观提供了基本范畴。"富强、民主、文明、和谐是国家层面的价值目标，自由、平等、公正、法治是社会层面的价值取向，爱国、敬业、诚信、友善是公民个人层面的价值准则，这24个字是社会主义核心价值观的基本内容，为培育和践行社会主义核心价值观提供了基本遵循。"[②] 党的十九大提出，"发挥社会主义核心价值观对国民教育、精神文明创建、精神文化产品创作生产传播的引领作用，把社会主义核心价值观融入社会发展各方面，转化为人们的情感认同和行为习惯。"党的十八届三中全会指出，在改革进入攻坚期和深水区的关键时期，必须以强烈的历史使命感，最大限度集中全党全社会智慧，最大限度调动一切积极因素，广泛凝聚共识，形成改革合力。在公共行政领域，"广泛凝聚共识"就是要适应推进国家治理体系和治理能力现代化的要求，大力培育和践行社会主义核心价值观，加快构建充分反映中国特色、民族特性、时代特征的行政价值观。以社会主义核心价值观引领行政价值观发展，让公共行政主体真正做到心中有党、心中有民、心中有责、心中有戒，真正做到敢为、善为、能为，是行

[①]《习近平在中共中央政治局第十三次集体学习时强调　把培育和弘扬社会主义核心价值观作为凝魂聚气强基固本的基础工程定》，《人民日报》2014年2月26日第1版。

[②]《关于培育和践行社会主义核心价值观的意见》，人民出版社2014年版，第1页。

政价值观发展的必然要求。

第一节　社会主义核心价值观引领行政价值观发展的内在机理

一　社会主义核心价值观为行政价值观发展塑造社会认同的心理环境

一种价值观要成为一个群体、一个组织、一个社会的价值观，必须具备两个基本条件：一是该价值观本身要能够满足群体、组织、社会的价值需要，符合群体、组织、社会成员的内心期待；二取决于该价值观对于群体、组织、社会的价值认同的状况。[①] 价值观是一种建立在人的需求是否满足、怎样满足及满足程度等价值判断基础之上的价值理念，必然要以满足人的需求为前提条件。价值认同是主体对特定价值观自觉接受、自觉遵守的态度，是主体以共性或相似的价值观为追求目标，实现自身在社会生活中的价值定向与定位，价值认同最终表现为主体的思想取向和行为选择。任何一种价值观，只有在被社会大多数人认同的情况下，才可能真正内化为全社会共同的理想和精神支柱。行政价值观作为行政主体在价值认同过程中形成的价值观念的集合，其发展的最终目的与归宿是形成社会的价值认同。

进入攻坚期和深水区，需要推进的改革都是难啃的硬骨头，攻坚难度前所未有。在这样的历史条件下，公共行政需要深刻把握全面深化改革的关键地位和作用，需要"明知山有虎，偏向虎山行"的勇气和魄力，大胆探索，大胆推进，大胆突破，坚定不移地将全面深化改革引向深入。当前，行政价值观在理想与现实、规范与行动中都受到多种冲击、质疑，多元价值观念冲突导致行政生活中人们的思想与行为陷入矛盾，一些落后的行政价值观念也有所抬头，导致一些不良行政现象的发生。要在这种复杂的环境下构建新的行政价值观，首先就要提升全社会对主流行政价值观的认同、理解和支持程度，这一过程不是一朝一夕就能完成的，而是要在漫长的理论发展和实践探索过程中逐步实现。社会主义核心价值观作为建立在总结人类社会历史发展规律基础上形成的人们共同拥护和遵循的价值观，具有强大的向心力和凝聚

[①] 方旭光：《认同的价值与价值的认同——社会主义核心价值观论》，中国社会科学出版社2014年版，第152页。

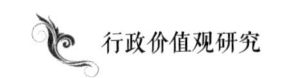

力，具备塑造个人人格、培育国民精神、提升社会价值共识等功能，能够为新行政价值观的构建营造良好的社会心理环境。

社会主义核心价值观是实现中华民族伟大复兴的中国梦的强大正能量，构建了中华民族未来发展的精神大厦，其政治伦理诉求是与政府治理的价值诉求在本质上是一致的。社会主义核心价值观将实现共同富裕，实现社会和谐发展，实现公平正义作为社会主义国家奋斗的目标，而这样的价值目标，同样也是公共行政所要追求的。社会主义核心价值观将实现中华民族伟大复兴的宏伟蓝图深入每个社会成员的心中，受到绝大多数社会成员的认同、理解与支持，能够更加激发大多数社会成员的激情，凝聚全社会的智慧和勇气。公共行政是涉及面最广的社会管理实践，其效度、信度既取决于自身思想与行动的科学性程度，也取决于全社会的认同、理解与支持程度，显然，以社会主义核心价值观为指导构建的新型行政价值观更具有社会凝聚力。

在重振民族精神与时代精神的价值取向上，社会主义核心价值观是与公共行政追求社会秩序的价值取向相一致的。爱国主义和改革创新分别作为民族精神和时代精神的核心价值取向，同时也是全面深化改革进程中政府治理理念发展的内在要求。以社会主义核心价值观为指导构建的新型行政价值观，更加彰显其公共利益取向，更加突出为人民服务的根本宗旨，更加强调其要以保证社会稳定、维护国家安全为自身的重要价值取向，这正是社会主义核心价值观的先进性、民族性、时代性的具体体现。

社会主义核心价值观以社会主义荣辱观作为社会道德规范基础，这与公共行政责任价值具有内在的一致性。以"八荣八耻"为主要内涵的社会主义荣辱观以构建和谐的人际关系和有序的社会秩序为其重要价值目标，力求把社会主义核心价值观融入社会主义精神文明建设和公民道德建设的全过程，有利于培育认同社会主义核心价值观的公民人格及国民精神，这正是优化社会心理环境的重要内容。

二 社会主义核心价值观是行政价值观发展的重要思想基础

随着改革进入攻坚期和深水区，中国社会、政治、经济、文化等领域都在发生深刻变化，行政价值观念领域也出现了新旧、内外等各种多元价值观念交融的复杂局面，主流意识形态的主导地位受到挑战，行政价值观日趋多变、多元、多样。在利益多极化、文化多元化、信息数字化的现实社会中，一些消极的思想观念和错误的社会思潮在社会涌起，不同价值观念鱼龙混杂，甚至造成社会价值观领域的迷茫和困惑。在公共行政领域，传统的高度集中统一的价值观已不复存在。在多元价值观念并存的社会，要保持全社会的凝聚力，必须有一种处于核心地位的价值观，引领、主导社会思潮，并对社会成员的思想观念、思维方式与价值取向施加影响，对社会成员的行为加以规范。行政价值观的发展过程内涵着激烈的观念碰撞与冲突，需要进行价值观整合，而社会主义核心价值观正好是多元价值观整合的思想基础。

核心价值观"是社会的价值体系中最重要的组成部分，处于价值体系的统摄和支配地位，是一个社会倡导和主导的价值体系，引领一个社会各种不同的价值取向、价值追求、价值尺度和价值原则沿着一定的方向发展"[①]。社会主义核心价值观渗透在以马克思主义指导思想、以中国特色社会主义共同理想、以爱国主义为核心的民族精神、以改革创新为核心的时代精神以及以社会主义荣辱观为基本内容的社会主义核心价值体系之中，是一种发展的、先进的理论体系，具有引领社会思想的强大功能。社会主义核心价值观作为社会主义国家最基础、最根本的价值理念和价值原则，其核心地位不仅在于它具有明确价值追求、塑造价值理想的功能，还在于它具有衍射、校准、调适其他具体价值的功能，是引领行政价值观发展的强大精神动力。一方面，社会主义核心价值观作为社会主义价值体系中最内核、最精华的价值理念，必然会影响、制约其他价值观的思想取向、作用方式与发展方向，并引导它们不断接近、趋同社会主义核心价值观。另一方面，社会主义核心价值观又是一种兼收并蓄、开放发展的理论体系，为维护自身的主流意识形态地位，社会主义核心价值观又会对社会其他的价值观进行整合，确保自身的先进性。在多种价值观念共存的现实中，整合社会的价值观念，凝聚社会的价值追求，就成为社会主义核心价值观的重要功能。行政是国家意志的执行，主流行政价值观必定是国家主流意识形态在公共行政领域的重要表现形式。在社会主义核心价值观吸取其他价值观的营养成分的过程中，行政价值观也吸取了多种有益的因素，不断完善着自身的理论体系，不断增强自身引领行政生活的效度。

党的十九大报告指出，社会主义核心价值观和中华优秀传统文化广泛弘

[①] 郭建新：《社会主义核心价值观大众认同路径与机制研究》，《江苏社会科学》2014年第1期。

扬是思想文化建设取得重大进展的重要标志,"必须坚持马克思主义,牢固树立共产主义远大理想和中国特色社会主义共同理想,培育和践行社会主义核心价值观,不断增强意识形态领域主导权和话语权,推动中华优秀传统文化创造性转化、创新性发展,继承革命文化,发展社会主义先进文化,不忘本来、吸收外来、面向未来,更好构筑中国精神、中国价值、中国力量,为人民提供精神指引"。"要以培养担当民族复兴大任的时代新人为着眼点,强化教育引导、实践养成、制度保障,发挥社会主义核心价值观对国民教育、精神文明创建、精神文化产品创作生产传播的引领作用,把社会主义核心价值观融入社会发展各方面,转化为人们的情感认同和行为习惯。"《中共中央关于制定国民经济和社会发展第十四个五年规划和二〇三五年远景目标的建议》明确要求:"坚持以社会主义核心价值观引领文化建设,加强社会主义精神文明建设,围绕举旗帜、聚民心、育新人、兴文化、展形象的使命任务,促进满足人民文化需求和增强人民精神力量相统一,推进社会主义文化强国建设。"这些既是社会主义核心价值观立足中国特色社会主义事业的现实成就,也是社会主义核心价值观推动政府治理体系与治理能力现代化应该坚持的基本理念,是行政价值观发展的重要思想基础。

三 社会主义核心价值观是行政价值观凝心聚力的精神纽带

行政价值观的形成起源于社会利益关系的调整和变动,需要以社会治理优化(完善社会治理体制和机制,凝聚全社会的力量和人心)为现实基础,而社会主义核心价值观正好是行政价值观凝心聚力的精神纽带。以社会主义核心价值观引领行政价值观发展,能够充分发挥社会主义核心价值观在凝聚全社会的力量和人心方面的功能,有效化解社会转型所带来的社会利益矛盾,为公共行政有效协调社会利益关系塑造良好社会环境。

社会主义核心价值观能够规约、融合、凝聚社会成员的价值理想、价值追求与价值取向,形成全社会的精神合力。社会主义核心价值观不仅对政治、经济、文化和社会生活具有显性影响,而且深刻影响着社会成员的人生观、世界观、价值观,促使社会成员以社会主义核心价值观为指导,修身养性,追求卓越,超越自我。

核心价值观是一定社会占统治地位的政治力量所倡导的,并在其根本制度、治理机制、社会运行中所体现的价值观念,是为社会的绝大多数成员所认同思想体系。核心价值观契合社会大多数人的认同的价值追求，从而成为全社会主导的、引领的价值观，形成其"核心地位"，成为社会的主流价值观。作为社会主义社会的主流价值观，社会主义核心价值观体现着统摄性和整合性的统一、主导性和引领性的统一，能够形成全社会"共同的信仰和精神力量"。在核心价值观有效彰显的社会，往往能够形成社会群体价值追求的"最大公约数"，其具体表现就是社会安定有序，人民安居乐业。社会主义核心价值观本身就是建立在共同的价值和信念基础之上的，它具备让社会顺畅、有秩序运转的凝聚力、向心力。以社会主义核心价值观引领行政价值观发展，正是公共行政领域形成"共同的信仰和精神力量"的具体体现，公共行政领域一旦形成"共同的信仰和精神力量"，就能团结和带来人民群众同心同德，开拓进取，共同致力于实现"两个一百年"奋斗目标和中华民族伟大复兴的中国梦，凝聚完善和发展中国特色社会主义制度、推进国家治理体系和治理能力现代化的强大正能量。

第二节　社会主义核心价值观引领行政价值观发展的作用机制

一　以社会主义核心价值观的内涵提炼行政价值观发展的核心要素

中国的社会转型是在传统与现代、中国与西方、历史与现实相互碰撞、相互交融的立体坐标中进行的，这表现在社会的思想文化领域，也存在于古今中外的多重结构要素中。这就加剧了价值观的复杂性程度，具体到行政价值观领域，在改革开放的社会背景下，面临外来文化的冲击，人们也容易被外来文化的华丽表象蒙蔽双眼，不利于当代中国行政价值观的发展。这必然要求公共行政系统在全社会推进理想信念教育，凝聚价值共识，巩固马克思主义在意识形态领域的指导地位，为全面深化改革补充精神之"钙"。

社会主义核心价值观作为社会主义国家价值关系的应然状态的集中反映，是与中国政治、经济、文化、社会发展现状相适应的。以社会主义核心价值观引领行政价值观发展，在当前价值观念趋于多元、价值结构比较复杂的情况下，其关键问题是要从社会主义核心价值观中提炼出合理的、具体的营养成分，并将其真正融入行政生活，指导行政实践。有学者提出核心行政观应该包括四个方面的内容：一是"以人为本"，这是由公共行政价值观的公共性决定，同时也是由我国的国体与国家性质决定；二是"正义"，正义是公共行政权力的本质要求，同时也是公共行政应然的核心价值；三是"公共性"，以公共性行政价值，实现"公正、公平、公开、自愿、平等、民主等"一系列价值体系；四是"服务性"。[①] 其中，公共性是新行政价值观区别于传统行政观的最核心要素。《中共中央关于制定国民经济和社会发展第十四个五年规划和二〇三五年远景目标的建议》指出："坚持把实现好、维护好、发展好最广大人民根本利益作为发展的出发点和落脚点，尽力而为、量力而行，健全基本公共服务体系，完善共建共治共享的社会治理制度，扎实推动共同富裕，不断增强人民群众获得感、幸福感、安全感，促进人的全面发展和社会全面进步。"公共行政主体要在社会主义核心价值观的引领下，构建充分体现公共性为基本属性的行政价值观，将公共性不仅体现在行政主体的思想和行为中，也深入到行政客体的思想和行为中，并且时刻以公共性作为行政生活的首要价值取向，用公共性净化行政生活环境，以公共精神打造全心全意为人民服务的服务型政府，以公共治理实现政府与社会的良性互动，以公共伦理达成对公务员队伍的自我约束。

当然，在公共性之外，以人民为中心、公平、正义、责任、服务、回应等也是社会主义核心价值观应该向行政价值观输送的养分，更是现代公共行政应该坚持的重要价值观念。因此，要充分挖掘社会主义核心价值观对核心行政价值观的引领作用，构建出既践行社会主义核心价值观，又具备其公共行政特色的新行政价值观。

二 以社会主义核心价值观的内容指导行政价值观发展的具体方向

社会主义核心价值观作为从人类社会发展规律中总结出来的理论体系，高度契合中国经济社会发展的现实，并提炼了治国理政和安国兴邦的规律的精髓，因此，社会主义核心价值观涵盖了公共行政领域的内在价值理念。从某种意义上说，公共行政过程体现出一种价值链，这既是价值观念的再生产过程，也是新价值观念的创设过程。公共行政在现代国家治理中具有独特的不可替代的作用，社会主义核心价值观通过公共行政才能更好地进入社会生

[①] 谭九生、赫郑飞：《以社会主义核心价值观为统领推进新行政价值观的构建与实践——第八届行政哲学暨"社会主义核心价值观与行政价值"研讨会综述》，《中国行政管理》2012 年第 12 期。

第六章　以社会主义核心价值观引领行政价值观发展

活。社会主义核心价值观在国家、社会、个人三个层面的具体内涵，都能够深入指导行政价值观的发展。

"富强、民主、文明、和谐"作为社会主义核心价值观在国家层面的内在要求，是对国家运行应然状态的集中概括。政治是国家意志的体现，行政是国家意志的执行。以社会主义核心价值观引领行政价值观发展，必须以富强、民主、文明、和谐为重要价值取向。作为最重要的公共权力主体，政府应该通过自身管理社会公共事务的具体实践，提高公共服务共建能力和共享水平，使人民群众共享经济社会发展成果。从公共行政的实践看，我国经历了一个唯 GDP 的价值标准时期，在一定时期内，推动了经济社会的快速发展，但也在一定程度上导致了盲目冒进、轻视民生、破坏环境、重复建设、浮躁奢华等不良后果。党的十八大以来，我国全面深化改革，将公平正义作为公共行政的基本价值追求，公共行政实践也逐步回归到公共行政的根本上来，即回归到对公共行政价值和精神的追求上来，回归到培育和践行社会主义核心价值观上来。"公共管理者必须作出符合国家价值的决策。这些决策首先必须符合国家的公共利益，而不是个人的私利和少数集团的利益。富强、民主、文明、和谐，就是从宏观方面确立的国家层面的价值目标，体现治理社会主义国家的价值追求。作为公共行政的执行者、人民群众利益的维护者，政府行政人员决不能损公肥私。"[①]

国富民强、国泰民安是中华民族千年的梦想，是人民群众共同的心愿，也是中国共产党为之奋斗的目标。中国近代以来的屈辱历史已经证明，民族不独立，国家不富强，人民的生存根本得不到保障，更谈不上人民幸福。中国特色社会主义道路是近代以来中国人民经过艰辛探索最终选择的现代化道路，是中国共产党和中国人民在长期实践中逐步开辟出来的道路，是被历史和实践证明和检验了的一条富强之路。经过上百年的奋斗，中华民族迎来了从站起来、富起来到强起来的伟大飞跃，迎来了实现伟大复兴的光明前景。"富强"是公共行政义不容辞的价值追求，公共权力主体致力于国家富强、民族振兴、人民幸福的努力，凝聚了实现中华民族伟大复兴的强大合力，奠定了提高公共服务共建能力和共享水平的物质基础。

"民主"就是人民当家作主。人民当家作主是社会主义民主政治的本质和

---

① 孟翔飞：《以社会主义核心价值观引领公共行政精神》，《辽宁日报》2017 年 8 月 17 日第 6 版。

核心，中国将人民民主视为社会主义的生命。习近平总书记在庆祝中国共产党成立100周年大会上强调："发展全过程人民民主。""全过程人民民主"这一重要论断是对社会主义民主政治理论的重大创新，深刻揭示了我国人民当家作主的本质特征，充分彰显了社会主义民主的显著优势。全过程人民民主的优势就在于，始终保证人民当家作主的本质要求在国家和社会生活中实现过程与结果、程序与实体、形式与内容、间接与直接相统一。中国各种形式的民主渠道把"百姓盼的"和"政府干的"紧紧地连在一起，社会主义民主政治的成果看得见、摸得着。① 行政民主是公共权力主体在制定和实施公共政策及社会管理过程中的民主状态，主要包括民理念、民主制度与民主作风三个层次的内容，是社会主义民主的重要组成部分，是中国民主政治深入发展和全面深化改革的必然要求，是扩大公民参与、化解社会矛盾的有效途径。

"文明"是国家软实力的重要组成部分，是社会进步的重要标志，是社会主义现代化国家的重要特征。作为社会主义现代化国家文化建设的应有状态，文明是面向现代化、面向世界、面向未来的，民族的、科学的、大众的社会主义文化的概括，集中体现着社会主义先进文化的前进方向，是实现中华民族伟大复兴的重要支撑。当今时代，文化在综合国力竞争中的地位日益重要，文明成为国家发展的灵魂和精神动力。我国经济社会要保持发展的良好势头，为物质文明、政治文明、精神文明和生态文明建设提供坚实的基础，必须从改善每个人的修养做起，使国民成为文明的人。公共行政要把握社会主义文化建设的规律，推动文化建设和中国特色社会主义的各项建设齐头并进，使社会主义精神文明与时代进步同行、与实践发展同步。

"和谐"是事物存在的一种辩证关系的积极展现，是中华文明遵循的核心价值理念，是中国共产党治国理政的一贯诉求，是人类的共同价值追求。和谐是社会利益关系保持稳定、人民群众有序相处的社会状态，是人民群众最现实的社会价值诉求。在全面深化改革进程中，公共行政面临价值诉求多元、利益纷争突出、矛盾冲突多发等影响社会和谐的突出问题，要善于继承发扬中华民族优秀文化传统中蕴含的和谐价值理念，遵循培育核心价值观的一般规律，通过舆论引导、文化熏陶、实践养成等途径，加强对和谐价值观的倡导，使和谐理念内化为人们的精神追求和价值信仰，外化于行人们日常社会

---

① 《感知社会主义民主政治的生命力》，《人民日报》2021年3月5日第4版。

生活的点点滴滴,引导人们用和谐的思维认识事物,用和谐的态度对待问题,用和谐的方式处理矛盾。

"自由、平等、公正、法治"作为社会主义核心价值观在社会层面的内在要求,是对社会运行应然状态的集中概括,对美好社会的生动表述,反映了中国特色社会主义的基本属性,是我们党矢志不渝、长期实践的核心价值理念。从社会学的视角看,公共管理是社会组织形式、社会治理结构变革带来的以社会自治为基本内容的新型社会治理方式。随着我国经济社会的快速发展,社会公共生活日新月异,公共事务日趋丰富,整个社会的公共事务、社会工作、社会管理也变得更加多样与复杂,这对公共管理提出了新要求。社会治理是当前公共管理研究的四大热点之一。[①] 中国特色社会主义进入新时代,我国的社会治理也站在了一个新的历史起点上,我们党从提出"社会管理"到"社会治理",从提出"加快构建共建共享的社会治理体制"到提出"打造共建共治共享的社会治理格局",这是中国特色社会主义进入新时代的客观要求,是解决新时代我国社会主要矛盾的本质规定,是全面建设社会主义现代化强国的现实需要。党的十八大以来,社会治理从理论到实践都取得了显著成就。人民生活不断改善,在教育、就业、医疗、住房、乡村振兴、公共文化、社会治安、收入分配、环境保护等方面的获得感不断增强,社会治理理念深入人心,社会治理体制深化改革,社会治理方式不断丰富,社会治理体系更加完善,社会大局保持稳定,国家安全全面加强。根据洛克的自然人权理论,公共权力来源于人民,以国家实体为基础。公共权力的来源是基于这样一个事实,即国家是人们为了享有合法利益和谋求共同福利而形成的最完美的联盟。公共权力是为满足人类社会发展需要、满足人们生产生活需要和处理公共事务而产生的。作为公共权力有效运行的重要精神动力和行动指南,行政价值观必须符合社会价值准则。从社会治理的角度看,通过公共行政的倡导、引领与践行,让自由、平等、公正、法治等价值观深入人心,融入公共生活,并以之引领社会思潮、凝聚社会共识,方能形成推进国家治理体系与治理能力现代化的强大合力。

"自由"是一个主体性范畴,是人的主体性最充分的体现,人能够运用自

[①] 张康之、姜宁宁:《公共管理研究的热点与重心——基于人大复印报刊资料〈公共行政〉2014年收录文章的预测》,《中国行政管理》2015年第7期。

己的实践力量去打破外在的现状，这是人的自由之所在。[1]对必然的认识好对客观世界的改造。简单地讲，自由就是指人能够相对有效支配自身思想、行为的状态，具体包括人的意志自由、存在自由、发展自由等内容，当然，自由是相对的，人们对自身自由的追求，不能损害他人自由。实现人类的自由解放是马克思主义的最高命题，也是马克思主义的根本出发点和根本落脚点。回顾我们党的发展史，就是带领中国人民翻身做主、走向富强的历史，就是始终围绕中国人民实现自由解放而不懈奋斗的历史。[2]马克思主义认为，推进人的自由解放是循序渐进的，跨越发展阶段、脱离国情和实际的自由解放只能是空谈。在庆祝中国共产党成立100周年大会上，习近平总书记向全世界庄严宣告："中国共产党将继续同一切爱好和平的国家和人民一道，弘扬和平、发展、公平、正义、民主、自由的全人类共同价值。"这是在中国共产党百年华诞的重大历史时刻，习近平总书记立足中华民族伟大复兴战略全局和世界百年未有之大变局，发出解答时代之问、引领时代之路的时代强音。中国特色社会主义进入新时代，社会主要矛盾发生了新的变化，人民群众期盼拥有更民主的权利、更满意的收入、更可靠的保障、更优美的环境、更丰富的精神文化生活。我们党统筹推进"五位一体"总体布局、协调推进"四个全面"战略布局，推动党和国家事业取得全方位、开创性历史成就，发生深层次、根本性历史变革，为人民的自由发展创造了新的条件。自由是社会活力之源，也是社会主义的重要价值理想。人的自由全面发展是社会主义区别于其他社会形态的本质属性。公共行政倡导的自由，不只是追求物质生活的改善，更重要的是保证人民充分享有发展自我、实现自我的机会，使每个人都能人生出彩、梦想成真。

"平等"是指人们在社会、政治、经济、法律等方面享有相等待遇，这种待遇，是基于人作为社会成员而具备的内在属性，而不为金钱、地位、权力、家庭出身等外在因素所左右。平等是现代社会的基本特征，是衡量人类文明进步的重要标准，也是人类向往的理想价值。平等是社会主义的本质要求，大力倡导平等价值，促进平等目标的实现，对于推进中国特色社会主义事业有着重要

---

[1] 李秀林、王于、李淮春：《辩证唯物主义和历史唯物主义原理》，中国人民大学出版社1994年版，第436页。
[2] 王磊：《自由 自信 自强——学习习近平总书记在纪念马克思诞辰200周年大会上的重要讲话》，《学习时报》2018年5月9日第1版。

意义。人们向往和追求平等，首先要明确平等的内在意涵。平等是一种社会价值，是一种关于社会应当如何对待其成员的规范性价值。社会应将每个人作为平等的社会成员来对待，确保每个人生存和发展的需求都受到同等程度的尊重和照顾。在行政价值观领域，平等主要是对公共利益配置对象的同等对待，即公共权力主体应该坚持无差别配置公共利益这一级别原则。公共行政倡导平等，既不是重蹈"不患寡而患不均"的绝对平均主义，也不是照搬西方资本主义社会的平等观，而是要创造与中国特色社会主义伟大事业相适应、有利于调动广大社会成员积极性、能给广大人民带来更多机会与利益的平等价值观。

"公正"即公平正义，以人的解放、人的自由平等权利的获得为前提，是在承认人的差异性的基础上，坚持共性与个性相统一，既保证社会大多数人平等享有获取公共利益和公共服务的权利，也要通过特别的制度安排，保障社会弱势群体能够维持其正常生活。公正作为一种社会价值，是衡量一个社会的制度安排是否正当合理的重要标准，是社会主义的基本价值取向。一个社会的公正，应当体现在经济、政治、法律等社会生活的各个领域、各个层次和各个方面。社会主义所倡导的公正理念是基于最广大人民群众根本利益提出的无产阶级公正理念，优越于资本主义的重要特征就在于它以消灭两极分化、实现共同富裕为根本要旨。促进社会公正，使发展成果更多更公平惠及全体人民，是全面深化改革的出发点和落脚点，也是中国特色社会主义的内在要求。党的十八大明确提出，公平正义是中国特色社会主义的内在要求；要在全体人民共同奋斗、经济社会发展的基础上，加紧建设对保障社会公平正义具有重大作用的制度，逐步建立以权利公平、机会公平、规则公平为主要内容的社会公平保障体系，努力营造公平的社会环境，保证人民平等参与、平等发展权利。《中共中央关于全面深化改革若干重大问题的决定》强调，全面深化改革必须以促进社会公平正义、增进人民福祉为出发点和落脚点，这是坚持我们党全心全意为人民服务根本宗旨的必然要求。在全面深化改革进程中，公共行政必须着眼创造更加公平正义的社会环境，不断克服各种有违公平正义的现象，使改革发展成果更多更公平惠及全体人民。

"法治"现代社会治理的基本方式，是实现自由平等、公平正义的可靠保障。法治是现代国家的重要特征，是治国理政的重要方式，是社会主义民主政治发展的内在要求。社会主义法治理念根本目的在于实现好、维护好、发展好最广大人民的利益，以公平正义为价值导向，以执法为民为本质要求，将法治与民主政治统一起来，真正实现运用人民赋予的权力来为人民谋利益。法治代替人治，是现代文明的标志，不仅将民众从专制统治下解放出来，并且在政治上实现公民平等，推进了自由、平等和公正价值的实现。在社会主义法治国家中，法律体现人民意志，规定和保护公民的基本自由和权利，并确保法律面前人人平等。《中共中央关于全面推进依法治国若干重大问题的决定》明确指出："各级政府必须坚持在党的领导下、在法治轨道上开展工作，创新执法体制，完善执法程序，推进综合执法，严格执法责任，建立权责统一、权威高效的依法行政体制，加快建设职能科学、权责法定、执法严明、公开公正、廉洁高效、守法诚信的法治政府。"在公共行政领域，法治是保证公共权力正当行使的基本途径，政府必须按照法治政府的要求，依法全面履行政府职能、健全依法决策机制、深化行政执法体制改革、坚持严格规范公正文明执法、强化对行政权力的制约和监督、全面推进政务公开。

"爱国、敬业、诚信、友善"作为社会主义核心价值观在个人层面的内在要求，是公民基本道德规范，是对社会生活中个人行为应然状态的集中概括。"爱国、敬业、诚信、友善"是现代公民个人价值准则。人是社会的存在，无论是国家还是社会，都离不开无数个体人的活动。以人民当家作主为本质的社会主义社会，为公民个人自由全面地发展提供了基本的制度条件和社会环境。社会主义现代化是全体人民共同富裕的现代化，是符合人民群众期盼的现代化，是惠及全体人民的现代化，必须坚持发展为了人民、发展依靠人民、发展成果由人民共享，争取早日实现共同富裕。① 在中国特色社会主义现代化道路上，缺少了全体社会成员的共同努力，健康社会风尚的形成就无从谈起；没有个体公民道德素质的提升，社会风气的净化便是空中楼阁；不改善普通中国人的情操修养，全民族精神气质的升华也会遥遥无期。共性需要表现为个性，普遍需要具体到个别，社会主义核心价值观不能缺失公民层面的价值准则。在社会主义制度下，建设现代国家，发育现代社会，离不开公民个人的能动实践和自由创造，更离不开公民个人良好价值理念的养成和价值行为的校正。② 国家富强、民族振兴、人民幸福的中国梦，向每一个中国公民都提

---

① 王虎学、何锟伦：《社会主义现代化的基本特质》，《学习时报》2021年4月5日第2版。
② 包心鉴：《凝聚全党全社会价值共识的重要纲领——学习〈关于培育和践行社会主义核心价值观的意见〉》，《光明日报》2014年2月24日第1版。

出了爱国、敬业、诚信、友善的道德要求。一个人具有什么样的价值理念，不仅直接决定着他自己的生活方式、处事行为以及社会效果，而且直接影响着一定范围乃至整个社会的风气状态，甚至有可能影响到国家行为。相对于国家层面价值目标和社会层面价值取向来说，公民个人层面的价值准则更具有广泛性、渗透性和大众性。公共行政发挥着重要的导向功能。行政主体的行为、形象、理念等不仅为人们所关注，而且渗透到社会生活的各个方面，产生明显的示范、引导效应，使民风和舆论发生相应的转变和发展。因此，充分发挥公共行政的示范、引领作用，在广泛的社会领域深入开展涵养公民个人优良价值观的实践活动，是培育和践行社会主义核心价值观的重要途径。

"爱国"是民族精神的核心，建立了公民与祖国最牢固的情感纽带。爱国主义是中华民族民族精神最稳定的文化基因，是凝结民族力量的核心纽带。家是最小国，国是千万家，对祖国的忠诚和热爱，是每一个中国人的起码道德。自古以来，舍身为国者荣，卖国求荣者耻，一直都是国人普遍认可的道德标准。时至今日，经过数千年的沉淀，特别是百年来反帝自强斗争的洗礼，爱国主义已然内化成了中华民族民族精神的核心，构成了实现中国梦的精神支柱。爱国是个人基于对国家的依赖关系而产生的真情实感，是有效调整个人利益与国家利益的行为准则。爱国主义是强调个人与国家之间相互支撑关系的学说，也是一种建立在理性基础之上的感性认同，表现为个人生活方式中的一系列选择。国家通过历史文化、生活保障、安全环境等多种渠道支撑起个人生活的意义与条件，但这些支撑在日常生活中过于稳定，以至于只有在这些支撑崩溃的时候，众多个人在漫长的重建过程中才体会得到这些支撑的可贵。中国人民将历史上反复取得的这种经验积累为爱国主义学说与感情，并将之上升为民族精神的核心，形成了强大的主流意识形态和舆论环境，进而塑造了每一个生于斯、长于斯的中国人的生活方式。爱国作为公民个人层面的核心价值，其重大现实意义在于，让爱国传统在新的历史条件下进一步发扬光大，使之成为实现中华民族伟大复兴中国梦的最基础力量。行政主体要积极引导人们将自己国家的历史地理和文化整合进个人价值与生活意义的构建，将最广大的人民群众的福祉整合进个人价值的内容系统，增强对政治系统、行政系统的认同、理解、支持程度，就是通过合法、有序的政治参与，积极投身社会管理实践活动。

"敬业"是一个人对自己所从事的工作负责任的态度，是对公民职业行为准则的价值评价,要求人们忠于职守,克己奉公,服务人民,服务社会,充分体现了社会主义职业精神。"功崇惟志,业广惟勤。"勤奋工作、爱岗敬业,是我们中华民族的优秀传统。人生的价值,只有在平凡岗位上踏踏实实地敬业奉献才能实现;远大的目标,只有在各自岗位上兢兢业业工作、一步一个脚印地前进才能达到。敬业作为公民个人层面的核心价值,其重大现实意义在于,引导和激励每一个公民把实现中国梦的远大理想融化到自己的工作岗位中,辛勤劳动、扎实奉献,在辛勤劳动中创造幸福,在扎实奉献中实现梦想。① 敬业奉献是社会主义职业道德的本质特征。社会主义事业是需要全国各族人民共同为之奋斗的历史伟业。实现中华民族伟大复兴的中国梦,同样要靠全国各族人民努力创造的伟大实践。这个伟大事业、伟大实践是由各个不同的具体行业和职业组成的有机统一整体,每个人都在自己特定的岗位上通过特定的职业活动来为这个事业服务。行政主体要在全社会大力培育社会主义敬业观,引导人们不断增强职业道德操守,艰苦奋斗,勤奋敬业,拼搏奉献,为社会物质财富和精神财富的不断增加贡献力量,为政府提高公共服务共建能力和共享水平奠定物质基础。

"诚信"是公民道德的基石,既是做人做事的道德底线,也是社会运行的基本条件。"人而无信,不知其可也。"失去诚信,个人就会失去立身之本,社会就失去运行之轨。公平正义的社会环境,需要每一个公民用诚实守信共同营造;积极向上的社会风气,需要每一个公民用诚实守信共同维护。重诺守信是中华民族的传统美德。诚信作为公民个人层面的核心价值,其重大现实意义在于,把诚实守信作为基本道德元素,通过每一个人对诚实守信的自觉坚守,共同建构起中华民族伟大复兴中国梦的道德支撑。政府诚信是社会诚信的标杆,更是国家治理的重要资源。在倡导诚信、践行社会主义核心价值观的过程中,政府发挥着至关重要的作用。政务诚信历来是社会关注热点和舆论焦点。行政主体要从个体的道德建设入手,严于律己、诚以待人,言行一致、表里如一,把"人民拥护不拥护,人民满意不满意"作为检验自己工作的标准,才能真正得到人民群众的拥护和爱戴,让社会诚信的价值标尺真正在人民群众的思想深处树立起来。行政主体要时刻牢记理想信念,恪守

---

① 包心鉴:《凝聚全党全社会价值共识的重要纲领——学习〈关于培育和践行社会主义核心价值观的意见〉》,《光明日报》2014年2月24日第1版。

诚信理念，加强诚信修养，约束个人行为，提高政府公信力和诚信度，以政府诚信带动社会诚信，在全社会积极营造诚信氛围。

"友善"即与人为善，要求人们善待亲友、他人、社会、自然，是人与人、人与自然互助互利、和睦友好的状态。"忠厚传家久，积善有余庆"，友善是公民优秀的个人品质，是构建和谐人际关系和社会关系的道德纽带，更是维护健康良好社会秩序的伦理基础。在全面深化改革进程中，各种社会矛盾凸显，在全社会褒扬友善之举、吹动友善之风，让友善成为净化社会风气、密切人际关系的强大道德力量，是缓解社会矛盾、维护社会秩序、促进社会和谐的坚实基础。在行政生活中，行政主体要通过自身的率先垂范，身体力行，引导行政客体加强自身修养，宽以待人，以和为贵，营造宽松、融洽的人际关系，客观、理性、有序表达自身诉求，并在现实社会条件下寻求可行的实现途径。当前，公共行政应当特别重视引导人们正确处理好个人与社会、竞争与合作、经济效益与社会效益、贡献与索取、先富与共富等关系，倡导以尊重、包容、助人、负责为主要内容的友爱观，提倡健康、文明、理性、法治的生活方式，维护健康良好社会秩序的伦理基础。

三 以社会主义核心价值观的要求规范行政价值观发展的制度空间

公共行政在现代国家治理中具有独特的不可替代的作用，社会主义核心价值观通过公共行政才能更好融入社会生活。在我国，社会主义核心价值观与公共行政之间内在地相互关联着：一方面，核心价值观贯穿公共行政全过程，影响着公共行政的每个环节、每个方面、每个领域；另一方面，公共行政是践行核心价值观的活动，公共权力主体对公共利益的权威性配置往往彰显着全社会的核心价值观念。

法制化、政策化、道德化是核心价值观建设的必由之路。[①]《中共中央关于坚持和完善中国特色社会主义制度、推进国家治理体系和治理能力现代化若干重大问题的决定》明确要求，坚持依法治国和以德治国相结合，完善弘扬社会主义核心价值观的法律政策体系，把社会主义核心价值观要求融入法治建设和社会治理，体现到国民教育、精神文明创建、文化产品创作生产全过程。《关于进一步把社会主义核心价值观融入法治建设的指导意见》明确要

---

① 江畅：《法制化、政策化、道德化：核心价值观建设的必由之路》，《雷锋》2017年第2期。

求:"要坚持以社会主义核心价值观为引领,恪守以民为本、立法为民理念,把社会主义核心价值观的要求体现到宪法法律、法规规章和公共政策之中,转化为具有刚性约束力的法律规定。"公共政策是政府施行公共管理的工具,是政府管理公共事务、从事公共事务活动中"看得见的手",必须充分发挥好这只手的作用,为社会主义核心价值观建设提供政策法律保障。[1]

法制、政策和道德是现代社会的三种主要控制机制,提供了社会主义核心价值观引领行政价值观发展的制度空间。法制使社会主义核心价值观的一些最基本的内容和要求成为国家的宪法、法律和制度,并通过法制的强制力使之得以贯彻实施。但法制具有普适性,而且难以适用于一些特殊的、具体的和变化的情况,这就需要公共政策在法制范围内针对特殊的、具体的和变化的情况通过行政手段贯彻落实社会主义核心价值观的要求。可以通过灵活的政策措施对符合社会主义核心价值观要求的行为给予鼓励,对违反社会主义核心价值观要求的行为进行惩罚。但政策的处罚力度较轻,不足以维护那些根本性的、总体性的要求,因而需要与法制配合来发挥作用。法制、政策所规定的通常是社会主义核心价值观的最基本内容,往往是通过外在的强制性对人们起作用,而对于社会成员的内心信念或行为准则的自觉性还需要道德予以约束。道德可以更有效地将社会主义核心价值观内化于心。道德在个人生活和社会生活中无处不在,甚至渗透到内心深处,将社会主义核心价值观转化为行政道德,可以使之深入人心,贯穿行政生活的始终,并成为人们的理想、信念和追求,从而使人自觉地遵循社会主义核心价值观的法制、政策的规范要求。

以社会主义核心价值观引领行政价值观发展,要坚持以人民为中心。公共权力主体要尊重人民群众的主体地位,关注人民群众的利益诉求,不断提高公共服务共建能力和共享水平,不断造福人民群众,促进人的全面发展;要坚持以理想信念为核心,通过公共权力系统的率先垂范,告诉人民群众什么是真善美,什么是假恶丑,不断完善人民群众的世界观、人生观、价值观,凝聚人心,筑牢全社会的共同理想和精神支柱;要坚持联系实际,找准个人利益与国家利益、当前利益与长远利益、局部利益与整体利益等的合理契合点,做人民群众的贴心人,接地气,生实效;要改革创新,广开言路,不断

---

[1] 彭建军:《核心价值观研究的公共政策向度》,《中国教育报》2020年9月17日第5版。

推动理念创新、方法创新,增强工作的感染力和吸引力。

政府作为行使公共权力主体,其突出的特征是"公",即政府要以实现公共利益、维护公共秩序为己任。在全面深化改革进程中,推动国家治理体系和治理能力现代化具有特殊意义。以社会主义核心价值观引领行政价值观发展,就是要把践行社会主义核心价值观作为完善社会治理的重要精神依据,融入行政制度建设和治理工作实践中,有效协调社会利益关系,建立健全科学有效、公平正义的利益表达、获取、维护机制,最大限度地促进社会和谐,维护社会稳定;就是要完善社会治理模式,通过公共权力的力量扬善惩恶,实现治理效能与道德水准的同步提升,在全社会形成好人好报、恩将德报的积极心理氛围;就是要加大行政价值观的实践转化力度,切实提升行政执行力,在行政生活中倡导社会主流价值观,体现公序良俗,使正确行为得到鼓励、错误行为受到谴责。

四 以社会主义核心价值观的实践培育行政价值观发展的现实土壤

价值是一种建立在需要关系之上的意义关系,随着人们需要的变化而不断发生变化,而价值观作为对这一关系的根本看法,也会随着社会的发展而不断发展,行政价值观的发展之路亦是如此。随着服务政府、法治政府、责任政府和透明政府建设进程的加快,行政价值观必然要与之相适应而不断发展。服务政府、法治政府、责任政府和透明政府正是社会主义核心价值观在公共行政领域组织化的表现形态,也是行政价值观发展的现实基础。社会主义核心价值观能够推进服务政府、法治政府、责任政府和透明政府的建设进程,以此来推进行政价值观的发展。

社会主义核心价值观作为服务政府、法治政府、责任政府和透明政府的重要思想基础,主要是通过三个途径发挥作用的:一是通过思想意识层面上,社会主义核心价值观能够将服务政府、法治政府、责任政府和透明政府意识转化为行政主体的政治信仰和思想观念,将服务政府、法治政府、责任政府和透明政府建设内化为自身价值标准和行为准则,减少服务政府、法治政府、责任政府和透明政府建设过程中的阻力;二是社会主义核心价值观能够推进服务政府、法治政府、责任政府和透明政府的制度创新,为政府治理体系和治理能力现代化建设提供精神动力。在公共行政领域,可以改革、需要改革的事项很多,但这些改革是有侧重点的,是循序渐进的,某些领域的改革与创新之所以进展缓慢或者毫无起色，很大一部分原因是因为没有达成改革共识，缺乏改革推进的动力。社会主义核心价值观作为社会主义国家的主流思想体系，也是得到了国家、社会、公民一致认可的思想，它对于统一思想、提高认识等都能起到很好的作用，能够作为精神动力推进行政体制改革进程；三是能够为建设服务政府、法治政府、责任政府和透明政府创造良好的经济环境和社会环境，社会主义核心价值观从国家、社会、个人三个层面的内容阐释与释义，也是从经济发展、社会进步等方面勾勒的美好社会图景，为建设服务政府、法治政府、责任政府和透明政府提供了良好的社会与经济环境。总之，社会主义核心价值观通过对行政体制改革的推进，增强了行政价值观发展的现实基础。

五 以社会主义核心价值观的理念优化行政价值观发展的心理环境

行政文化作为行政价值观的基础，也是影响行政价值观的重要因素，优秀的行政文化能够推进行政价值观向积极、先进的方向发展，而落后的行政文化则会导致行政价值观偏离其本应发展的轨道。行政文化作为文化的一部分，必然受到整个文化体系的制约与影响，比如，中国行政文化就内涵着中国传统文化的要素，这些要素反映到行政价值观领域，既有和谐、民本等积极要素，也有僵化、专制等消极要素。社会主义核心价值观是在总结人类社会发展规律，尤其是治国理政规律的基础上精炼出来的，这不但是行政价值观发展的实践基础，也是行政价值观发展的重要理论源泉。弘扬社会主义核心价值观有利于在行政管理领域树立正确的行政价值观，坚定社会主义立场，确保社会主义行政价值观的社会主义方向。以社会主义核心价值观引领行政文化发展，进而促进行政价值观发展，搭建社会主义公共行政事业的思想文化长城，以文化为后盾，构建更为科学合理的行政价值观，是行政价值观发展的现实选择。

优化行政价值观发展的心理环境，还要充分发掘社会主义现代化建设进程中先进人物、先进事迹所蕴含的价值，并使其在全面深化改革的实践中获得新的生命力，不断发扬光大，为人民群众塑造精神生活领域的典范，进而在全社会营造学先进、争先进、当先进的良好心理氛围。2019年9月29日，习近平总书记在国家勋章和国家荣誉称号颁授仪式上的讲话指出："崇尚英雄才会产生英雄，争做英雄才能英雄辈出。"[1] 党和国家历来高度重视对英雄模范的表彰。在中国人民解放军建军 90 周年之际，首次颁授"八一勋章"。在中华人民共和国成立 70 周年之际，首次开展国家勋章和国家荣誉称号集中评选颁授。在中国共产党迎来百年华诞之际，党中央决定，以中共中央名义首次颁授"七一勋章"。作为时代先锋与主流价值趋势的体现者，英模人物所具有的可贵精神品质与社会主义核心价值观高度契合，对于培育社会主义核心价值观具有独特的价值，英模精神是培育和践行社会主义核心价值观有效的实践载体和丰富的精神资源。[2] 比如，雷锋精神就是社会主义核心价值观的生动体现。雷锋是全国人民学习的榜样，他以对党的无限忠诚、对祖国的无比热爱、对人民的无限深情，谱写了光彩夺目的人生诗篇，树立了历久弥新的道德标杆。在全面深化改革进程中，公共行政面临的利益矛盾更加复杂，大力弘扬雷锋精神，牢固树立正确的世界观、人生观、价值观，以高风亮节熏陶和感染人民群众，激发人们报效国家、献身社会、实现人生价值的强大精神动力，具有十分重要的意义。公共行政系统要认真贯彻落实《关于培育和践行社会主义核心价值观的意见》关于"采取措施推动学雷锋活动常态化"的要求，将学雷锋活动常态化作为培育和践行社会主义核心价值观的重要抓手，引导全社会大力弘扬雷锋精神，促进社会风气进一步好转，使人民群众在享受改革开放带来的良好物质生活的同时，能够享受到社会主义先进文化建设带来的良好精神生活。

第三节 社会主义核心价值观引领行政价值观发展的实践途径

一 挖掘社会主义核心价值观的深刻内涵，提升其引领能力

以社会主义核心价值观引领行政价值观的发展，作为引导方，其自身的引导能力必然是需要首先考虑的因素。社会主义核心价值观作为最能体现和反映社会主义国家本质的价值理念，是社会主义价值观体系中最精华、最先进、最核心的部分，因此，我们要进一步提炼出更加明确、更加集中的核心

---

[1] 习近平：《在国家勋章和国家荣誉称号颁授仪式上的讲话》，《人民日报》2019 年 9 月 30 日第 2 版。

[2] 张凤莲：《英模精神：核心价值观的生动诠释》，《人民论坛》2017 年第 13 期。

价值观，使其既能体现其"核心性"，又能够体现其区别于西方资本主义价值观的先进性。

核心价值观的提炼需要把握四个要点：其一，核心价值观必须能够最直接、最真实的体现国家政治体制和社会管理机制的精髓与要义，必须反映人民群众最根本的利益诉求。其二，核心价值观体现人类社会目标性、理念性价值的观念体系，而不是工具性、手段性价值的观念体系。其三，核心价值观是建立在对人类命运与历史发展方向的把握基础之上的，具有超越性、前瞻性的，既能推动社会向至善至美的目标前进，又能根据社会历史前进的步伐而不断发展、完善自我。其四，核心价值观是能够经受住时间检验、具有一定的稳定性的观念体系，在特定社会历史时期，核心价值观应该是稳定的，这也是社会长治久安的重要思想基础。

以社会主义核心价值观引领行政价值观发展，需要进一步挖掘社会主义核心价值观的深刻内涵。

一是要深化对马克思主义理论的研究，为提炼社会主义核心价值观提供充足的理论养分，同时也为社会主义核心价值观引领行政价值观奠定坚实的思想基础。马克思主义作为社会主义核心价值观的指导思想，决定着社会主义核心价值观的内涵、性质和发展方向。中国特色社会主义是马克思主义普遍真理与中国革命和建设实践相结合的产物，以社会主义核心价值观引领行政价值观发展，必然要与中国国情相结合，毛泽东思想、邓小平理论、"三个代表"重要思想、科学发展观、习近平新时代中国特色社会主义思想是中国的马克思主义，都具有很强的实践性。因此，在深入研究马克思主义理论的同时，也要加深对毛泽东思想、邓小平理论、"三个代表"重要思想、科学发展观和习近平新时代中国特色社会主义思想的研究，这样才能提炼出更精准、更先进的核心价值观，增强社会主义核心价值观对行政价值观发展的引领能力。

二是要进一步巩固社会主义核心价值观的主导地位，确立其引领行政价值观发展的主导地位。社会主义核心价值观作为中国社会主导的、主流的价值观，对其他任何价值观都具有统领、引领的作用。当前，中国正处于全面深化改革的关键时期，多种利益诉求彰显，多元价值观念并存，这对于社会主义核心价值观主导地位的巩固，既是机遇，也是挑战。一方面，社会主义核心价值观能够在于其他价值观念的对比中，凸显其先进性，获得人民群众更多的认同、理解和支持。另一方面，多种利益诉求、多元价值观念又可能对现行社会利益格局形成冲击，危及社会安定团结，特别是一些利益诉求没有得到满足的个体，可能对政治系统和社会管理系统怀有敌意，恣意破坏社会秩序，散布不良信息，传播不良情绪，挑战社会主义核心价值观的主导地位。因此，进一步巩固社会主义核心价值观，必须加大力度宣传，要更深刻的阐释社会主义核心价值观的正确性和必要性，必须加大教育力度，提高人民群众的认知能力和认知水平，进一步巩固社会主义核心价值观的主导地位。

三是要充分挖掘中国传统文化中与社会主义核心价值观相契合的价值理念。中国拥有几千年的文明传统，且在中国的传统文化中，也有很多值得借鉴的价值理念，如民本、德治、中庸、和谐等。这就需要我们提升文化自信、历史自信，增强对本民族文化、历史的自豪感，并不断发掘优秀传统文化的现代价值。当前，社会上还存在一些崇洋媚外的现象，盲目崇拜西方资本主义国家的文化、理念、制度和生活方式。这是一种文化的不自信，不利于巩固社会主义核心价值观的主导地位。公共行政主体要增强文化自信心、历史自信心，要相信中国传统文化是中国社会历史土壤上结出的中国果实，老祖宗的智慧能够给我们解决中国的问题提供很多有价值的养分，进而将传统优秀文化植入社会主义核心价值观的理论体系，进一步提高社会主义核心价值观引领行政价值观发展的能力。

二 提高社会主义核心价值观的认同度，优化其引领环境

认同是主体对自我根源和自我身份的一种追问，认同是一种认知，也是一种价值信仰，表现为来自主体内心同意的自觉实践。社会主义核心价值观的认同实践，在认知层面，是维系个人与群体关系的精神纽带，是对民族文化的价值共识的自我肯定，可以最大限度地促进公民的价值共识，不断坚定其中国特色社会主义道路自信、理论自信和制度自信。在实践层面上，认同表现为人的实践自觉性。人的实践与社会文化密切相关，人的存在与存在样式、思想、价值、情感、行为样式，都是社会文化的产物，受社会主导价值的内在规定。因此，将社会主义核心价值观的理念融进组织的系统化管理过程中，通过承载着社会主义核心价值观的组织化形式，组织我们的生产、生活，就会使社会成员在生产实践的展开中获得社会主义核心价值观导引的价值目标、文化储备。这样一来，社会成员在解决日常生活的同时，既获得了

核心价值观所蕴含的对生命、生活的特定意义解读，又使逐渐培育起来的社会文化及其文化模式有了厚重的再生社会生活土壤。①

引领环境对于社会主义核心价值观有效引领行政价值观发展至关重要。好的环境是社会主义核心价值观发挥作用的推动因素，能够促进社会主义核心价值观更好、更快地引领行政价值观发展，不好的环境则会成为社会主义核心价值观发挥作用的制约因素，阻碍社会主义核心价值观对公共行政生活的作用。引领环境主要包括两大环境：一是经济环境；二是社会心理环境。其中的经济环境，就是要大力发展经济，为社会主义核心价值观引领行政价值观发展提供更多、更好的物质技术条件。而社会的认同与认可，是社会主义核心价值观引领行政价值观发展的心理条件，只有当社会主义核心价值观得到了行政系统的认同与认可，行政主体才会在实践中自觉践行社会主义核心价值观，其对行政价值观发展的引领才具备现实基础。马克思主义认为："理论只要说服人，就能掌握群众。"②而理论在说服人之前，则必须要为人所熟知，这就要求我们加大社会主义核心价值观的宣传、教育、研究力度，让社会主义核心价值观真正"内化于心，外化于行"，真正成为人民群众精神生活的一部分。

宣传是传播宣扬，是达成共识的重要途径。只有当社会主义核心价值观的理论、理念、思想以及内涵为人所熟知和掌握之后，人们才能充分认识到其正确性和先进性，才会在思想上和行为上自觉接受并将核心价值观内化为自身的行为准则。要想宣传收到更佳的效果，关键在于宣传方式和宣传内容：一是宣传方式要尽可能多样化。单调枯燥的宣传，往往会受到人们的排斥。在信息社会，我们可以充分发挥"互联网+"时代的技术优势，多渠道、全方面地广泛宣传社会主义核心价值观，让全社会全面理解并掌握社会主义核心价值观的内涵，提高对社会主义核心价值观的认同度，让社会主义核心价值观成为公共行政领域的基本指导思想。二是宣传内容要尽可能全面化。社会主义核心价值观是涵盖范围很广的思想体系，其内容覆盖社会生活的各个领域，在公共行政过程中践行社会主义核心价值观，体现在国家、社会、个人三个层面，需要落实到计划、组织、指挥、协调、控制的全过程，通过系统、全面的宣传，让公共权力主体真正感受到时时、事事、处处都可以践行

---

① 邢媛：《社会主义核心价值观的认同实践》，《山西日报》2015年7月17日第C02版。
② 《马克思恩格斯选集》（第一卷），人民出版社2012年版，第9-10页。

社会主义核心价值观，都应该践行社会主义核心价值观。

教育是教化培育，是提升认知水平的重要途径。通过教育的方式，提高人们对社会主义核心价值的认知水平，是提高社会主义核心价值观公众认同程度的现实选择。教育需要过程，需要积累，社会主义核心价值观教育更是一个循序渐进的过程。我们可以通过教育的方式，不断提升人们对社会主义核心价值观知识体系、运行机制、作用机理等理性认识，引导人们建立起符合社会主义核心价值观的价值理念与目标追求。这里的教育，并不仅仅是学校教育，在学习型社会中，我们要将教育落实在社会生活的各个领域，构建衔接沟通各级各类教育、吸纳社会各界广泛参与、认可多种学习成果的终身学习立交桥。对社会主义核心价值观的教育，应该是国家、社会、个人三个层面内容与形式的全面教育，要使相关主体具备更高的思想道德素质，增强他们践行社会主义核心价值观的责任感、使命感，并使他们更快更好地掌握核心价值观的内容与精髓，并且与自身社会实践活动相结合，使社会主义核心价值观深入人心，落到实处。

研究是主体主动寻求事物根本性原因与更高可靠性依据的活动，是深化认识的基本方法。社会主义核心价值观是不断发展的理论体系，以社会主义核心价值观引领行政价值观发展，并不是将重心放在社会主义核心价值观上，就能很顺利地实现这一引领作用，这里，还存在社会主义核心价值观的理论体系自身发展及其与实践如何更好地结合等问题。深入研究社会主义核心价值观的理论和实践问题，才能使其更好地与社会实践相结合。因此，深入研究社会主义核心价值观，结合社会发展需要，完善其结构，充实其内容，探索其实践途径，是提高社会主义核心价值观的公众认同程度的基本途径。

三 推动社会主义核心价值观的制度化，夯实其引领基础

价值观是制度的内在灵魂，制度是价值观的重要载体。社会主义核心价值观是社会主义制度的内在精神和生命之魂，它表征着社会主义的本质特征，体现了国家和人民的根本利益和共同愿景。社会主义核心价值观的培育和践行与制度建设是相辅相成、内在统一的。在全球化、信息化、智能化时代，在中国特色社会主义建设实践中，一方面，我们必须通过培育和践行社会主义核心价值观，增强广大人民群众对社会主义理想、制度的信心、认同和热爱；另一方面，又必须通过全面深化改革、完善社会主义制度，通过广大人民群众对社会主义制度发展完善的真切感受，深化广大人民群众对社会主义

核心价值观的理解、接受和认同，努力实现二者的同频共振、良性互动。[①]

制度是社会主义核心价值引领行政价值发展的重要保障。《关于培育和践行社会主义核心价值观的意见》要求："注重把社会主义核心价值观相关要求上升为具体法律规定，充分发挥法律的规范、引导、保障、促进作用，形成有利于培育和践行社会主义核心价值观的良好法治环境。"社会主义核心价值观引领行政价值观发展，是一项长期、复杂、系统的工作，不可一蹴而就。在这一过程中，作为体现国家意志的主流价值观，社会主义核心价值观可能受到其他价值观的挑战，也可能被不明真相的人所误解，甚至可能被别有用心的人所敌视。制度是对社会生活的强力规范。为防止可能出现的破坏性后果，通过制度为社会主义核心价值观有效发挥作用保驾护航就显得很有必要，因此，制度保障是社会主义核心价值观引领行政价值观发展的必要措施。制度保障的目的并不是强制推行社会主义核心价值观，而是维护社会主义核心价值观正常发挥作用的社会秩序，维护社会正常发展所需要的精神秩序，这是一个引导强于规制、信仰重于接受的过程。通过制度的引导，让人们明白党和国家鼓励什么，提倡什么；反对什么，禁止什么，从而让社会主义核心价值观更好地融入人们的生活实践，获得更高程度的社会认同，获得更具生机的生命力。在全面深化改革过程中，公共行政要以社会主义核心价值观为指导进行制度规划与政策设计，并融入制度制定和运行的全过程，通过社会主义核心价值观自身的制度建设，形成培育和践行社会主义核心价值观的制度环境和制度载体，使社会主义核心价值观在制度运行中得到彰显、获得认同。

观念形态的东西制度化的表现形式主要有法律、政策等硬制度和道德、习俗等软制度，前者使思想具备了国家意志特征，构成了特定思想在全社会推广的制度基础；后者使思想具备了社会意志特征，构成了特定思想在全社会推广的思想基础。观念形态的东西长期作用于社会生活领域，就会不断强化为人的行为取向，最终内化为人类社会的道德、习俗等内在价值标准。培育和践行社会主义核心价值观不能只是注重思想要求，不能只是注重细枝末节，更不能只是流于文件或会议等形式主义做法，而必须深入到中国特色社会主义实践的具体进程，与完善和发展中国特色社会主义制度、推进国家治

[①] 孙伟平：《论实现社会主义核心价值观与制度的良性互动》，《思想理论教育》2019年第9期。

理体系和治理能力现代化密切结合，营造社会主义核心价值观与制度建设同频共振、同向同行的良好环境。提升社会主义核心价值观的制度化水平，更好地发挥社会主义核心价值观对行政价值观发展的引领功能，需要重点建立健全四大机制。

一是建立健全社会主义核心价值观的自我发展机制。社会主义核心价值观是动态发展的理论体系，其生命力来源于中国特色社会主义现代化建设实践，也必须随着中国特色社会主义现代化建设实践的深入而不断完善自身。在全面深化改革进程中，公共行政领域对于理论发展和理论创新的需求，既有迫切要求，也有现实推动力。行政价值观的培育机制很多，自我发展机制是其中很重要的一种。自我发展机制就是引导行政主体自觉树立对社会主义核心价值观信心、信念、信仰的机制。在行政实践活动中，可以通过建立健全自我发展机制，促进行政主体自觉将社会主义核心价值观与行政实践活动结合起来，根据行政实践的需要不断发掘社会主义核心价值观的营养成分，从而充分发挥社会主义核心价值观的引领作用，促使行政价值观不断发展。

二是建立健全社会主义核心价值观的融入机制。《关于培育和践行社会主义核心价值观的意见》要求，"要把践行社会主义核心价值观作为社会治理的重要内容，融入制度建设和治理工作中，形成科学有效的诉求表达机制、利益协调机制、矛盾调处机制、权益保障机制，最大限度增进社会和谐"。以社会主义核心价值观引领行政价值观的发展，需要扩大其在公共行政领域中的作用范围，需要将社会主义核心价值观融入公共行政生活的具体实践。这种融入是对公共行政计划、组织、指挥、协调、控制全过程、全方位的融入，是社会主义核心价值观思想精髓对行政主体的思想指导、行为引导，也是对公共行政现实、未来的全方位融入。通过建立健全社会主义核心价值观的融入机制，让社会主义核心价值观与行政价值观、与行政生活实践进行有效互动，实现三者的有机结合，共同推动行政生活向至真至善至美的方向发展。

三是建立健全社会主义核心价值观的整合机制。著名政治社会学家塔尔科特·帕森斯认为，任何社会的生存和正常运转依赖于其是否获得四项基本结构和功能——适应、目标达成、整合、模式维持。整合是"借以调整和协调系统内部的各套结构，防止任何严重的紧张关系和不一致对系统的瓦解的过程"，它"既能够使社会维持其作为社会系统的完整性，又能够使社会进入更高级的适应能力"。① 社会主义核心价值观是兼收并蓄、动态发展的理论体系，整合机制正是社会主义核心价值观不断发展的重要条件。通过整合机制的作用，社会主义核心价值观能够不断吸取其他价值观的有益成分，不断夯实自身主导价值观的地位，从而以更优秀的理论品质、更先进的思想内涵指导行政价值观发展。

四是建立健全社会主义核心价值观的实践机制。社会主义核心价值观的价值目标、价值取向、价值准则只有落实到具体行政思想、行政制度、行政行为中，才能真正成为推进政府治理体系和治理能力现代化的精神力量。行政主体应该立足行政实践活动的现实需求，深入探索社会主义核心价值观的理论和实际问题，深刻解读社会主义核心价值观的丰富内涵和实践要求，不断拓展行政价值观发展的学理支撑和实践基础。当前，我国发展仍处于可以大有作为的重要战略机遇期，公共行政系统必须全面贯彻党的十八大和十八届三中、四中全会精神，以马克思列宁主义、毛泽东思想、邓小平理论、"三个代表"重要思想、科学发展观、习近平新时代中国特色社会主义思想为指导，统筹推进"四个全面"战略布局，牢固树立并切实贯彻创新、协调、绿色、开放、共享的发展理念，建设职责明确、依法行政的政府治理体系。

---

① ［美］安东妮·奥勒姆：《政治社会学导论》，浙江人民出版社1989年版，第134—135页。

结语：认真对待公共行政中精神力量的作用

行政价值观是决定行政活动中行政主体的价值取向和行为选择的重要精神力量，是行政主体社会意识的集中反映，是行政主体价值认同的高级形态，是行政实践活动的精神凝练，是社会利益关系在公共行政领域的集中反映，具有规范性、引导性、统摄性、可塑性等特点，发挥着利益整合、行为引导、人格塑造、精神凝聚等功能。行政价值观具有完整的立体结构，行政价值原则是其外表，行政价值规范是其骨架，行政价值理想是其内核。

在公共行政过程中，行政价值诉求是公共行政全面协调社会利益关系的逻辑起点，行政价值取向是公共行政有效配置公共利益的基本依据，行政价值观冲突是公共行政不断协调社会利益关系的内在动力，行政价值观整合是公共行政有效增进公共利益的基本途径。

行政价值观是按照一定的规律、遵循一定的程序发生、发展的。在行政实践活动中，行政价值原则、行政价值规范、行政价值理想等精神要素依次经历萌芽、演进、升华三个阶段，经历一个完整的生长历程，凝练为行政价值观，并通过认同机制、理解机制、支持机制的作用，深刻影响着行政主体的思想和行为。

中国行政价值观是在古今中外的立体坐标中发展的。哲学价值观、政治价值观、以新公共服务理论为代表的行政学理论精髓是行政价值观的主要理论来源，西方主流行政价值观的中国转换、中国传统行政价值观的现代转型、马克思主义行政价值观的中国转化是当代中国行政价值观发展的实践基础，中国民本行政价值观与西方民主行政价值观的融合对当代中国行政价值观的构建具有典型意义。中国行政价值观的创新，可以通过塑造行政人格、培育公民意识、推动行政改革、繁荣行政文化等具体途径实现。

社会主义核心价值观作为社会主义本质在精神领域的集中体现，是社会主义价值关系最真实的反映。以社会主义核心价值观引领行政价值观发展，构建更加科学、理性、务实的行政价值观，是建设服务政府、法治政府、责任政府和透明政府的重要途径。

价值分析是马克思主义研究社会问题的重要方法。行政价值观是影响行政生活的重要精神力量。在全面深化改革、经济新常态、"互联网＋"、大数据、数字中国建设的时代背景下，中国行政改革和行政发展面临难得的机遇，也面临更复杂的挑战，其深层次矛盾不仅需要从健全宏观调控体系、全面正确履行政府职能、优化政府组织结构、创新行政管理方式等物质层面加以解决，更需要在价值观、利益观、道德观等精神层面加以解决，特别是在社会主义核心价值观深入人心的社会氛围中，深化机构和行政体制改革，应该深入行政人的精神世界，让公共行政系统在良好的文化背景下有效运转，朝着"转变政府职能，深化简政放权，创新监管方式，增强政府公信力和执行力，建设人民满意的服务型政府"的目标奋力前行，不断满足人民群众日益增长的美好行政生活需要。

参考文献

一 中文著作

陈庆云：《公共政策分析》，中国经济出版社1996年版。

陈章龙、周莉：《价值观研究》，北京师范大学出版社2004年版。

陈振明：《政府再造——西方"新公共管理运动"述评》，中国人民大学出版社2003年版。

戴维新、戴芳：《公共权力的制约与监督机制研究》，宁夏人民出版社2007年版。

丁煌：《西方行政学说史》，武汉大学出版社1999年版。

方旭光：《认同的价值与价值的认同——社会主义核心价值观论》，中国社会科学出版社2014年版。

冯契：《马克思主义原理教程》，上海人民出版社1988年版。

何怀远：《马克思主义哲学教程》，国防大学出版社1998年版。

何艳玲：《公共行政学史》，中国人民大学出版社2018年版。

何颖：《行政哲学研究》，学习出版社2011年版。

黄进：《价值冲突与精神皈依：社会转型期新生代农民工价值观研究》，南京师范大学出版社2010年版。

（清）焦循撰：《孟子正义》，中华书局1987年版。

康振黄：《自然辩证法概论》，成都科技大学出版社1987年版。

黎民：《公共管理学》，高等教育出版社2003年版。

李国士：《智慧与超越：哲学对话与心得》，陕西师范大学出版社1997年版。

李秀林、王于、李淮春：《辩证唯物主义与历史唯物主义》，中国人民大学出版社1995年版。

林修果：《行政管理学》，长征出版社2000年版。

刘易斯：《文化的冲突与共融》，新华出版社 2002 年版。

邱礼俊：《组织行为学》，东北师范大学出版社 2012 年版。

申永丰：《全面深化改革背景下公共决策的利益冲突与整合》，湘潭大学出版社 2021 年版。

孙耀君：《西方管理学名著提要》，江西人民出版社 2003 年版。

孙正聿：《哲学通论》，人民出版社 2010 年版。

谭九生：《公共行政的哲学基础》，中国社会科学出版社 2018 年版。

王沪宁：《行政生态分析》，复旦大学出版社 1989 年版。

王惠岩：《行政管理学》，吉林大学出版社 1996 年版。

王栻：《严复集》（第一册），中华书局 1986 年版。

吴佩伦、齐明山：《当代西方行政改革的理论与实践》，改革出版社 1993 年版。

吴勤堂、吴义：《管理学》，武汉大学出版社 2010 年版。

习近平：《决胜全面建成小康社会　夺取新时代中国特色社会主义伟大胜利——在中国共产党第十九次全国代表大会上的报告》，人民出版社出版 2017 年版。

习近平：《习近平谈治国理政》（第二卷），外文出版社 2017 年版。

习近平：《习近平谈治国理政》（第三卷），外文出版社 2020 年版。

习近平：《习近平谈治国理政》（第一卷），外文出版社 2018 年版。

习近平：《在纪念孔子诞辰 2565 周年国际学术研讨会暨国际儒学联合会第五届会员大会开幕会上的讲话》，人民出版社 2014 年版。

习近平：《在庆祝中国共产党成立 100 周年大会上的讲话》，人民出版社 2021 年版。

肖尚弼：《行政管理学》，哈尔滨出版社 1991 年版。

徐朝旭、陈宣明：《哲学基本原理》，福建教育出版社 1997 年版。

颜佳华：《行政哲学研究》，湘潭大学出版社 2009 年版。

杨德才：《自然辩证法导论》，湖北人民出版社 2002 年版。

杨文士、张雁：《管理学原理》，中国人民大学出版社 1994 年版。

姚琦：《中西行政文化比较研究》，光明日报出版社 2011 年版。

俞可平：《论国家治理现代化》，社会科学文献出版社 2015 年版。

张康之：《公共行政中的哲学与伦理》，中国人民大学出版社 2004 年版。

中共中央文献研究室：《十三大以来重要文献选编》，人民出版社2011年版。

《中共中央关于党的百年奋斗重大成就和历史经验的决议》，人民出版社2021年版。

周三多：《管理学——原理与方法》，复旦大学出版社1999年版。

（宋）朱熹：《四书集注·孟子》，岳麓书社1985年版。

二　中文译著

［美］阿尔温·托夫勒、海蒂·托夫勒：《创造一个新的文明——第三次浪潮的政治》，陈峰译，上海三联书店1996年版。

［美］H.乔治·弗雷德里克森：《公共行政的精神》，张成福等译，中国人民大学出版社2013年版。

［美］安东妮·奥勒姆：《政治社会学导论》，浙江人民出版社1989年版。

［美］彼得·圣吉：《第五项修炼——学习型组织的艺术与实务》，郭进隆译，杨硕英审校，上海三联书店1998年版。

［美］德怀特·沃尔多：《行政国家：美国公共行政的政治理论研究》，颜昌武译，中央编译出版社2017年版。

［美］弗兰克·J.古德诺：《政治与行政》，王元译，华夏出版社1987年版。

［美］赫伯特·A.西蒙：《管理行为》，詹正茂译，机械工业出版社2006年版。

［美］赫伯特·A.西蒙：《人类活动中的理性》，胡怀国等译，广西师范大学出版社2016年版。

［德］黑格尔：《法哲学原理》，商务印书馆1961年版。

［美］加布里埃尔·A.阿尔蒙德、小G.宾厄姆·鲍威尔：《比较政治学：体系、过程和政策》，曹沛霖等译，上海译文出版社1987年版。

［意］卢恰诺·弗洛里迪：《信息伦理学》，薛平译，上海译文出版社2018年版。

［德］马克思：《资本论》，姜晶花等译，北京出版社2007年版。

［德］马克思、恩格斯：《共产党宣言》，中央编译出版社2005年版。

［法］孟德斯鸠：《论法的精神》（下册），张雁深译，商务印书馆1997年版。

［法］孟德斯鸠：《罗马盛衰原因论》，商务印书馆1962年版。

［美］特里·L.库珀：《行政伦理学：实现行政责任的途径》，张秀琴译，中国人民大学出版社2001年版。

［美］托马斯·戴伊、哈蒙·齐格勒：《民主的嘲讽》，世界知识出版社1991年版。

［古希腊］亚里士多德：《政治学》，吴寿彭译，商务印书馆1965年版。

［美］伊恩·罗伯逊：《社会学》，商务印书馆1991年版。

［美］约翰·罗尔斯：《正义论》，何怀宏等译，中国社会科学出版社1988年版。

［美］詹姆斯·M.布坎南：《自由、市场和国家：20世纪80年代的政治经济学》，北京经济学院出版社1988年版。

三 外文文献

Dwight Waldo, *The study of public administration*, New York: Doubleday, 1955.

Dan Plesch and Thomas G. Weiss, "1945's Lesson: 'Good Enough' Global Governance Ain't Good Enough", *Global Governance*, Vol. 21, No. 2, April 2015.

Luna, Dolores E, et al., "Digital governance and public value creation at the state level", *Information Polity*, Vol. 20, No. 2, August 2015.

Elinor Oostran, *Crafting institutions for self-governing irrigation systems*, San Francisca Calif: CS-Press, 1992.

Eriko Fukumoto, Barry Bozeman. "Public Values Theory: What Is Missing?" *American Review of Public Administration*, Vol. 49, No. 6, November 2018.

H. G. F rederickson., New Public Administration, University of Adam Press, 1980.

John A. Rohr, *Ethics For Bureaucrats: An Essay on Law and Values*, New York and Basel: Marcel Dekker, INC., 1989.

lan Shapiro, Stephen Macedoed, *Designing Democratic Institution*, New York: New York University Press, 2000.

四 期刊报纸

包心鉴：《凝聚全党全社会价值共识的重要纲领——学习〈关于培育和践行社会主义核心价值观的意见〉》，《光明日报》2014年2月24日第1版。

蔡林慧：《行政态度的特质和表现》，《中国行政管理》2003年第12期。

柴世钦：《行政价值观的结构与臻善》，《求索》2009年第12期。

常锐：《论国家治理中的"价值观先导"效能》，《社会科学战线》2021年第3期。

陈华：《西方公共行政价值的变迁及启示》，《南京政治学院学报》2007年第1期。

陈庆云：《关于"利益政策学"的思考》，《北京行政学院学报》2000年第1期。

程国军：《社会转型期行政价值观念的转变》，《中国行政管理》1999年第12期。

戴光前：《坚持以人为本的科学发展观探索适应国情的电子治理之路》，《中国行政管理》2005 年第 1 期。

段立国：《国家治理现代化与社会主义核心价值观的内在关联》，《湖北社会科学》2015 年第 4 期。

冯达成：《论和谐社会构建中的价值认同》，《思想政治教育研究》2008 年第 5 期。

冯平：《中国价值论研究范式的现状与转型》，《新华文摘》2014 年第 17 期。

顾友仁：《中国共产党政治价值观的历史建构》，《湖湘论坛》2020 年第 6 期。

郭佳良：《应对"棘手问题"：公共价值管理范式的源起及其方法论特征》，《中国行政管理》2017 年第 11 期。

郭建新：《社会主义核心价值观大众认同路径与机制研究》，《江苏社会科学》2014 年第 1 期。

郝立忠：《运用唯物主义辩证法应对全盘西化和文化复古两大思潮的挑战》，《山东社会科学》2015 年第 1 期。

何颖：《论社会转型时期行政价值观念的转变》，《哈尔滨市经济管理干部学院学报》2001 年第 4 期。

何颖：《行政哲学研究的逻辑起点及其定位》，《行政论坛》2007 年第 5 期。

赫郑飞：《人工智能时代的行政价值：变革与调适》，《中国行政管理》2020 年第 3 期。

黄学贤：《公共利益界定的基本要素及应用》，《法学》2004 年第 1 期。

贾英健：《认同的哲学意蕴与价值认同的本质》，《山东师范大学学报》（人文社会科学版）2006 年第 1 期。

江畅：《法制化、政策化、道德化：核心价值观建设的必由之路》，《雷锋》2017 年第 2 期。

蒋璟萍、袁媛淑：《论礼仪文化促进社会治理创新的机制和路径》，《湘潭大学学报》（哲学社会科学版）2015 年第 6 期。

金太军：《西方公共行政价值取向的历史演变》，《江海学刊》2000 年第 6 期。

《李克强在国务院推进简政放权放管结合职能转变工作电视电话会议上强调 简政放权 放管结合 优化服务深化行政体制改革 切实转变政府职能》，《人民日报》2015 年 5 月 13 日第 1 版。

李少文：《提高领导干部依法行政能力》，《学习时报》2018 年 10 月 15 日第 A3 版。

李晓方、王友奎、孟庆国：《政务服务智能化：典型场景、价值质询和治理回应》,《电子政务》2020年第2期。

李亚:《一种面向利益分析的政策研究方法》,《中国行政管理》2011年第4期。

李忠汉:《公共行政公共性的构成要素及其逻辑关系》,《福建行政学院学报》2017年第4期。

廉丹、黄鑫:《推进国家治理体系和治理能力现代化——深入学习习近平总书记在2018年全国两会上的系列重要讲话之四》,《经济日报》2018年3月22日第12版。

梁丽芝、彭海军:《行政价值观对公务员创新的影响研究》,《湖北社会科学政治文明研究》2007年第12期。

林炳淦:《新视域下的行政价值观研究》,《福州党校学报》2010年第5期。

林雅华:《不忘本来 吸收外来 面向未来——新时代马克思主义中国化与中华优秀传统文化》,《学习时报》2017年10月30日第4版。

刘边泰:《"公共利益"的解释困境及其突围》,《文史哲》2006年第2期。

刘月平:《公民权利意识培养与中国民主政治发展》,《前沿》2008年第9期。

刘长海、杜时忠:《论转型期社会风气与美德培养的关系》,《当代教育论坛》(上半月刊) 2006年第3期。

刘祖云:《论我国公共行政价值的三大问题》,《长白学刊》2005年第2期。

刘祖云:《行政价值观乃公共行政之"魂"》,《中共南京市委党校 南京市行政学院学报》2003年第6期。

柳礼泉、庞申伟:《英雄模范与先进典型人物价值示范作用研究综述》,《湖湘论坛》2013年第4期。

娄成武、董鹏:《中国公共行政学本土化研究:现状与路径》,《公共管理学报》2017年第3期。

卢斌:《行政价值观:工具性和终极性的统一》,《中国行政管理》1999年第8期。

陆平辉:《利益冲突的理念与实证分析》,《南京社会科学》2003年第9期。

陆银辉:《论公共行政的责任体系及其运作》,《成都行政学院学报》2005年第3期。

吕宏倩、王建梁:《澳大利亚中小学生公民责任感培养的调查与启示》,《基础教育参考》2008年第6期。

罗来军:《"坚持全面深化改革"的内涵和实质》,《前线》2017年第12期。

麻宝斌、高小平、沈荣华:《谋求公共行政发展的新动力》,《中国行政管理》

2010年第11期。

马建堂：《简政放权：来自社会的评价与基层的声音》，《国家行政学院学报》2015年第4期。

孟翔飞：《以社会主义核心价值观引领公共行政精神》，《辽宁日报》2017年8月17日第6版。

彭建军：《核心价值观研究的公共政策向度》，《中国教育报》2020年9月17日第5版。

彭国甫：《论行政文化结构》，《湘潭大学学报》（哲学社会科学版）1995年第5期。

人民论坛理论研究中心：《互联网技术变革下人的全面自由发展》，《国家治理》2016年第2期。

《感知社会主义民主政治的生命力》，《人民日报》2021年3月5日第4版。

人民日报评论员：《改革让中国道路越走越宽广——三论协调推进"四个全面"》，《人民日报》2015年2月27日第1版。

任晓林：《从多重跨越到多元共生：中国公共行政价值的基本特征》，《云南行政学院学报》2002年第2期。

沈传亮：《以"正确党史观"观党史》，《光明日报》2021年3月16日第11版。

石亚军、李飞：《借鉴"企业家政府"反思"后官僚体制"》，《中国行政管理》2004年第9期。

史军：《从互动到联动：大数据时代政府治理机制的变革》，《中共福建省委党校学报》2016年第8期。

司汉武、付朝荣：《结构与功能的哲学考察》，《汉中师范学院学报》2000年第4期。

孙兰芝：《埃蒙·凯伦"公民教育与道德政治"观评析》，《国家高级教育行政学院学报》2002年第4期。

孙维维：《新时代背景下行政发展价值诠释》，《行政论坛》2018年第3期。

孙伟平：《论实现社会主义核心价值观与制度的良性互动》，《思想理论教育》2019年第9期。

谭九生、赫郑飞：《以社会主义核心价值观为统领推进新行政价值观的构建与实践——第八届行政哲学暨"社会主义核心价值观与行政价值"研讨会综述》，《中国行政管理》2012年第12期。

谭九生、欧叶荣：《共享发展理念与新时代行政价值观的创新》，《行政论坛》

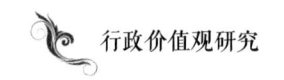

2018 年第 6 期。

唐钧：《人工智能的社会风险应对研究》，《教学与研究》2019 年第 4 期。

唐兴霖：《里格斯的行政生态理论述评》，《上海行政学院学报》2000 年第 3 期。

陶蕾韬、路日亮：《试论公共领域中的价值认同》，《理论与现代化》2013 年第 1 期。

王东虓：《大力加强公民意识教育》，《人民日报》2009 年 6 月 10 日第 6 版。

王虎学、何锟伦：《社会主义现代化的基本特质》，《学习时报》2021 年 4 月 5 日第 2 版。

王锋：《论行政精神》，《中共天津市委党学报》2020 年第 2 期。

王洪树：《全过程人民民主：中国式民主的时代诠释和多维建构》，《理论与评论》2021 年第 5 期。

汪家焰：《政策议程设置的全过程人民民主逻辑》，《中国社会科学报》2021 年 12 月 29 日第 8 版。

王乐夫、张富：《公共行政的价值范畴研究》，《安徽大学学报》（哲学社会科学版）2004 年第 2 期。

王磊：《自由 自信 自强——学习习近平总书记在纪念马克思诞辰 200 周年大会上的重要讲话》，《学习时报》2018 年 5 月 9 日第 1 版。

王浦劬、杨凤春：《电子治理：电子政务发展的新取向》，《中国行政管理》2004 年第 9 期。

王升平：《本体论、价值论、认识论逻辑中的本土公共行政——一个行政哲学层面的考察》，《广东行政学院学报》2019 年第 4 期。

王旭伟：《行政法律责任的伦理解读》，《沈阳师范大学学报》（社会科学版）2007 年第 2 期。

王玉樑：《论理想、信念、信仰和价值观》，《东岳论丛》2001 年第 4 期。

王玉樑：《理想、信念、信仰在价值观中的地位及其意义》，《光明日报》2000 年 9 月 19 日第 B3 版。

吴沙、曹贵康：《人格理论的系统发展观初探》，《心理学探新》2005 年第 1 期。

伍玉振：《以人民为中心：新时代行政文化发展的价值塑造》，《四川行政学院学报》2019 年第 2 期。

武中哲：《转型期的社会危机与政府能力建设》，《河南社会科学》2003 年第 5 期。

《习近平在中共中央政治局第十三次集体学习时强调 把培育和弘扬社会主义

核心价值观作为凝魂聚气强基固本的基础工程》，《人民日报》2014 年 2 月 26 日第 1 版。

夏志强、谭毅：《公共性：中国公共行政学的建构基础》，《中国社会科学》2018 年第 8 期。

邢媛：《社会主义核心价值观的认同实践》，《山西日报》2015 年 7 月 17 日第 C02 版。

熊选国：《坚持依法治国、依法执政、依法行政共同推进，法治国家、法治政府、法治社会一体建设》，《人民日报》2021 年 3 月 16 日第 12 版。

徐汝华：《行政伦理重构的制度化路径与实施机制》，《武汉学刊》2007 年第 2 期。

薛宝贵、何炼成：《公共权力、腐败与收入不平等》，《经济学动态》2015 年第 6 期。

颜佳华、苏曦凌：《行政理性论》，《湘潭大学学报》（哲学社会科学版）2010 年第 5 期。

颜佳华、王升平：《近百年来西方行政价值观演变的特征、规律及趋势探析》，《中国行政管理》2008 年第 8 期。

颜佳华、王张华：《人工智能与公共管理者角色的重新定位》，《北京大学学报》（哲学社会科学版）2019 年第 6 期。

燕连福：《新技术变革给社会治理带来的机遇和挑战》，《国家治理》2020 年第 4 期。

杨代福：《马克思主义政府行政价值观的思想传承与当代启示》，《上海行政学院学报》2008 年第 9 期。

杨耕：《价值、价值观与核心价值观》，《北京师范大学学报》（社会科学版）2015 年第 1 期。

杨佳：《智能行政：行政管理体制改革的巨大动力》，《法制博览》2019 年第 36 期。

杨舒涵、刘铮：《行政价值观：中国特色社会主义国家治理的核心价值》，《黑龙江社会科学》2019 年第 6 期。

叶立国：《科学技术的四种不确定性及其风险规避路径——基于约纳斯"责任伦理"的考察》，《中国石油大学学报》（社会科学版）2018 年第 2 期。

尤光付：《建设小康社会实践中行政价值观的七大取向》，《中国行政管理》2005 年第 5 期。

张成福：《论公共行政的公共精神——兼对主流公共行政理论及其实践的反思》，《中国行政管理》1995 年第 5 期。

张分田：《早期王制与民本思想的滥觞—兼析民本思想与统治思想之关系》，《天津社会科学》2010 年第 1 期。

张凤莲：《英模精神：核心价值观的生动诠释》，《人民论坛》2017 年第 13 期。

张富：《论公共行政价值实现的动力》，《理论与改革》2006 年第 2 期。

张康之：《论社会治理效率观的改变》，《中共浙江省委党校学报》2017 年第 2 期。

张康之：《论行政发展的历史脉络》，《四川大学学报》（哲学社会科学版）2006 年第 2 期。

张康之：《政治文明与社会治理体系的核心价值》，《社会科学研究》2004 年第 2 期。

张康之、姜宁宁：《公共管理研究的热点与重心——基于人大复印报刊资料〈公共行政〉2014 年收录文章的预测》，《中国行政管理》2015 年第 7 期。

张美坤：《行政价值观的结构与功能》，《社会科学辑刊》1995 年第 3 期。

张曙光：《论价值与价值观——关于当前中国文明与秩序重建的思考》，《人民论坛·学术前沿》2014 年第 23 期。

张兴国：《利益的本质及其内在矛盾》，《辽宁大学学报》（哲学社会科学版）1997 年第 5 期。

张治忠：《新公共服务理论视野下的当代中国行政价值观构建》，《伦理学研究》2009 年第 2 期。

赵晓歌：《我国社会建设的制度设计及其创新》，《重庆社会科学》2011 年第 12 期。

赵晓宇：《民本与民主：比较视阈下的异与"通"——兼论中国民主政治主体性的建构》，《人文杂志》2012 年第 3 期。

《中共中央关于全面深化改革若干重大问题的决定》，《人民日报》2013 年 11 月 16 日第 1 版。

《中共中央关于制定国民经济和社会发展第十四个五年规划和二〇三五年远景目标的建议》，《人民日报》2020 年 11 月 4 日第 1 版。

周恩毅、党睿涛：《国家治理现代化视域下政府行政价值观之重塑》，《西安建筑科技大学学报》（社会科学版）2017 年第 2 期。

周红云：《中国社会组织管理体制改革：基于治理与善治的视角》，《马克思主义与现实》2010 年第 5 期。

周坚：《中国的民本思想内涵远超西方"民主"价值观》，《人民论坛》2009年第18期。

竺乾威：《理解公共行政的新维度：政府与社会的互动》，《中国行政管理》2020年第4期。

祝建兵：《试论行政伦理法制化建设》，《皖西学院学报》2002年第6期。

邹卫中：《网络社会开放性与有效性融通的治理路径探析》，《广东行政学院学报》2016年第2期。